2023 | 黑龙江省社会科学
学术著作出版资助项目

斯捷潘诺夫符号学思想的引进与诠释

王 蕾／著

哈尔滨工业大学出版社
HARBIN INSTITUTE OF TECHNOLOGY PRESS

内 容 提 要

本书旨在引进与诠释俄罗斯著名语言学家、语言哲学家、符号学家Ю. С. 斯捷潘诺夫的符号学思想，为我国符号学研究注入新鲜血液。事实上，Ю. С. 斯捷潘诺夫的符号学思想在我国学界早有涉猎，只是鲜有系统梳理其思想脉络，凝练其理论精要者。然而，只言片语难以穷尽这座丰厚的符号学思想宝库，也无法为我国符号学学理体系建设供给有效养料。因此，本书尝试结合宏观与微观视角，分别着眼Ю. С. 斯捷潘诺夫的普通符号学和观念符号学思想，寻求普通和分支符号学双向学理建构的经验借鉴，为优秀理论本土化工作夯实基础。

图书在版编目（CIP）数据

斯捷潘诺夫符号学思想的引进与诠释/王蕾著.
哈尔滨：哈尔滨工业大学出版社，2024.11. --ISBN 978－7－5767－1547－7

Ⅰ.①B512.59;H0

中国国家版本馆CIP数据核字第20245T4Z79号

策划编辑	杨明蕾　刘　瑶
责任编辑	刘　瑶
封面设计	刘长友
出版发行	哈尔滨工业大学出版社
社　　址	哈尔滨市南岗区复华四道街10号　邮编150006
传　　真	0451－86414749
网　　址	http://hitpress.hit.edu.cn
印　　刷	哈尔滨市颉升高印刷有限公司
开　　本	787mm×1092mm　1/16　印张12.25　字数220千字
版　　次	2024年11月第1版　2024年11月第1次印刷
书　　号	ISBN 978－7－5767－1547－7
定　　价	86.00元

（如因印装质量问题影响阅读，我社负责调换）

前　言

Ю. С. 斯捷潘诺夫的符号学思想涉及领域宽广,横跨普通符号学和专门符号学两大板块,具有极高的研究价值。系统、深入引进与批判性诠释这座思想宝库,可以给我国符号学理论和应用提供新的经验与视角。Ю. С. 斯捷潘诺夫的符号学思想主要由普通符号学、观念符号学、语言符号学和文艺符号学 4 部分构成。其中,普通符号学承载了 Ю. С. 斯捷潘诺夫对符号学学理体系建设的宏观构想与基本逻辑;观念符号学集其文化观念理论多年研究所成,融入符号学视角,形成独具一格的新文化符号学流派;语言符号学也基于 Ю. С. 斯捷潘诺夫多年深耕语言学研究的理论成果形成,体现为语言的符号学描写原则与符号学语法两个方面;文艺符号学则是语言学、哲学和艺术问题错综交织的多视域符号学分支,Ю. С. 斯捷潘诺夫借用符号学和语言学术语将不同历史时期的文艺流派加以范畴化,分别以符义、符构、符用"范式"命名,相应地,也划分出名词诗学、谓词诗学和自我中心词诗学。

通过对 Ю. С. 斯捷潘诺夫本人符号学文献的研读,我们发现 Ю. С. 斯捷潘诺夫的普通符号学思想与观念符号学思想之间存在交叉和衍生关系,比如,Ю. С. 斯捷潘诺夫在普通符号学思想中提出一系列新颖理论,包括对功能语义理论的发展,这部分内容就是普通符号学与观念符号学思想的交叉点,或者说是普通符号学对观念符号学富于启示意义的地方。在普通符号学中,功能语义理论属于符义学规律,同属于符义学规律的还有能指—所指的辩证关系和微观世界—宏观世界的符义对应关系。这二者在观念符号学中同样有着不同程度的应用。而语言符号学与文艺符号学之间具有更大的相通性,可以见到的是,前者探讨的语义、句法和说话人的意义构建作用分别对应文艺符号学对文艺流派历时范式的划分。由于篇幅、研究时长、研究方向与理论涉猎广度等因素的限制,作者选取了 Ю. С. 斯捷潘诺夫的普通符号学思想与观念符号学思想加以研究,尽管难掩遗憾,其余两个符号学思想也只得有待后续填补。

本书研究由理论引进、诠释和批判性思考构成,将介绍、评述、批判性分析相结合,在引进其思想的同时,不仅系统梳理和思考其思想的特点,而且竭力发现其思想的可发展性。在理论的引进和诠释方面,Ю.С.斯捷潘诺夫普通符号学通过类比语言符号系统和其他符号系统,揭示抽象的语言关系在其他符号系统中的体现方式,并且据此形成一般符号学规律。本书采用结构主义符号学的术语体系,展现皮尔斯符号学体系式的泛符号性特征,同时还引入人这一认知主体。观念符号学是Ю.С.斯捷潘诺夫开创的一个文化符号学流派。其创新之处包括历时方法的运用、物质与精神的统一、符号学方法的引入以及"观念的进化符号性序列"概念等。观念承载的文化信息会随时代变迁而不断进化、累积,能指和所指这对术语对于厘清文化信息的传承、演变大有裨益。在批判性思考方面,Ю.С.斯捷潘诺夫的符号学思想具有明显的人类中心主义和语言中心论特征。它将文化因素纳入符号学,实施系统、有效研究,则凸显出其积极的开拓精神,具有超时代性。当然,Ю.С.斯捷潘诺夫符号学思想并非完美无缺,依然存在着继续发展的空间,这也是有待深入挖掘研究之处,构成本书续作之动力。

整体而言,本书在普通符号学和观念符号学两方面的阐释与分析力求全面、透彻、深入,在语言上力求清晰、精炼和明了,希望可以为更多对Ю.С.斯捷潘诺夫符号学思想感兴趣的同仁志士、教师和学生提供便利,也希望能够为国内符号学理论及话语体系建设贡献绵薄之力。

限于作者水平,书中难免存在疏漏之处,恳请专家学者提出宝贵意见。

作者
2024 年 8 月

目　　录

绪论 …………………………………………………………………… 1

第一章　Ю. С. 斯捷潘诺夫符号学思想的产生背景与构成 ……… 13

第一节　符号学思想的产生背景 ………………………………… 13

第二节　符号学思想的构成 ……………………………………… 28

本章小结 …………………………………………………………… 48

第二章　Ю. С. 斯捷潘诺夫的普通符号学思想 …………………… 50

第一节　普通符号学思想引论 …………………………………… 50

第二节　符号的定义、结构及其结构的模式化应用 …………… 66

第三节　作为标尺的语言 ………………………………………… 82

第四节　人的认知与符义研究 …………………………………… 98

本章小结 …………………………………………………………… 106

第三章　Ю. С. 斯捷潘诺夫的观念符号学思想 …………………… 108

第一节　观念的定义、结构及研究方法 ………………………… 108

第二节　观念的进化符号性序列与观念化域 …………………… 121

第三节　物质与精神在观念中的统一 …………………………… 134

第四节　观念中的认知主体 ……………………………………… 140

本章小结 …………………………………………………………… 146

第四章　对 Ю. С. 斯捷潘诺夫符号学思想的思考 ………………… 148

第一节　人类中心主义的领先性 ………………………………… 148

第二节　语言中心论的科学性 …………………………………… 157

第三节　理论与方法的超时代性 …………………………… 163

　第四节　符号学思想的可发展性 …………………………… 170

　本章小结 ………………………………………………………… 175

结语 ……………………………………………………………… 177

参考文献 ………………………………………………………… 180

绪　　论

一、选题依据与研究对象

符号学最早产生于西方,分别由瑞士学者 Ф. де 索绪尔(Ф. де Соссюр)和美国学者 Ч. С. 皮尔斯(Ч. С. Пирс)独立创建,以深入探索人类社会和文化生活中的多元符号现象为己任。俄罗斯是世界三大符号学阵地之一,其符号学思想体现出鲜明的独创性、人文特性和文化特性。俄罗斯符号学界人才济济,名家辈出。但是,我国对俄罗斯符号学理论的引介和阐发大都集中在莫斯科-塔尔图学派的文化符号学理论与巴赫金的文学符号学思想上。Ю. С. 斯捷潘诺夫(Ю. С. Степанов,1930—2012)作为俄罗斯符号学代表人物之一,却基本游离于我国符号学界主流的视野之外,其理论需要系统认识、引进与阐发。

Ю. С. 斯捷潘诺夫是俄罗斯当代著名语言学家、符号学家、语言哲学家,苏联和俄罗斯科学院院士。其符号学思想既充分吸收欧洲大陆和美国符号学的理论与方法,又具有鲜明的俄罗斯特色;既有普通符号学的一般理论研究,又有专门学科领域内符号学方法的实践应用。在俄罗斯国内,Ю. С. 斯捷潘诺夫的 5 部著作被收入大型文库《20 世纪语言学遗产》。该文库尽管冠名"语言学遗产",但也收录少量符号学领域的重要成果。国际上,其多项符号学成果被译成保加利亚语、匈牙利语、日语、法语和德语等语言,在相应国家赢得了广泛赞誉。在我国符号学界,尽管缺少系统的引进和阐释,大量中国学者还是在自己的教学实践和科研成果中引用 Ю. С. 斯捷潘诺夫符号学中的具体研究方法或者研究成果。其强大的阐释力和适用性可见一斑。因此,我们选择 Ю. С. 斯捷潘诺夫的符号学思想作为自己的研究对象。

Ю. С. 斯捷潘诺夫的符号学思想分为 4 个部分——普通符号学、观念符号学、语言符号学和文艺符号学。但本书只选择普通符号学和观念符号学作为研究对象。其主要原因是:普通符号学、语言符号学和观念符号学在 Ю. С. 斯捷潘诺夫符号学体系中占据特殊地位,而语言符号学得益于王铭玉、陈勇等教授卓有成效的研究,国内学术界已经比较熟悉;文化符号学的独特研究方法和优秀成果是俄罗斯符号学在世界符号学界获得崇高地位的理据之一,而 Ю. С. 斯捷潘诺夫以文化观念为支点的观念符号学在俄罗斯文化符号学界特点鲜明,独树一帜。普通符号学既是这位俄罗斯学者系统研究的其他3种专门符号学的基础,又是对这3种专门符号学的概括和升华。通过其普通符号学和观念符号学,可以部分了解其整体符号学。当然,向国内学者完整呈现Ю.C.斯捷潘诺夫符号学体系的任务,我们将在后续工作中完成。

二、Ю.C.斯捷潘诺夫符号学思想的研究现状

Ю.C.斯捷潘诺夫在符号学研究领域做出了巨大贡献,他不仅提出独树一帜的普通符号学理论,而且成功开创观念符号学这一文化符号学流派。就整体而言,国外学界对Ю.C.斯捷潘诺夫符号学思想的研究主要限于俄罗斯并且研究情况优于国内,同时,学界对Ю.C.斯捷潘诺夫符号学理论的应用也要优于阐释性研究。我们尽可能搜取相关的理论述评、阐释、研究及应用成果,对这些成果进行总结与归纳,有助于在前人研究的经验基础上进一步科学地审视Ю.C.斯捷潘诺夫的符号学思想。

(一) 国内研究现状

Ю.C.斯捷潘诺夫虽然是俄罗斯著名语言学家、符号学家、语言文化学家,但是,国内学界通常只把他作为语言学家和语言文化学家来对待,因此更加关注他在这两个领域的理论成就。相反,对Ю.C.斯捷潘诺夫的符号学思想则重视不够,几乎找不到专门阐释其符号学思想的文章和理论著述。可见,Ю.C.斯捷潘诺夫符号学思想的国内研究存在进一步开展的空间和余地。

目前,作者搜集到的相关文献有3种类型,分别为:①对其理论思想的引用;②相应思想的阐释性文章;③评述性著述。

第一,在Ю.C.斯捷潘诺夫普通符号学思想的引用方面。Ю.C.斯捷潘诺夫的名字在我国学界并不陌生,早在20世纪80年代,华劭就在研究生教学和自己的普通语言学专著中大量引用了Ю.C.斯捷潘诺夫的语言学观点,其中包括对语言符号语义三角的阐释,语义三角图示中的3个角之间全部以实线连接,这意味着Ю.C.斯捷潘诺夫认为语言符号3要素之间可以直接相关[①]。可以说,华劭是最早一批在国内引用Ю.C.斯捷潘诺夫符号学观点的学者,尽管主要的应用焦点在于语言符号学部分。《语言经纬》所提及的上述观点在Ю.C.斯捷潘诺夫的普通符号学理论中起着重要作用。根据Ю.C.斯捷潘诺夫本人的理解,语言符号的语义三角是弗雷格三角在专门符号系统中的具体体现,

---

① 华劭.语言经纬[M].北京:商务印书馆,2003:23,24,39.

所以前者在普通符号学理论中已经被纳入更广阔的研究范围。同时，王铭玉指导的博士生金华在学位论文中也引用了 Ю. С. 斯捷潘诺夫普通符号学思想的内容。他介绍了 Ю. С. 斯捷潘诺夫的符号系统层级图式，在句子意义的分析中应用了 Ю. С. 斯捷潘诺夫提出的层级性原则、人类中心主义原则①。这两个原则贯穿 Ю. С. 斯捷潘诺夫整个符号学思想，十分重要。金华的博士学位论文是国内明确提出以 Ю. С. 斯捷潘诺夫的符号学观点作为理论指导的研究成果，该论文已经于 2013 年出版。其中，包含符号系统层级图式的这部分内容在王铭玉、陈勇等合著的《现代语言符号学》(2013 年)中也有所提及。

第二，对 Ю. С. 斯捷潘诺夫符号学思想的阐释性文章，通过知网检索，作者仅仅发现了 1 篇。吕红周②在文章中主要论述 Ю. С. 斯捷潘诺夫的普通符号学思想和语言符号学思想。他从符号学史的角度出发，阐释 Ю. С. 斯捷潘诺夫符号学思想的跨学科特性，指出 Ю. С. 斯捷潘诺夫的普通符号学以符号系统为研究材料，包括自然符号系统、民族符号系统、语言符号系统和抽象符号系统。这 4 个符号系统对应着 Ю. С. 斯捷潘诺夫同时代的 4 种专门符号学，四者之间具有紧密关联，但也存在差异，普通符号学就是将它们共同关涉的问题作为自己的研究对象。吕红周还强调 Ю. С. 斯捷潘诺夫符号学研究的语言学倾向，认为 Ю. С. 斯捷潘诺夫以语言符号系统作为所有符号系统的模板，是所有意义活动的起点。因此，从这个意义上看，语言符号已经不再是单纯的表意和交际工具，而是获得了一定认识论意义的存在。此外，他还在文章中总结普通符号学研究的主要原则——客观性原则、人的原则和意义原则，但并未详细展开，也没有提及具体的一般符号学规律。从整体上看，文章的介绍性多于阐释性。

第三，对 Ю. С. 斯捷潘诺夫符号学思想的评述性著述。赵爱国认为，Ю. С. 斯捷潘诺夫应用符号学方法的特征是："使用符号学的方法对语言尤其是罗曼语族进行系统分析，并从语言的内部结构和外部结构角度深入阐释了具体社会及文化环境中语言的变异、分化等规律。"③这里体现出 Ю. С. 斯捷潘诺夫符号学研究的一大特点——立足于社会和文化环境。

在文献检索时，没有找到介绍和研究 Ю. С. 斯捷潘诺夫观念符号学思想的成果。与观念符号学相比，这位学者的文化语言学(观念分析理论与实践)在国

---

① 金华. 俄语句义层次的语言符号学阐释[D]. 洛阳：解放军外国语学院，2007：21.
② 吕红周. 斯捷潘诺夫的符号学思想阐释[J]. 天津外国语大学学报，2014(6)：8-13.
③ 赵爱国. 20 世纪俄罗斯语言学遗产：理论，方法及流派[M]. 北京：北京大学出版社，2012：57.

内具有更大的影响力,他的观念符号学在我国符号学界鲜为人知。文化观念分析作为语言文化研究的方向之一,很早就传入中国,吸引了众多学者,如杨秀杰、李向东、彭玉海、彭文钊、赵爱国等。而观念符号学思想的提出还是近二十多年间的事,Ю. С. 斯捷潘诺夫的观念符号学思想尚未在国内符号学界引起重视,因此这一领域的相关文献数量很少。

李迎迎曾经提到概念"观念的进化符号性序列"(эволюционный семиотический ряд концептов),但是没有深入展开。此外,她还简单介绍了Ю. С. 斯捷潘诺夫对文化观念的定义、文化观念的层级结构和与此相应的研究方法。[①]杨秀杰探讨了Ю. С. 斯捷潘诺夫的历时观念分析法和观念的层级结构划分[②],将这一方法应用到俄罗斯民族"自由"(свобода)这一观念的层级分析中。该书既包括理论阐述,又涵盖理论应用。实际上,这些内容在观念符号学思想中也十分重要,并且在很多学者的文章、论著中都有提及,只是文字相当简短,没有予以细致阐释。

除此之外,赵爱国还界定了Ю. С. 斯捷潘诺夫符号学的研究范式。他将俄罗斯符号学划分为创建期、转换期和成熟期3个阶段,共11个范式。其中,Ю. С. 斯捷潘诺夫的符号学理论被其划入俄罗斯符号学成熟期的意义中心主义范式。这一范式"由专门从事语言符号意义研究的学者创建,他们多为俄罗斯语言学研究领域著名的语义学家……从该范式的研究视域看,大致又可以分为两大方向:一是普通语言学性质的语言符号意义研究……二是词汇语义研究"[③]。Ю. С. 斯捷潘诺夫是上述第一个研究方向的代表之一。这一划分比较准确,因为观念符号学的本质就是对观念词的符义分析。

但是,更多的文献只是只字片语地引用Ю. С. 斯捷潘诺夫的某些符号学观点,有时Ю. С. 斯捷潘诺夫甚至仅仅作为代表人物出现,他的名字只是在综述性陈述中一带而过。这样简单笼统的论述对Ю. С. 斯捷潘诺夫符号学思想的系统阐释用处不大。

(二)俄罗斯研究现状

Ю. С. 斯捷潘诺夫的符号学思想在俄罗斯占据举足轻重的位置。作为符

---

① 李迎迎. 跨文化交际的语言文化观念理论研究视角[J]. 天津外国语学院学报,2010(1):24-29.

② 杨秀杰. 语言文化学的观念范畴研究[M]. 哈尔滨:黑龙江人民出版社,2007:102-117.

③ 赵爱国. 俄罗斯符号学研究范式的百年嬗变[J]. 俄罗斯文艺,2016(4):109.

号学界的泰斗,Ю.С.斯捷潘诺夫曾在俄罗斯科学院语言学研究所主持"符号学与语言哲学"研讨班,他的学生В.В.费先科(В.В.Фещенко)甚至将这一研讨班定性为俄罗斯最杰出的符号学研究阵地之一[①]。就整体而言,俄罗斯对Ю.С.斯捷潘诺夫符号学思想的研究情况要优于我国,但是阐释其符号学思想的专著依然没有出现,仍旧以文集与纪念性文章、介绍和评述以及理论应用为主。由于纪念性文章一般收录在文集当中,接下来的综述将它们归为一类。除此之外,我们还注意到,俄罗斯学界对Ю.С.斯捷潘诺夫符号学思想的另一个用途——编撰符号学教材的必备参考文献,这一点确凿无疑地证明了Ю.С.斯捷潘诺夫符号学思想的权威性、科学性和经典性。因此,对俄罗斯研究现状的综述分为4个部分:①文集和纪念性文章;②对其理论思想的介绍和评述;③相关理论在科研工作中的应用;④相关思想在符号学教材编纂中的应用。

第一,围绕Ю.С.斯捷潘诺夫的学术思想产出了多部论文集,它们都与纪念Ю.С.斯捷潘诺夫的特定学术会议相关,文集中收录大量纪念性文章,特别是由会议主持者撰写的文集首篇文章,往往具有提纲挈领的作用。尽管文集数量不少,但由于Ю.С.斯捷潘诺夫学术旨趣广泛,这些论文集的主题也各有侧重,有的专门聚焦于Ю.С.斯捷潘诺夫的语言哲学思想和文学艺术研究成果,有的则主要关注Ю.С.斯捷潘诺夫对语言学理论和罗曼语族的研究,比如《Язык и культура: сборник материалов I Международной научно-практической конференции, посвященной памяти академика РАН, доктора филологических наук, профессора Ю.С.Степанова》(2012年)。其中,包括方言学、历史词汇学、词典学和外国文学史4个专栏,会议及论文集主旨均不包括Ю.С.斯捷潘诺夫的符号学思想,因此这类论文集对本书的参考价值很小。经过遴选,找到两部下设符号学专题的论文集,分别是《Язык и Культура. Факты и Ценности-К 70-летию Юрия Сергеевича Степанова》(2001年)和《Языковые параметры современной цивилизации—Сборник трудов первой научной конференции памяти академика РАН Ю.С.Степанова》(2013年)。

上述第一部文集于2000年Ю.С.斯捷潘诺夫70岁诞辰之际成型,2001年正式出版,文集责编为Е.С.库布里娅科娃(Е.С.Кубрякова)和Т.Е.杨科(Т.Е.Янко)。文集分别设有与Ю.С.斯捷潘诺夫学术旨趣相关的5个专栏:①印欧历史比较语言学;②符号学、语言哲学、哲学;③理论语言学;④立陶宛语研

---

① ФЕЩЕНКО В В. О внешних и внутренних горизонтах семиотики[J]. Критика и Семиотика, 2005(8):13.

究;⑤文化和艺术问题,共收录48篇论文;作者来自美国、南斯拉夫、乌克兰、越南和立陶宛等国家,其符号学思想的国际影响力可见一斑。该部文集中,Н. Д. 阿鲁秋诺娃(Н. Д. Арутюнова)和 Е. С. 库布里娅科娃合作撰文介绍 Ю. С. 斯捷潘诺夫的主要生活经历,回溯和总结他的科研活动和学术成果①。这篇文章尔后成为论文集的引言,是其余所有专题研究的总序。

两位学者认为,Ю. С. 斯捷潘诺夫的研究风格形成于法国求学期间,他的老师是法国著名语言学家 É. 本维尼斯特(É. Benveniste)。É. 本维尼斯特所持的语言研究态度是客观观察大于演绎描写。基于这一原则,É. 本维尼斯特形成了独立于 Ф. де 索绪尔结构主义和 Ч. С. 皮尔斯逻辑中心主义的研究风格,自成一体。这一点深深影响了 Ю. С. 斯捷潘诺夫的学术基调,促使其在符号学研究中形成独特的研究模式。

文章按照时间顺序,结合 Ю. С. 斯捷潘诺夫的学术经历,叙述 Ю. С. 斯捷潘诺夫符号学研究的发展历程。在简要叙述 Ю. С. 斯捷潘诺夫的符号学理论之后,Н. Д. 阿鲁秋诺娃和 Е. С. 库布里娅科娃判断,符号学是 Ю. С. 斯捷潘诺夫最为钟情的知识领域,被其视为人文科学领域的最高概括。两位学者指出,Ю. С. 斯捷潘诺夫的符号学思想在苏联国内外引起了相当大的反响,特别是《Семиотика》(1971年)这部著作,一经问世,就迅速被翻译为保加利亚语、匈牙利语、日语、法语和德语,为 Ю. С. 斯捷潘诺夫赢得国际声誉,直接奠定了 Ю. С. 斯捷潘诺夫符号学家的地位。

与第一部文集不同,第二部文集是以 Ю. С. 斯捷潘诺夫辞世后召开的纪念性学术会议为基础成型的。Ю. С. 斯捷潘诺夫于2012年1月3日与世长辞。次年2月,俄罗斯科学院语言学研究所就组织召开了纪念俄罗斯科学院院士 Ю. С. 斯捷潘诺夫的首届国际学术会议——Научные поколения и лингвистические парадигмы цивилизации XX—XXI вв,会议由 Ю. С. 斯捷潘诺夫科学—教育中心举办②,由俄罗斯科学院语言学研究所的 В. М. 阿尔巴托夫(В. М. Алпатов)院士和语言学研究所理论与应用语言学部主任杰米 В. З. 杨科夫(В. З. Демьянков)共同主持。参加会议的学者包括杰米 В. З. 杨科夫、В. В. 费先科、Н. М. 阿扎洛娃(Н. М. Азарова)、С. Г. 普洛斯库林(С. Г.

---

① АРУТЮНОВА Н Д, КУБРЯКОВА Е С. Юрий Сергеевич Степанов. Очерк научной деятельности[C]//КУБРЯКОВА Е С, ЯНКО Т Е. Язык и культура. Факты и ценности. Москва: Языки Славянской Культуры, 2001: 9-34.

② 该中心的俄文全称是 Научно-образовательный центр им. Академика Ю. С. Степанова.

Проскурин)等语言学、符号学专家。会后相关论文集迅速出版,即《Языковые параметры современной цивилизации——Сборник трудов первой научной конференции памяти академика РАН Ю. С. Степанова》(2013 年)。

文集设有:①Ю. С. 斯捷潘诺夫的科学形象;②语言形式——当代语言学的方法与原则;③观念与常量——文明薄膜(тонкая плёнка цивилизация);④符号学与艺术——基于语言与话语的三维空间;⑤先锋艺术与诗学——个人和集体的创作代码5个专题,共47篇文章。杰米扬科夫为这部文集撰写序言,同时这是文集的首篇纪念性文章。其文章的主要内容可概括如下:①高度评价Ю. С. 斯捷潘诺夫的学术生涯,将 Ю. С. 斯捷潘诺夫誉为当代百科全书式的专家,是积极从数学、生物学、艺术符号学、文学等理论研究中汲取养分并且具有启示价值的"进口"型学者[①];②认为 Ю. С. 斯捷潘诺夫的符号学思想涉及领域极其广泛;③Ю. С. 斯捷潘诺夫院士能够敏锐地捕捉富含符号学研究价值的材料,在探寻符号学的理论增长点上具备相当强的洞察力;④特别关注 Ю. С. 斯捷潘诺夫对语言述谓(предикат)的解读:"语言之为语言,是因为其中存在具有程度差异的述谓。也就是说,语言因为具有程度差异的述谓,才同语言外世界的各种不同事物发生联系"[②];⑤符号学研究,尤其是普通符号学在 Ю. С. 斯捷潘诺夫整个学术思想中占据重要地位。

第二,在对 Ю. С. 斯捷潘诺夫符号学思想的介绍和评述方面。波斯托瓦洛娃(В. И. Постовалова)首次撰文梳理 Ю. С. 斯捷潘诺夫的符号学思想,描绘 Ю. С. 斯捷潘诺夫视域中的符号学轮廓,论述其符号学的研究对象、符号系统的符号性问题以及符号学的拓展路径,并且指出,Ю. С. 斯捷潘诺夫后期的符号学研究重心主要是将符号学视角引入文化观念分析。由于 Ю. С. 斯捷潘诺夫对文化观念的认识十分宽泛,以至于有的研究者甚至将他的观念符号学思想与人类学和人类生活本身等同了起来。[③]

О. Н. 苏达科娃(О. Н. Судакова)专题研究 Ю. С. 斯捷潘诺夫有关文化的符号性观念化的思想。她指出物质文化和精神文化在进化方面具有一致性;考察"文化观念的进化符号性序列"这一概念;认为,"如若正确理解和妥善运

---

① ДЕМЬЯНКОВ В З. Синтактика, семантика и прагматикав научном творчестве Ю. С. Степанова [С]//Демьянков В. З. и др. Языковые параметры современной цивилизации. Москва: Институт Языкознания РАН, 2013:6-13.

② 同① 8.

③ ПОСТОВАЛОВА В И. Символ и реальность (семиотические воззрения и опыты Ю. С. Степанова)[J]. Критика и Семиотика, 2012 (17): 50-52.

用"这一概念,就可以对文化学家的研究实践起到指导作用①。接着,О. Н. 苏达科娃发现,Ю. С. 斯捷潘诺夫的观念具有文化认知含义(культурно - когнитивный смысл),对阐释民族文化共同体的集体精神财富和民族世界图景有着独特的作用。此外,文化观念的载体是人,通过对观念认知含义的研究可以管窥人这一认知主体在观念语义聚合过程中的作用。最后,她讨论 Ю. С. 斯捷潘诺夫关于物质文化观念和精神文化观念相互关系的思想,以及观念符号的语义特征和内部结构。这些内容构成观念符号学应该研究的主要问题,但是她没有进行深入探讨,致使这位学者提及的很多观念符号学内容都显得不那么深刻。

第三,在相关理论的应用方面,我们搜集到一部与观念符号学同名的专著——С. Г. 普洛斯库林和 Л. А. 哈尔拉莫娃(Л. А. Харламова)的《Семиотика концептов》(2007 年)。这本专著应用 Ю. С. 斯捷潘诺夫的历时观念分析理论,研究英语文化观念词,描绘盎格鲁-撒克逊民族的精神文化面貌。这是运用俄罗斯符号学理论,研究异质文化的一次尝试。观念分析以观念词的符义分析为基础,分析不依据纯粹的语言事实,而是依据语言和其他用于文化回顾的符号体系。词汇语义不能在特定文化知识情境之外存在,所以文化观念研究必须与相应时期的社会文化环境相结合。观念作为观念符号学的基本单位,其定义、结构和研究方法至关重要。С. Г. 普洛斯库林和 Л. А. 哈尔拉莫娃在研究中全盘采用 Ю. С. 斯捷潘诺夫的相应思想,分析 Faith(Belief)、Hope、Charity(Love)等表示个体感受和内心体验的精神文化观念。②

此外,还有 С. Г. 普洛斯库林的《Курс семиотики. Язык. Культура. Право》(2013 年)。其中,第四章主要依据 Ю. С. 斯捷潘诺夫的观念符号学思想展开。С. Г. 普洛斯库林首先引入 Ю. С. 斯捷潘诺夫观念符号学的核心概念——进化符号性序列。他言简意赅地概括了这一序列的全貌:"进化符号性序列是符号学的基本单位。它具有进化过程本身的继承性和符号学信息的累积性特征。序列所包括的符号根据其各自具有的符号学前景分类,并且借助质变原则实现聚合。位于序列后面的符号替换序列前面的符号,在替换的同时复制前面符号的形式"③。接下来,С. Г. 普洛斯库林利用上述序列,阐释文化现象

---

① СУДАКОВА О Н. Семиотическая концептуализация культуры в работах Ю. С. Степанова[J]. Вестник Спбгуки, 2017(2): 61-64.

② ПРОСКУРИН С Г, ХАРЛАМОВА Л А. Семиотика концептов [M]. Новосибирск: Ново-сиб. гос. ун-т, 2007: 45-48.

③ 同② 49.

和文化现象构成要素的分类原则;同时,从继承和进化视角出发,分析哲学视域下的部分文化现象。从总体上看,这又是一部对 Ю. С. 斯捷潘诺夫观念符号学思想的应用性著作。值得注意的是,作者将这部著作运用于符号学教学,为 Ю. С. 斯捷潘诺夫符号学思想的进一步传播开辟了新的途径。

第四,相关思想在符号学教材编纂中的应用方面。Ю. С. 斯捷潘诺夫的符号学思想在符号学教材的编纂中得到广泛使用。除了 С. Г. 普洛斯库林的《Курс семиотики. Язык. Культура. Право》,还有 С. В. 格里涅夫、格里涅维奇和 Э. А. 索罗金娜(С. В. Гринев-Гриневич,Э. А. Сорокина)合著的《Основы Семиотики》(2012 年)也充分借鉴 Ю. С. 斯捷潘诺夫的相关思想。书中,"1960—1980 年符号学的发展"一章基本上全部基于 Ю. С. 斯捷潘诺夫《Семиотика》(1971 年)对生物符号学(биосемиотика)、民族符号学(этносемиотика)、语言符号学(лингвосемиотика)和抽象符号学(абстрактная семиотика)的观点,开展自己的编写工作①。之所以在普通符号学中讨论上述专门符号学,是因为"普通符号学的研究对象就是对比和总结专门符号学的研究成果"②。这些研究成果体现了专门符号学对客观世界现象的特殊划分和处理。尽管这种划分是粗略的,但划分的依据使它们分别成为专门的符号系统,这些符号系统之和就是普通符号学提取共性规律的对象。在论述过程中,Ю. С. 斯捷潘诺夫首次提出生物符号学和民族符号学的建构设想,并且分别予以专项总结。

此外,还有 И. В. 阿尔扎马斯采娃(И. В. Арзамасцева)的《Семиотика》(2009 年)。她在这本书中直接引用了 Ю. С. 斯捷潘诺夫对符号学的定义、研究对象、语言中心论和符号结构等核心观点。③

综上所述,俄罗斯符号学界主要介绍、概述和应用 Ю. С. 斯捷潘诺夫的符号学思想,并没有对其符号学思想形成体系化的认识和系统进行阐发,介绍、引用的内容也体现出零星琐碎和重复等缺点。一言以蔽之,目前,俄罗斯符号学界对 Ю. С. 斯捷潘诺夫的普通符号学思想和文化符号学思想的阐释力度同样亟待加大。Ю. С. 斯捷潘诺夫的符号学思想尚有相当大的挖掘和研讨价值,值得我们潜心思索,系统研究。

---

① ГРИНЕВ-ГРИНЕВИЧ С В,СОРОКИНА Э А. Основы семиотики[M]. Москва:Флинта,Наука,2012:127-176.
② СТЕПАНОВ Ю С. Семиотика[M]. Москва:Наука,1971:78.
③ АРЗАМАСЦЕВА И В. Семиотика[M]. Ульяновск:УлГТУ,2009:7-11.

三、研究方法与研究意义

(一)研究方法

本书主要采取文献检索法、理论归纳法、对比法和内省法相结合的方式进行;在引进的过程中,将客观分析和批判性思考结合起来,既力图客观展示Ю.C. 斯捷潘诺夫的相关研究成果,又有助于科学把握其符号学思想。具体做法是:

第一,采用文献检索法,广泛收集Ю.C. 斯捷潘诺夫本人的符号学研究成果,以及当代国内外符号学者研究Ю.C. 斯捷潘诺夫符号学思想的论著、文集、引用情况和有关Ю.C. 斯捷潘诺夫生活、求学经历、学术研究的介绍、评述等,具体来源包括国内外图书馆资源、网络电子资源,如中国知网、Яндекс. ru、eLIBRARY. ru 等。

第二,认真研读搜集到的资料,借助理论归纳法,系统梳理和总结Ю.C. 斯捷潘诺夫的符号学思想。Ю.C. 斯捷潘诺夫的符号学思想涉及领域十分广泛,研究成果相当丰硕。在精读这些材料的基础上,从Ю.C. 斯捷潘诺夫的符号学思想中划分出4个部分,并确定普通符号学和观念符号学的主要观点、核心思想与关键概念等内容。

第三,运用对比法,阐释Ю.C. 斯捷潘诺夫符号学思想的相关概念和理论特色,有助于客观展现其思想的独到之处。例如,在阐释Ю.C. 斯捷潘诺夫的符号和观念定义时,将其与其他学者对"符号"和"观念"的定义进行对比,可以凸显Ю.C. 斯捷潘诺夫的独创性思考;在阐释普通符号学的研究对象"符号系统"时,将Ю.C. 斯捷潘诺夫对符号系统类型的划分和Ч.C. 皮尔斯对符号类型的划分相对比,更加清晰地体现出Ю.C. 斯捷潘诺夫符号学思想的泛符号性特征。对比法的应用还有很多,可详见本书的正文部分,此处不再赘述。

第四,内省法是贯穿全书始终的重要研究方法。Ю.C. 斯捷潘诺夫的符号学思想博大精深,内涵深刻,思想中不乏艰深晦涩之处。对这部分内容的思考在引进和诠释的过程中从未间断。

(二)研究意义

本书的研究对象是Ю.C. 斯捷潘诺夫的符号学思想,准确地讲,是普通符号学和观念符号学,既有理论引介、阐释,也有自己的思考。系统引进和诠释Ю.C. 斯捷潘诺夫的符号学思想,具有重要的意义:

第一,迄今,尚未见到国内学者专门论述Ю.C. 斯捷潘诺夫符号学思想的著作。实际上,符号学界对俄罗斯符号学家及其理论成果的认识存在一定局限,引介与研究最多的是洛特曼和巴赫金的符号学思想,而 Ю. С. 斯捷潘诺夫的符号学理论则长期处于重视不够的状态,反而是他的语言学家身份更为醒目,并得到广泛认可。因而,系统论述 Ю. С. 斯捷潘诺夫的符号学思想,一方面能够向我国符号学界注入新鲜血液,丰富国内学界对俄罗斯符号学的理论认知;另一方面也能够改变上述刻板印象,为 Ю. С. 斯捷潘诺夫的符号学家身份正名。

第二,为我国符号学的理论和应用研究提供新的经验和视角。Ю. С. 斯捷潘诺夫的符号学大厦不仅包括普通符号学理论,还包括与其他理论交叉的专门符号学研究,可以划分为符号学理论与应用研究两大部分。反观我国符号学界,普通符号学理论的建构一直是我们的薄弱环节,而符号学作为方法的应用领域却迅猛发展,理论与应用发展不均是一个不容忽视的问题。此外,专门符号学中发展最成熟的当属语言符号学,其他符号学分支亟待加快其自身的体系化和规模化进程。[①] Ю. С. 斯捷潘诺夫的符号学研究可以为我国的符号学研究提供理论借鉴和方法指导。

第三,为汉语观念词分析和汉民族语言世界图景的研究提供经验借鉴。Ю. С. 斯捷潘诺夫的观念符号学思想应用历时、多维的符号学研究法,有效厘清文化信息在观念中的继承和积淀方式,为民族文化定式、文化集体认同、文化共同体的心智继承找到内部蕴含的深层机制。Ю. С. 斯捷潘诺夫的学生 С. Г. 普洛斯库林已经在英语观念词的研究中应用了这部分思想,并据此描摹英语民族的相关世界图景,进而开展俄、英两个民族文化的对比研究。这可以为汉语观念研究的相关问题提供借鉴,对汉民族语言世界图景的分析不无益处。

四、本书结构

本书研究的整体思路是,首先概述 Ю. С. 斯捷潘诺夫的符号学思想,对他的符号学思想的研究现状、产生背景、理论构成形成一个整体认识,然后对普通符号学思想和观念符号学思想进行具体的论述与阐释,争取达到面与点的结合。

绪论部分首先交代选题依据和研究对象;其次,梳理 Ю. С. 斯捷潘诺夫符号学思想的国内研究现状和俄罗斯研究现状,呈现相关研究、介绍和应用 Ю. С. 斯捷潘诺夫符号学思想的状况,并且予以总结与评述,在肯定研究成效的基础上发现研究中存在的问题;进而,结合研究对象的特性,针对研究存在的问题,选择适切的研究方法,明确研究意义;最后,基于上述工作,形成本书的研究

[①] 王蕾. 加快建构中国特色符号学体系[N]. 中国社会科学报,2020-11-17(3).

思路和结构,提出本书的创新之处。

正文部分包括4章:

第一章回溯 Ю. С. 斯捷潘诺夫普通符号学思想和观念符号学思想的产生背景,呈现其符号学思想的基本构成。Ю. С. 斯捷潘诺夫的符号学思想发端于20世纪符号学勃兴的时期,在吸收两大符号学传统有益思想的同时,继承俄罗斯符号学研究的优良传统。Ю. С. 斯捷潘诺夫主要借鉴 Ф. де 索绪尔结构主义符号学派的术语体系、二律背反的认识论方法和以语言符号系统为核心向其他符号系统外推的研究方式。同时,就 Ч. С. 皮尔斯符号学体系而言,Ю. С. 斯捷潘诺夫主要采用莫里斯的符号学三分法,而且其普通符号学中的泛符号性特征、研究视域的广度也与 Ч. С. 皮尔斯符号学体系相近。Ю. С. 斯捷潘诺夫的符号学思想实际上有4个结构性部分。在概述这4个部分思想后,我们将普通符号学思想与观念符号学思想作为本书的研究对象。

第二章主要阐述 Ю. С. 斯捷潘诺夫的普通符号学思想。首先对符号学研究的事实和 Ю. С. 斯捷潘诺夫基于这些事实对符号系统的划分形成系统的认识,阐明符号学是以符号系统为研究对象的学科,然后重点阐述 Ю. С. 斯捷潘诺夫对符号的定义、符号的结构、符号结构的模式化应用、语言的标尺性、语言的符号性范围、异质语言和同质语言、人的认知在符义研究中的重要作用等问题。

第三章是以观念符号学思想为阐发对象。首先阐述 Ю. С. 斯捷潘诺夫对观念的界定、观念的研究方法、观念的进化符号性序列等重要概念,阐述过程中着力挖掘观念符号学思想的理论基础和灵感来源。精神文化观念的进化研究视角源于物质文化研究的相关成果,如 Н. Я. 马尔的功能语义理论和 Э. Б. 泰勒的文化进化论思想。因此,阐述物质文化和精神文化的融合也是本章的重要构成部分。人的认知在观念符号学的研究中同样占据一席之地,而且具有十分重要的作用,这部分内容构成本章的第四节。

第四章是本书系统性、批判性分析 Ю. С. 斯捷潘诺夫符号学思想的成果。人类中心主义和语言中心论是 Ю. С. 斯捷潘诺夫一直坚守的符号学准则,这两点的形成有广泛的时代背景,有源自俄罗斯符号学的研究传统,有新兴研究流派的特征,更重要的是 Ю. С. 斯捷潘诺夫自身固有的研究特色。综合分析甚至结合他的语言学思想进行分析之后,得出结论:他的人类中心主义和语言中心论具有科学性,而且在相关学术领域具有领先性特点。另外,Ю. С. 斯捷潘诺夫的符号学思想具有跨学科特性,从他对部分理论和方法的运用来看,他的思想还具有超时代性。最后一节"符号学思想的可发展性"将汇集作者为 Ю. С. 斯捷潘诺夫符号学的矛盾之处与可完善之处所做出的努力。

第一章　Ю. С. 斯捷潘诺夫符号学思想的产生背景与构成

Ю. С. 斯捷潘诺夫的符号学思想具有十分重要的认识论和方法论意义，符号学研究的跨学科特性是 Ю. С. 斯捷潘诺夫符号学具有勃勃生机的源泉。他的符号学思想独立于莫斯科-塔尔图学派，独树一帜，形成了俄罗斯乃至世界符号学中不可忽视的一支力量。Ю. С. 斯捷潘诺夫的符号学思想兼取 Ф. де 索绪尔结构主义符号学派和 Ч. С. 皮尔斯逻辑主义符号学派之长，同时将自身的语言学、文化学和文艺学研究成果融入其中，形成由普通符号学、观念符号学、语言符号学和文艺符号学构成的、独具一格的符号学体系。其中，普通符号学与观念符号学在学理上存在衍生、深入和转化的关系，它们之间有一定的内在关联，是我们的主要研究对象，而其他两种符号学则各有渊源，相对独立。

第一节　符号学思想的产生背景

任何思想都不是凭空出现的，都会有产生它的沃土。[①] Ю. С. 斯捷潘诺夫的符号学思想都有各自的成长摇篮，它们的诞生也各有其深厚的国内外背景，同时还与 Ю. С. 斯捷潘诺夫自身的学术经历紧密相关。从学理上说，应该将所有涵盖 4 个符号学分支的思想背景全部拿出来，从国际符号学思潮的嬗变、俄罗斯符号学的发展进路和 Ю. С. 斯捷潘诺夫个人研究旨趣的转向到理论整合的蓝图，逐步梳理 Ю. С. 斯捷潘诺夫 4 个符号学分支形成的背景和渊源。但由于时间有限，我们退而求其次，主要就普通符号学思想和观念符号学思想的背景具体展开。

一、普通符号学思想的产生背景

Ю. С. 斯捷潘诺夫的普通符号学思想成型于《Семиотика》(《符号学》，1971 年)这本著作。其撰写过程既受到 20 世纪国际符号学研究思潮的影响，又

---

① 王钢. 阿普列相语言学思想研究[D]. 哈尔滨：黑龙江大学，2015:7.

正值苏联学术界后马尔主义时代的学术思想开放期,因此,Ю. С. 斯捷潘诺夫得以成功兼顾 Ф. де 索绪尔和 Ч. С. 皮尔斯两大符号学体系,从中受益。同时,提取共性符号学规律,必然依托符号学分支领域的丰硕成果;专门符号学的蓬勃发展也为 Ю. С. 斯捷潘诺夫的普通符号学研究提供了素材和基础。另外,Ю. С. 斯捷潘诺夫普通符号学理论的另一个重要基础是语言符号系统,这与俄罗斯的符号学研究传统以及 Ю. С. 斯捷潘诺夫自身的学术背景不无关系。

(一)20世纪国际符号学思潮

符号学自诞生以来,就一直与 Ф. де 索绪尔和 Ч. С. 皮尔斯的名字紧密相连,两位符号学大师几乎在同一时期提出了两种不同的符号学发展进路。Ф. де 索绪尔的符号学思想基于自身的语言学理论,整体立足于先验论哲学和结构主义思想,属于社会心理学范畴,重点突出语言的结构性。Ч. С. 皮尔斯的符号学理论则以实证主义哲学为基础,带有明显的自然科学倾向,研究视域涵盖人类世界的全部符号活动,整体上具有逻辑主义和认知主义特色,突出生物从经验到逻辑、从感性到理性的认知过程。

最初,符号学研究中占据统治地位的是以 Ф. де 索绪尔及其追随者——Р. 巴特(Р. Барт)、Л. 叶尔姆斯列夫(Л. Ельмслев)等人为代表的结构主义符号学派。Ф. де 索绪尔自1906年开始在瑞士讲授普通语言学课程,1913年逝世后,他的两位弟子 С. 巴利(Charles Bally)和 А. 薛施蔼(Albert Sechehaye)根据同学们的课堂笔记和 Ф. де 索绪尔本人的讲稿,将他的授课内容整理成册,并于1916年出版。这就是 Ф. де 索绪尔的《普通语言学教程》成书的大致过程。该书一经问世,便惊艳四座,引起欧洲乃至世界语言学界和人文社会科学界的重大变革。Ф. де 索绪尔在书中首次提出建立符号学学科的设想并在语言学与符号学之间建立关系。

在考察复杂的语言现象之后,Ф. де 索绪尔提出了一系列二元对立范畴,如语言和言语、共时和历时、能指和所指、句段关系和联想关系等,这些术语反映出 Ф. де 索绪尔二律背反的方法论特征,确定了结构主义符号学的二元对立思想。所有这些内容均为结构主义符号学的发展夯实基础,催生出一系列以此为发端的语言符号学和普通符号学思想。

法国符号学研究受 Ф. де 索绪尔结构主义符号学的影响颇深。"符号学研究自20世纪60年代于法国起始,之后在美国和苏联等国家迅速发迹。"[1]但在这些国家之中,法国是唯一的一个开展过符号学运动的国家,其研究"具有学术

---

[1] 王铭玉. 从符号学看语言符号学[J]. 解放军外国语学院学报,2004(1):2.

社会性规模"①。"法国符号学主流是与20世纪60年代初以来的新人文科学方向一致的。这一方向被称为结构主义和后结构主义,反对自然科学实证论在人文领域中的指导作用是其主要特点之一"②。前面提及的 P. 巴特和 Л. 叶尔姆斯列夫就是法国符号学运动的先驱。

P. 巴特十分重视 Ф. де 索绪尔提出的语言学理论,非常赞成 Ф. де 索绪尔对符号学的建设设想。"符号学,被 P. 巴特表述为'所有符号系统的科学'"③,但是,他却认为符号学只是隶属于语言学的一部分,这一点与 Ф. де 索绪尔正好相反。P. 巴特在自己的理论中大量使用 Ф. де 索绪尔语言学中如下术语:语言—言语、能指—所指、联想—句段等具有二律背反特征等,分析广告、电影、服装、膳食、汽车等符号系统。实际上,当时所有受到结构主义影响的符号学家都以这种方式进行理论构织与分析,Ю. С. 斯捷潘诺夫也不例外,他应用最多的术语是"能指—所指"。

Л. 叶尔姆斯列夫是哥本哈根语言学派的奠基人,他在进一步细致阐释 Ф. де 索绪尔语言学理论的基础上开创了自己的语符学理论。Л. 叶尔姆斯列夫继承和发展了 Ф. де 索绪尔关于"语言是符号系统,而且是形式,不是实体"这一观点,他认为只有"相互关系结构,而非其他才是语言学的真正对象,从而进行语言符号能指系统的专项研究"。他立足于 Ф. де 索绪尔的符号系统思想,认为"任何语言都是一种符号系统,也就是说,是一种由与诸多内容联系在一起的诸多表达单位构成的系统"④,这就为语言中文本的进一步分析提供了两个既相互关联又具有不同性质的方面——内容方面(план содержания)和表达方面(план выражения)。Ю. С. 斯捷潘诺夫在自己的普通符号学理论中充分使用这对术语,阐释符号系统的结构层次、能指与所指的辩证关系等问题。当然,它们也是形成一般符号学规律的基本概念之一。

可以看出,在符号学问题的处理上,结构主义符号学派十分倚重语言系统,结构主义符号学家在符号学理论的建构中戴上了语言学滤镜,这是该符号学模式的一大特征,也对 Ю. С. 斯捷潘诺夫的符号学思想产生了非常重要的影响。

在之后的发展中,随着 Ч. С. 皮尔斯符号学思想的兴盛,Ф. де 索绪尔的符号学思想逐步走下神坛,前者及其支持者的研究模式和术语体系受到越来越多的关注。Ч. С. 皮尔斯符号学体系的逻辑主义倾向和符号的三位一体特性为符

---

① 李幼蒸. 理论符号学导论[M]. 北京:社会科学文献出版社,1999:16.
② 同②15.
③ 怀宇. 论法国符号学[M]. 天津:南开大学出版社,2016:35.
④ 同③13.

号学的发展开辟了另一种可能性,特别是 Ч. С. 皮尔斯的追随者、美国符号学家莫里斯(Ч. У. Моррис)提出的符号学三分法大大扩展了符号学的研究范围和研究思路,更是实现了现代符号学的超越。

Ч. С. 皮尔斯是美国哲学家,逻辑学家,他同时精通数学、化学、测量学、天文学等学科知识,这为其符号理论(теория знаков)的"无所不包"奠定了基础。依托这一理论,Ч. С. 皮尔斯认为符号学是"一门相当基础的学科,该理论体系利用数学和现象学知识建构起来,它的研究对象应该是包含自然符号在内的所有符号"①。Ч. С. 皮尔斯符号理论的包罗万象为其符号学理论体系提供了强大的普遍性和阐释力加持,也为日后该理论地位的提升埋下伏笔。Ч. С. 皮尔斯符号思想的基础是"普遍范畴"理论。他认为普遍范畴包含 3 个基本范畴:第一项表示性质,体现为表语;第二项表示对象,体现为主语;第三项表示关系,体现为连词。与这 3 个基本范畴相对,Ч. С. 皮尔斯进一步提出了符号的"三位一体"特性——"所有符号都包括媒介、对象和解释项"②。

Ч. С. 皮尔斯理论体系的继承者,美国哲学家、逻辑学家莫里斯的理论主要汲取了 Ч. С. 皮尔斯、奥格登(C. K. Ogden)和理查兹(I. A. Richards)的符号学研究成果,主要贡献是"把符号划分出语形、语义和语用 3 个维度,把符号学划分为相应的 3 个分支,并制定了初步的理论。这一套划分方法现在已经成为现代语言学和西方语言哲学理论研究与发展的基本构架"③。Ю. С. 斯捷潘诺夫在自己的符号学研究中也沿用上述三分法,将普通符号学规律划分为符构学规律、符义学规律和符用学规律④。

此外,在以 Ч. С. 皮尔斯为首的美国符号学体系中,人的认知作用一开始就占有一席之地,这一点也是 Ю. С. 斯捷潘诺夫借鉴的对象。因为,人的主体作用和认知作用在 Ю. С. 斯捷潘诺夫的普通符号学思想中也有独特的体现。Ч. С. 皮尔斯符号的三位一体结构包含"解释"要素,人既是这一行为的载体,又是这一行为的实施者。这意味着,符号能够为人所理解或诠释,有学者甚至认为"Ч. С. 皮尔斯最大的功绩就在于将人作为符号创造者和解释者"⑤。Ч. С. 皮尔斯认为,"每一个符号都以一定的解释或解释者为依托,只有后者才能借助

---

① 张彩霞. 皮尔斯符号理论研究[D]. 济南:山东大学,2015:2.
② 王铭玉. 语言符号学[M]. 北京:北京大学出版社,2015:109-110.
③ 同② 120.
④ 考虑到符号学研究特性并与语言学加以区分,在术语上我们将 семантика,синтактика,прагматика 译为符义学、符构学、符用学。
⑤ АРЗАМАСЦЕВА И В. Семиотика[M]. Ульяновск:УлГТУ,2009:15.

符号或将其他事物作为符号加以解释"①。这促使 Ч. С. 皮尔斯尤为关注符号及其与使用者之间的关系,更加重视这一关系在智力活动中的重要作用。莫里斯在自己的理论中深入发展这一点,他结合实用主义和行为主义观点提出:"符号的解释者是有机体,解释项是一种促使人做出特定反应的惯习。受到这一惯习的影响,在对象不在场时,有机体只需要通过符号媒介物就能做出相应的反应"②。符用学被莫里斯定位成研究符号与符号使用者(解释者)之间关系的学科。

另外,对人的主体作用和认知作用重视程度的加深,还与20世纪60年代末后结构主义思潮的兴起有关。后结构主义符号学研究呼吁"主体回归",主张讨论"主体"和"主体性",在这一时期,人的主体作用得到相当程度的重视。而且,É. 本维尼斯特作为这一思潮的杰出代表,他对"主体性"和"陈述活动理论"的论述极大提升了人的因素在符号学建构中的影响,同时,他还是 Ю. С. 斯捷潘诺夫留法求学期间的老师,他的思想对 Ю. С. 斯捷潘诺夫的符号学研究产生了非常深远的影响。对此,不容忽视。

总之,Ю. С. 斯捷潘诺夫所处的时代正是两大符号学体系激烈碰撞、百家争鸣的时候,所以他自然同时受到两股符号学势力的影响。因此,Ю. С. 斯捷潘诺夫在建构自己的普通符号学理论时有机融合二者的观点,展开对普通符号学规律的独特探索。

(二)俄罗斯"后马尔主义"时期开放的学术环境

国际符号学的发展与繁荣为俄罗斯符号学的前行提供了动力,但是优秀思想的引介和本土化工作离不开兼收并蓄的学术环境。事实上,俄罗斯的符号学研究并非一帆风顺,这源于20世纪20年代末到40年代期间俄罗斯语言学界发生的巨变。这场巨变的始作俑者就是"马尔主义"。"马尔主义"的出现使俄罗斯的传统语言学研究大受排挤,以 Н. Я. 马尔(Н. Я. Марр)和 И. И. 墨山宁诺夫(И. И. Мещанинов)为代表的"变革派"大力推行所谓的"语言新学说"(новое учение о языке),即"雅弗学理论"(Яфетическая теория)。该理论的主要观点是将语言视为上层建筑,认为它们由4个固定的成素构成,分别为сал、бер、йон、рош,所有的语言都由这4个成素构成,因而所有语言都有一致的

---

① 王铭玉. 语言符号学[M]. 北京:北京大学出版社,2015:111.

② MORRIS C W. Writings on the general theory of signs[M]. The Hague:Mouton, 1971:45.

原始语言①。

"语言新学说"借势于特殊的政治环境,为自己披上意识形态外衣,标榜自己为"语言学中的马克思主义",于是,该学说在出现之后迅速占领俄罗斯语言学高地,一时之间风头无两。"语言新学说"强势问鼎,极大地削弱了俄罗斯语言学和符号学的生命力,几乎使这二者的发展陷入绝境,"学术界曾把这一阶段称为俄罗斯语言学的'悲剧时期'"②。幸运的是,不久之后,(1950年6月)斯大林在《真理报》上对"马尔主义"进行了尖锐批判。这一举动意义非凡,直接开启语言学界的"后马尔主义"时代,掀起了针对 Н. Я. 马尔语言学理论的全方位批判和围绕语言学中马克思主义的"拨乱反正"活动。"俄罗斯语言学终于从长期停滞的学术状态中解放出来,迎来了语言学史上崭新的'黄金时代'。"③此时,俄罗斯语言学和符号学的发展以借鉴及创新为主线,也就是说,立足传统,积极开展与欧美语言学、符号学的多元对话,逐步走上同欧美符号学的汇流之路。这为 Ю. С. 斯捷潘诺夫的符号学研究拓宽了视野。

"后马尔主义"时代为俄罗斯的学术研究带来了开放的学术思想和包容的学术环境,积极推动了 Ю. С. 斯捷潘诺夫普通符号学思想的形成和发展。Ю. С. 斯捷潘诺夫的普通符号学思想涉及生物符号学、民族符号学、语言符号学、抽象符号学等众多知识领域,其中包含大量国内外先进理论和思想。形成如此广泛的学术视角,获取如此复杂的研究素材,离不开海纳百川的学术环境。

(三)俄罗斯符号学研究的语言学特色

俄罗斯符号学理论丰富多彩,发展历史深邃悠长。"自1915年莫斯科语言学小组和1916年彼得格勒诗歌语言研究学会宣告成立至今,具有独立学科性质的俄罗斯符号学研究已经走过整整一百年的历程。"④一百多年来,俄罗斯符号学不断发展流变,逐步形成当今门类众多的符号学思想,但归根结底,俄罗斯的符号学以语言研究为基础。赵爱国指出,俄罗斯的符号学研究"以语言符号为核心内容……理论涉及到的领域十分广泛,包括文艺学、民族学、文化学、历史学、神话学等在内的众多其他人文社会学科"⑤。因此,俄罗斯的语言符号学研究自出现伊始就占据了俄罗斯符号学研究的核心位置,立刻跻身世界重要符

---

① 邸友昌. 俄罗斯语言学通史[M]. 上海:上海外语教育出版社,2009:569-570.

② АЛПАТОВ В М. История лингвистических учений[M]. Москва: Языки Русской Культуры, 1999: 229.

③ 同① 585.

④ 赵爱国. 俄罗斯符号学研究范式的百年嬗变[J]. 俄罗斯文艺,2016(4):103.

⑤ 同④ 103.

号学思想宝库之中。

语言符号学贯穿俄罗斯符号学的全部发展阶段,包括创建期、过渡期、成熟期①。例如,创建期的形式主义语言学派,Л. П. 雅库宾斯基(Л. П. Якубинский)的"对话言语"思想和 М. Н. 别捷尔松(М. Н. Петерсон)的"形式句法"理论是形式主义范式下语言结构研究的代表;就结构—系统主义范式而言,喀山语言学派(Казанская лингвистическая школа)的 И. А. 博杜恩·德·库尔德内(И. А. Бодуэн де Куртенэ)和莫斯科语言学学派(Московская лингвистическая школа)的 Ф. Ф. 福尔图纳托夫(Ф. Ф. Фортунатов)已经开始语言结构与系统的研究。过渡期的代表学者为 Р. О. 雅各布逊(Р. О. Якобсон)、В. В. 维诺格拉多夫(В. В. Виноградов)、А. И. 斯米尔尼茨基(А. И. Смирницкий)等人,Р. О. 雅各布逊划分和界定符号类型与符号功能,В. В. 维诺格拉多夫提出语言系统论和词的学说。成熟期的功能主义范式、交际主义范式、意义中心主义范式等更是以语言符号学为主体,赵爱国将 Ю. С. 斯捷潘诺夫的符号学研究归结为意义中心主义范式。"该范式由专门从事语言符号意义研究的学者创建,他们多为俄罗斯语言学研究领域著名的语义学家。"②赵爱国强调,Ю. С. 斯捷潘诺夫的研究具有普通语言学性质,从事同类研究的学者还有 Н. Д. 阿鲁秋诺娃、Ю. Д. 阿普列相(Ю. Д. Апресян)、Л. А. 诺维科夫(Л. А. Новиков)等人。

(四)Ю. С. 斯捷潘诺夫的语言学研究背景

Ю. С. 斯捷潘诺夫在我国学术界广为人知的身份就是语言学家,他的语言学理论早已在我国俄语教学和科研论著中大放异彩。与 Ю. С. 斯捷潘诺夫普通符号学思想直接相关的语言学著作是《Основы Языкознания》(《语言学基础》,1966 年)。这部著作秉承由抽象到具体的叙述风格,以简洁凝练的语言,阐述抽象的普通语言学概念和原理,曾经被用作高等院校高年级学生和语言学研究生的教材。《语言学基础》中的普通语言学思想为 Ю. С. 斯捷潘诺夫的普通符号学思想奠定了基础。

早在《语言学基础》中,Ю. С. 斯捷潘诺夫就表现出对人类语言共性规律的

---

① 针对俄罗斯符号学的发展阶段,不同学者给出了不同的划分方案。王铭玉和陈勇认为俄罗斯符号学分为理论准备期、发展期、成型期、过渡期、成熟期和后洛特曼时期6个主要阶段(王铭玉、陈勇,2004;陈勇,2016),而本书的这部分研究主要借鉴了赵爱国的观点,特此说明。

② 赵爱国. 俄罗斯符号学研究范式的百年嬗变[J]. 俄罗斯文艺,2016(4):109.

探索旨趣。他的研究并未局限在某一具体语言的范围,而是从多种不同语言中获取例证,细致全面考察这些语言中的现象。Ю. С. 斯捷潘诺夫的语言研究不仅涉及语言结构、语言类型、语言研究法、修辞学、语法学、词汇学、语义学等众多传统领域,还论述副语言学(паралингвистика)等相关内容,将人在交际过程中或个人言语(индивидуальная речь)中的身势语纳入研究范围。这些研究内容均以符号系统的方式被纳入普通符号学的研究视域。

综合考察多种语言材料的结果构成书中的"结语"。在这部分中,Ю. С. 斯捷潘诺夫详细论述语言的哲学定义、逻辑学定义、人类语言与动物交际系统的差异、语言的主要特征、人类自然语言与人工形式语言之间的差异等问题。Ю. С. 斯捷潘诺夫将语言划分为 3 种类型:动物交际语言、人类自然语言和人工语言。其中,动物语言带有强烈的生物性,人工语言的命名与赋义(придание смысла)具有明显的稳定性特点。之所以如此划分,是因为 Ю. С. 斯捷潘诺夫在语言的逻辑学定义中给出理由:"语言的逻辑学定义要求指出包括人类语言在内的更为一般的现象层级,然后指出人类语言与该层级中其他现象之间的个体差异(индивидуальные отличия)。"[①]在普通符号学研究中,上述 3 种语言类型细化为符号性程度不同的符号系统,而逻辑学定义中体现出的"立于上位层级'俯瞰'下位层级现象并做出判断"这一观点被成功应用到符号系统层级的划分和语言符号性范围的确定中。

二、观念符号学思想的产生背景

Ю. С. 斯捷潘诺夫观念符号学的形成与俄罗斯符号学蕴含的人文主义思想相关。随后,后者与世界符号学研究的新范式"人类中心主义范式"合流,转变为俄罗斯符号学研究的人类中心主义视角,并且成为研究的主旋律。将观念作为符号学的研究对象,一方面与俄罗斯语言文化研究的争鸣相关,另一方面与符号学作为方法论的繁荣发展相关。Ю. С. 斯捷潘诺夫围绕观念展开的研究活动既隶属于俄罗斯语言文化学领域,又是文化符号学的一大分支。

(一)俄罗斯符号学的人文思想

人文主义是俄罗斯符号学研究中最突出的优秀传统之一,它"以对本民族的思想传统、精神内涵和人文特质的发觉与继承作为一个重点"[②],主要贡献之

---

① СТЕПАНОВ Ю С. Основы языкознания [M]. Москва:Просвещение,1966:245.

② 王铭玉,陈勇. 俄罗斯符号学研究的历史流变[J]. 当代语言学,2004(2):159.

一就是文化符号学。文化符号学研究一切与人类相关的文化现象,主张通过符号表达人类对世界的认识和一切社会生活经验的文化信息。这种以人为本的研究内核最早以语言与思维的相互关系形式体现在俄罗斯的符号学研究中。Ю. Н. 卡拉乌洛夫(Ю. Н. Калаулов)将语言学研究划分为"历史范式""心理学范式""结构—系统范式"(системно - стуктурная парадигма)和"社会范式"①。对人的思维活动、言语活动等一系列问题的思考早在"结构—系统范式"的研究中就出现了。学者们结合语言结构和语言系统对语言进行整合描写,全面阐述人的思维世界和精神文化世界,这一范式的代表思想就是 А. А. 波铁布尼亚(А. А. Потебня)的言语思维活动论。

А. А. 波铁布尼亚是俄罗斯"哈尔科夫语言学学派"(Харьковская лингвистическая школа)的创始人,他继承和发展 В. 洪堡特(В. Гумбольдт)的语言世界图景(языковая картина мира)理论,对语言与思维的关系进行独到阐释。В. 洪堡特对普遍唯理语法将思维概念和事物视为全人类同质对象的观点持批判态度。他认为,语言之间的差异不止于语音外壳,词汇是概念的符号,是语音与概念的统一体;语言符号所表达的思想对于人类各个民族而言具有异质性特点,因此"语言的差异可以解释民族特性的不同,也就是说,人类的思维形式远非全然一致"②。对 В. 洪堡特而言,不同民族语言的背后存在着相互有别的世界图景,他甚至认为,世界图景不仅存在于民族共同体之中,在个人的认知域内也能形成个体化的语言图景。据此,他指出,词汇的最终定义只能在个人言语中获得,"交际双方从不同角度理解同一个对象,将不同的、个体化的内容置于同一词汇内"③。

А. А. 波铁布尼亚吸收 В. 洪堡特的理论精华,凝练出自己对语言的本质、语言与民族关系、语言与思维关系的独特见解(《Мысль и язык》,1862 年)。他认为语言是人类活动的形式之一,同时还是全人类、民族整体乃至个人的特性。语言是思想的外在表达,而语言学的主要任务就是揭示思维与语言的相互作用。特别是对于民族共同体而言,语言是民族共有的集体财富,民族的共同特性就镌刻在语言之中。"思想借助语言,且基于语言形成,言语活动就是语言和

---

① КАЛАУЛОВ Ю Н. Русский язык и языковая личность[M]. Москва: Наука, 1987: 14.

② ГРИНЕВ-ГРИНЕВИЧ С В, СОРОКИНА Э А. Основы семиотики[M]. Москва: Флинта : Наука, 2012: 73.

③ 同② 73.

说话人以及所表达思想三者间的互动"①,民族精神与民族意识就孕育其中。

除了论述语言与思维、语言与民族的关系外,А. А. 波铁布尼亚还重新诠释 B. 洪堡特提出的"内在语言形式"概念,形成自己独具特色的"词的内部形式"(внутренняя форма слова)概念及相应理论。实际上,В. 洪堡特对"内在语言形式"的解释略有不足,"因此,为处理思想和语言之间具有的相互关系及其蕴含的本质等问题,А. А. 波铁布尼亚缩小了 В. 洪堡特对内在语言形式的理解范围,提出词的内在形式说"②。根据 А. А. 波铁布尼亚的观点,词的内在形式旨在揭露个人思想的产生方式,而词的词源意义和社会历史特性在思想的形成中起到关键作用。为了强调这一点,А. А. 波铁布尼亚引入了"近义"和"远义"概念,它们取自于词的研究,如此使用是为了证明"个体,即操语言者,既有责任和义务累积词汇的新义,与此同时还需要将历史文化遗产保留下来"③。词的内部形式概念后来被 Ю. С. 斯捷潘诺夫用来建立自己的观念层级结构,这一概念细化为观念词源层的语义特征。

俄罗斯的人文主义思想深深植根于探索与挖掘民族文化、民族心智、民族精神财富之中。这使得俄罗斯的语言学和符号学研究能在 20 世纪末 21 世纪初与世界范围掀起的人类中心主义范式(антропоцентрическая парадигма)顺利汇合,铿锵迈入世界符号学发展的新阶段。

人类中心主义(антропоцентризм)出现在语言学研究中,标志着语言研究的对象从语言客体转向语言主体,从语言内部结构转向语言运用,主张集中关注说话人、交际人和思维人。随后,其影响力逐步扩大,渐渐成为当代俄罗斯人文研究的基本范式,并且由此兴起语言文化学、心理语言学、认知语言学等新兴学科。在语言文化研究方面,这一范式的影响也有具体的体现,即重视存在与意识、语言与认知、语言与民族心理、语言与文化之间的关系等。

人类文化中心主义范式的萌发直接推动俄罗斯语言文化研究的繁荣与争鸣,在语言国情学之上催生民族社会文化定型、语言文化场、空缺理论、观念词研究、文化空间理论和文化符号学理论等众多文化研究机制。Ю. С. 斯捷潘诺夫就是研究文化观念词的学者。

(二)俄罗斯语言文化研究的争鸣

语言文化学是语言与文化的交叉研究而产生的学科。"语言与文化二者的

---

① 常宝儒. 波铁布尼亚其人其说[J]. 外语教学与研究,1994(3):67.
② 高国翠,高凤兰. 波铁布尼亚的语言哲学观[J]. 外语学刊,2010(5):13.
③ 同② 14.

相互关系问题其实早在18世纪末到19世纪初就受到学术界学者非常广泛的关注"①,但是在20世纪初出现的结构主义语言学,其兴起大大冲淡甚至完全淹没了语言文化学应有的光环。所以,目前学术界存在一个流行的观点,就是语言文化学最开始兴起于20世纪60—70年代的语言国情学。语言国情学自诞生以来伴随着关注、支持和质疑与批评,走过积极求索的20年。直到20世纪90年代,学术界对该学科的学科性质、研究对象、研究目的及研究方法进行全方位的反思,因而促使"语言文化学的学术形态演化出语言学、文化学、交际学等多个方向,并具有了综合性和交叉性的发展趋势"②。"对外俄语教学界先后提出语言信息单位和言语行为方式(речеповеденческие тактики)、语言文化单位(лингвокультурема)和语言文化场(лингвокультурологическое поле)、言语交际的社会文化定型(социокультурные стереотипы речевого общения)等新概念、新方法。"③

这些新思想的出现大力推动了语言国情学向"语言文化学"过渡,也在俄罗斯语言学界催生出围绕语言与文化问题的多种研究视角,逐步形成各具特色的众多研究方向,主要包括:"Ю. Н. 卡拉乌洛夫的语言人格(языковая личночть)理论;Ю. Д. 阿普列相、Ю. С. 斯捷潘诺夫、Е. С. 雅科夫列娃(Е. С. Яковлева)、Т. В. 布雷金娜(Т. В. Булыгина)、А. Д. 什梅廖夫(А. Д. Шмелёв)、Н. Д. 阿鲁秋诺娃、В. Н. 婕丽娅(В. Н. Телия)等学者关于语言世界图景(языковая картина мира)的研究;索罗金(Ю. А. Сорокин)、Г. В. 贝科娃(Г. В. Быкова)等关于空缺现象(лакуна)的研究;Д. Б. 古德科夫(Д. Б. Гудков)关于先例现象(прецедентный феномен)的探讨;В. 克拉斯内赫(В. Красных)提出的认知库(когнитивная база)概念"④。这些研究成果的问世让俄罗斯语言与文化研究呈现出百家争鸣的盛况。同时,这些研究在内容和范围上已经远远超出语言国情学的研究范畴,"即'语言中的文化',而广泛涉及到'文化语言''言语交际文化''语言文化认知''语言教学文化''操语言的人的文化''行为文化'及'语用文化'等领域"⑤。因此,我国学者赵爱国倾向于将这些理论成果冠以"语言文化学"或"俄语语言文化学"之名,互有差异的研究视角促成语言文化研究的各个分支领域。

---

① 赵爱国. 语言文化学论纲[M]. 哈尔滨:黑龙江人民出版社,2006:1.
② 同① 6.
③ 李向东. 当代俄罗斯语言与文化研究发展方向[J]. 外语研究,2004(3):4.
④ 同③ 4.
⑤ 同① 10.

Ю. С. 斯捷潘诺夫所属的语言文化学分支以民族语言世界图景为研究对象,注重对文化观念词的分析,并且借此阐释民族的心智认知,挖掘民族共同体的精神文化财富,为我们整体把握民族精神提供多维分析方法。

语言世界图景的研究最开始由德国语言学家 B. 洪堡特发起。在构建自身的"普通语言学大厦"时,为了获取充足可靠的材料,他亲自研究数十种语言,"考察比较的语言越多,B. 洪堡特看到的结构差异和文化殊性也越多,进而提出'语言世界观'之说:不同民族从各自语言的角度观察四围物象,目见的世界图景也大相异趣;人若不能突破自身语言的局囿,其认识和思维势必受到捆缚"①。根据 B. 洪堡特自身的观点,"语言是一个中间的世界,它在外部的现象世界和人的内心世界中间"②。B. 洪堡特指出,语言实际上就是介于思维与现实之间的"中间世界",它并非静止,而是时刻保持着动态性,由语言与现实的互动形成,其基本单位就是言语活动,而言语活动的本质是一种意义建构活动。之后,B. 洪堡特的语言学传统分别由德国语言学家 L. 魏斯格贝尔(L Weisgerber)和美国人类学家、语言学家 E. 萨丕尔(E. Sapir)、B. 沃尔夫(B. Whorf)继承和发展。这些学者的努力促使 B. 洪堡特的语言世界图景理论得以更加全面地诠释和完善。

根据 Ю. Д. 阿普列相的观点,俄罗斯的语言世界图景研究主要有两个方向:一个方向是词汇语义分析,着力阐释语言中具有一定特征意义的观念词,另一个方向是探索和勾勒每个民族语言所特有的完整世界图景③。第一个方向的核心思想是,观念词体现对现实世界的观念化表达。它是认知、思维、心智的多重精神文化载体,不仅仅由语言这种单一成分构成,还包括人的具身体验、社会联想、情感感受等内容,不过语言是其中最重要的构成成分,也是观念词分析中最有据可查的部分。部分学者认为,借助分析观念词,可以对比分析和深刻解读不同的民族文化共同体,比如对 судьба、любовь、надежда、истина、вера、мир、добро、зло、закон 等观念词的分析,可以揭示民族成员头脑中世界形象的完整呈现。第二个途径的核心思想是将语言世界图景视为"通过语言,记录特定语

---

① 姚小平. 西方语言学史[M]. 北京:外语教学与研究出版社,2011:228.

② ГУМБОЛВДТ В. Избранные труды по языкознанию[C]. Москва: Прогресс, 2000:393.

③ АПРЕСЯН Ю Д. Образ человека по данным языка: попытка системного описания[J]. Вопросы Языкознания, 1995(1):38.

言集体感知现实的独特图式"①。语言所表达的意义组成一个统一的概念体系，是一种集体哲学，是所有操这一语言的人所共同遵从的思维形式。沿着这一途径进行的研究有"对不同民族语言世界图景进行类型学划分的学者(如 Вч. Вс. Иванов 和 В. Н. Топоров)，有对民族世界图景模式及其语言基础进行分析的学者(如 Т. В. Цивьян 和 Г. Гачев)，有借助构词法分析和挖掘俄语语言世界图景的学者(如 Е. М. Земская)，还有阐发修辞和语言世界图景关系的学者(如 Н. Д. Арутюнова 和 В. Н. Телия)等"②。

Ю. С. 斯捷潘诺夫的文化观念研究沿着阿普列相提出的第一个途径展开，也就是更加倾向于从语言认知角度出发，对观念词进行词汇语义分析。这无疑与人类中心主义范式这一科学新潮流相呼应，人因素在文化观念分析中的比重大大提升。Ю. С. 斯捷潘诺夫的这一研究风格也延续到观念符号学之中。

(三)符号学作为方法论的跨学科研究

自符号学进入规模化研究以来，对符号学学科定位就形成了两种不同的声音。一方面，学者"将符号学视为运用多模型、多方法对意义进行多维阐释的独立科学"③，坚持这一观点的学者在符号学的普通理论建构方面均拥有相当的建树，如 Ч. С. 皮尔斯、莫里斯、Р. 巴特、У. 艾柯(У. Эко)、Т. А. 西比奥克(T. A. Sebeok)等；另一方面，也有学者"将符号学看作一种哲学观和方法论，认为符号学的意义只是为跨学科研究提供系统的组织法则"④，这导致将符号学视为方法论学科观点的产生。"这种观点促使很多学科运用符号学方法开拓自身的理论事业，在一定程度上的确扩展了符号学的关注领域"⑤，形成很多体系化的、具有发展前景的符号学分支学科。

当然，也不乏兼顾符号学普通理论构建和方法论应用的学者，如 Р. 巴特、Т. А. 西比奥克和 Ю. С. 斯捷潘诺夫等。但是，综观而言，符号学研究还是更多地以方法论形式参与跨学科研究。其原因首先在于当下学术界研究的共同趋向——对跨学科研究的推崇。其根源在于科研对象的精微化、系统化和科研对象及问题的整合化。一言以蔽之，这体现出学科的多对象化和对象的多学科化趋势。

---

① ЯКОВСЛЕВА Е С. Фрагменты русской языковой картины мира[M]. Москва: Гносква，1994：9.

② 同① 9.

③ 王蕾. 理性拓展符号学跨学科研究之路[N]. 中国社会科学报，2021-07-06(3).

④ 同③.

⑤ 同③.

用国内著名学者李幼蒸的话来讲,所谓科研对象的"精微化",指的是"在原学科中将它的对象分解出若干个新的学科内容,因而演发出许多分属不同学科的新的对象,后者又因自身自然形态而相互关联,最后形成了在一个自然对象上多个学科方面一众因素的崭新结合"①。比如,文本(текст),这是一个完整的自然对象物,语言学家以专业视角着眼,从中划分出多层级结构,包括语音、词法、语义等多个方面。这些不同方面的内容又构成相应学科的研究对象。所以,可以说,这些"方面"既分解自"文本",又汇聚为"文本",这些学科之间的关系亦是貌离神合。一言以蔽之,研究对象本身的复杂性和内在关联性是跨学科研究的根源所在。

而对于问题的整合研究则进一步确立跨学科研究法的重要地位。以整合研究为目的的跨学科研究由来已久,其"历史可以追溯到17世纪笛卡尔结合代数学和几何学创建解析几何"②。这一创举为不同学科之间的交叉研究提供成功范本,扭转"19世纪中叶以来延续百年左右的学科分化和深化"③趋势,成为跨学科研究中里程碑式的突破。现在,我们已经非常清楚,跨学科研究方法既有助于理论融合和借鉴,便于研究者多视角、多维度、多层次审视学科问题,又对学科之间的多元借鉴、领域渗透、视野扩展大有裨益。"在21世纪的当代科学中,'跨学科'已经成为整合性研究的代名词。"④

其次,从符号学学科自身视域的复杂性来看,其跨学科特性与生俱来,将符号学视为方法论学科不仅是其内在特性的要求,而且与当下盛行的跨学科研究趋向耦合。Ф. де 索绪尔及其追随者倡议的普通符号学以语言学为基础,Ч. С. 皮尔斯、莫里斯提出的符号学理论有着深厚的数理逻辑基础,T. A. 西比奥克的符号学思想基于生物符号学,等等。这些符号学大师的理论构想都是以某一特定领域为核心,不断发散、辐射到其他领域,最终形成具有统一思维内核的理论体系。符号学的普遍性、适应性、多领域下的可操作性必须置于多学科领域之中方能验证。事实上,在西方传统中,"还有很多学科对符号学的发展产生过或正在产生重大的影响,这些学科如哲学、美学、传播学、认知理论、心理学(尤其是格式塔心理学)、人工智能,甚至生理学等,都为符号学在20世纪的兴起提供了思想源泉"⑤。所以,不同符号学家基于不同学科,创建相互充满殊性的符号

---

① 李幼蒸. 理论符号学导论[M]. 北京:社会科学文献出版社,1999:97.
② 王蕾. 理性拓展符号学跨学科研究之路[N]. 中国社会科学报,2021-07-06(3).
③ 王铭玉. 语言文化研究的符号学关照[J]. 中国社会科学,2011(3):158.
④ 同②
⑤ 赵毅衡. 符号学:原理与推演[M]. 南京:南京大学出版社,2016:15-16.

学大厦,这导致符号学一经产生,就是许多学科融合、质变的产物。

最后,正因为符号学具有上述跨学科特性,才使得它在人文社科领域中被当成认识论和方法论使用。符号学本身具有跨学科的统一性和综合性特征,它强大的阐释力诱使诸多人文科学运用符号学方法来丰富自身的本体研究。A. J. 格雷马斯更是昭示我们,"当前符号学所面临的主要目的和任务分别是:建立适用于社会科学的一般方法论;科学提升符号学理论和概念类型;将概念理论逐步形式化、模式化、类型化。符号学究其本质是一种科学规划,规划的前途不仅仅取决于对学科基础和学科历史的哲学反省,而且取决于学科在不同应用领域中的可操作性"①。进入21世纪,甚至有学者认为,"现在符号学已然化身一种跨学科和多领域交叉的方法论理论,'正逐步变成当代社会人文科学认识论和方法论理论中的重要构成部分'"②。

Ю. С. 斯捷潘诺夫的观念符号学就是以其文化观念研究为基础,辅以符号学方法,建构而成的。Ю. С. 斯捷潘诺夫对文化观念的分析具有明显的历时特性。他"从历时维度阐释俄罗斯民族的文化常量,分析和使用不同时代的文本阐明这些常量内容在历史变迁中发生的变异"③。他以3层级结构划分观念的语义内涵,每个层级对应的语义特征都与不同时代文化生活的特征相应,是这些生活积淀的结果,观念不断进化,形成观念进化序列,序列的各个节点之间能够体现出这个观念的形式与语义之间的继承关系,它们共同组成这个观念的语义聚合体。在Ю. С. 斯捷潘诺夫看来,符号学方法就是诠解这一关系的最佳途径。同时,运用符号学方法,能够有效揭示充满时代性的语义信息在文化观念词中延续与累积的过程。文化观念词的符号学阐释以文化的延承、进化为终点,所以Ю. С. 斯捷潘诺夫给观念符号学插上文化符号学的旗帜——"这是新的方向,是文化符号学内容的一部分。但是也应该把它区分出来,因为它是文化符号学中结构化最典型的部分,具有独特的研究机制"④。据此,我们将Ю. С. 斯捷潘诺夫称为文化符号学家也不为过。

---

① 李幼蒸. 理论符号学导论[M]. 北京:社会科学文献出版社,1999:94.
② 王铭玉. 语言符号学[M]. 北京:北京大学出版社,2015:83.
③ 杨秀杰. 语言文化学的观念范畴研究[M]. 哈尔滨:黑龙江人民出版社,2007:109.
④ СТЕПАНОВ Ю С. Язык и метод:к современной философии языка[M]. Москва:Языки Русской Культуры,1998:78.

第二节　符号学思想的构成

Ю.С. 斯捷潘诺夫的符号学思想主要包括4个部分,分别为普通符号学、语言符号学、观念符号学和文艺符号学。普通符号学以研究自然与社会中的所有符号系统为己任;语言符号学进行语义学与句法学的交叉研究,以句子—语句为研究对象;观念符号学则研究观念进化过程中文化语义的符号学传承,属于文化符号学的一个新分支;文艺符号学主要汇聚Ю.С. 斯捷潘诺夫对诗学研究的符号学解读。研究发现,Ю.С. 斯捷潘诺夫的符号学思想既有一定的共性内容,也有各自的理论渊流和领域交叉。其中,普通符号学和观念符号学之间存在着理论交叉及延伸关系,而语言符号学和文艺符号学则分别与Ю.С. 斯捷潘诺夫的语言学研究、语言哲学研究有着更深的联系,相对自成一体。所以,基于一些考虑,本书的主要研究对象为Ю.С. 斯捷潘诺夫的普通符号学思想和观念符号学思想,其余两个符号学思想则留待以后进一步阐释。

一、普通符号学思想

Ю.С. 斯捷潘诺夫的普通符号学思想主要以提炼和揭示符号系统、符号系统之间的一般规则与规律为宗旨。在具体操作上,他运用结构主义语言学的术语体系,阐释符号系统的组织原则;同时,借鉴美国符号学理论,将相关原则(规律)划分为符构学规律、符义学规律和符用学规律。因此,Ю.С. 斯捷潘诺夫的普通符号学理论不能简单置于Ф. де 索绪尔或Ч.С. 皮尔斯的单一符号学体系中考察。而且,在研究过程中,Ю.С. 斯捷潘诺夫还提出许多原创性理论,诸如语言标尺性、语言符号性、符号系统的层级结构、同质和异质符号系统、微观世界(микрокосм)与宏观世界(макрокосм)的关系等。这些理论特色鲜明,角度独特。对此,我们将在第二章详细论述,此处仅仅勾勒普通符号学思想的整体特征。

Ю.С. 斯捷潘诺夫的普通符号学思想具有泛符号性特征。研究范围涉及植物符号系统、动物交际符号系统、自然语言符号系统、身势语系统、民族文化符号系统、抽象的形式化语言符号系统等,内容十分丰富。这些符号系统不仅源自人类社会,而且存在于不以人的意志为转移的自然界之中。隶属于这些符号系统的符号,其结构的复杂程度各不相同,符号性程度也有高低,但无一例外,它们都确确实实客观存在,是具有物质性的符号现象。

Ю.С. 斯捷潘诺夫的普通符号学思想具有认识论意义。Ю.С. 斯捷潘诺夫在《符号学》的前言部分就旗帜鲜明地呈现其普通符号学思想的认识论倾向:

"符号学非常接近哲学,这使符号学向哲学靠拢,尤其是向认识论靠拢。本书运用符号学的这一特性,所以该书从符号学向认识论导入。"[1]符号学与认识论之间虽然存在千丝万缕的联系,但二者之间的关系并不是先验的,而是从优秀符号学理论的研究中总结出来的。事实上,Ч. С. 皮尔斯和 T. A. 西比奥克的符号学理论也有诸如此类的看法。他们与 Ю. С. 斯捷潘诺夫都有一个共性特质,即期冀以一种极为共性的视角,切入尽可能多的符号系统,最终将人类社会甚至整个自然界的无穷现象都纳入有限数量的范畴、模型或规律中,以有限洞见无限。Ч. С. 皮尔斯是从逻辑学视角出发,T. A. 西比奥克是从生物学视角出发,Ю. С. 斯捷潘诺夫则是从语言学视角出发。以 Ю. С. 斯捷潘诺夫的普通符号学思想为例,其认识论的思索路径是:语言学→符号学→认识论,而其他两位学者则需要分别用"逻辑学"和"生物学"替换"语言学"。

Ю. С. 斯捷潘诺夫的普通符号学思想具有理论整合性特点。除了 Ф. де 索绪尔结构主义学派和 Ч. С. 皮尔斯理论体系之外,Ю. С. 斯捷潘诺夫还将人类学研究经验、文化修辞学理论、弗雷格三角及其在多领域的应用成果、Л. 叶尔姆斯列夫表达方面与内容方面关系的任意性之说与 Н. Я. 马尔的功能语义理论等有机整合。Ю. С. 斯捷潘诺夫不仅应用这些理论,还对它们进行适当改造和发展,使其更加能够适应符号学理论在普遍性和广泛适用性方面的要求。这些理论的成功引用为许多语言学家、人类学家提供在符号学领域发声的机会,而 Ю. С. 斯捷潘诺夫的引申和创造则推动这些理论在符号学领域走得更远。

二、观念符号学思想

观念符号学思想以观念研究为核心,依托符号学方法,阐释文化观念语义进化和物质文化、精神文化在历史发展进程中的互动关系。它主要包括观念的层级分析法、观念的进化符号性序列、物质与精神在观念中的统一、观念的共时节点与人在观念中的认知作用。"能指—所指"这对符号学术语在观念符号学中被"委以重任",用来阐释观念词与文化语义在历时演变中的对应关系,揭露物质文化与精神文化在观念词中的融合与在观念序列共时节点上的对称关系,挖掘时代范式与风格的形成规律。能指与所指贯穿始终地运用体现观念符号学的二元对立特性。

二元对立的研究方法由 Ф. де 索绪尔在结构主义语言学中正式提出,同时是符号学方法论的一大特征。二元对立作为结构主义方法论中最普遍接受和运用的逻辑分析法则,表现出极强的适用性,是 Ю. С. 斯捷潘诺夫符号学思想

---

[1] СТЕПАНОВ Ю С. Семиотика[M]. Москва: Наука, 1971: 4-5

建构的重要工具。Ю. С. 斯捷潘诺夫的观念符号学可以视为使用符号学方法研究文化观念词的符号学分支。其中,二元对立就体现为"能指—所指"这对术语的运用。陈勇指出,"符号学最大的创新就是形成并确立了能指—所指这对符号双面结构特征和符号系统的结构层次说"[①]。这两点在 Ю. С. 斯捷潘诺夫的符号学思想中均有体现,后者在普通符号学思想中有详细的研究,而能指—所指的结构特征在观念符号学思想中更加明显。

"在符号学视野之下,能指和所指均以结构方式存在,要关注语言对象的结构,我们必须从系统论和相对论出发审视语言对象……同时兼顾表达结构和内容结构两者的特点,把握两种结构的整体性、转换性与自身的调整性特点。"[②]这段话道出了符号学中能指—所指的本质特性,那就是结构性。无论在 Ю. С. 斯捷潘诺夫的普通符号学思想还是观念符号学思想中,能指和所指这对术语都以符号的结构形式出现。值得注意的是,Ю. С. 斯捷潘诺夫从未指定两个术语与某一符号成分组成固定的对应关系。特别在观念符号学中,观念词的词汇形式与观念的文化内涵之间,在物质文化观念序列与精神文化观念序列对应的共时节点上,其对应关系都不固定。Ю. С. 斯捷潘诺夫将能指与所指的结构功能发挥得淋漓尽致,而术语与内容的对应关系则是虚化的,灵活处理的。

三、语言符号学思想

Ю. С. 斯捷潘诺夫的语言符号学思想是语言学和符号学成功结合的产物。这部分思想与他的语言学研究背景密不可分,主要分为两部分。其一,是语言的符号学描写原则(семиологический принцип описания языка);其二,是符号学语法(семиологическая грамматика)理论。符号学描写原则主要应用于印欧语语音系统、构词法和词汇类型学的相关研究,符号学语法依托符号学描写原则创建,在我国学术研究和研究生教学中应用广泛。

(一)语言的符号学描写原则

语言的符号学描写原则是 Ю. С. 斯捷潘诺夫针对结构原则和生成原则的不足提出的。20 世纪 40—50 年代,结构主义语言学为语言描写提出了自己的方案——结构原则(структурный принцип),强调,"语言是一个符号系统,系统由要素和规则构成,语言的本质特性是结构性和体系性,语言学描写拒绝使用语言外和非语言学——逻辑学、心理学、哲学、社会学、美学等其他学科的材

---

① 陈勇. 略论符号学分析的方法论实质[J]. 解放军外国语学院学报, 2006(1):34.
② 同① 34.

料,注重语言的共时描写和结构描写,在个别语言系统内部进行描写,所用术语也是针对该语言系统而言的"①。在20世纪三分之一的时间内,这个原则都对语言学发挥着重要的积极作用。但是,它的弊端也很快暴露出来——语言现象日益丰富,相关的语言学问题层出不穷,拒绝使用非语言学材料降低了这一描写方法的阐释力和适用性。而且只将描写范围限定在个别的语言系统内部,会阻碍语言类型学和语言共性特征的研究。

20世纪下半叶,N.乔姆斯基(N. Chormsky)的转换生成语法反对结构主义。该理论主张语言描写的生成原则(генеративный принцип),它在20世纪60年代占据统治地位。这一原则主张人的语言能力来自天赋,认为人的大脑蕴藏着普遍的人类语言机制,强调语言结构派生的深层原则具有首要意义,是语言形成的根本。相较于结构原则,生成原则的进步意义首先是承认语言学与其他学科之间存在必然联系,比如和当代逻辑学、心理学之间的联系;其次,这一原则具有强烈的认知意义,这使语言学家不得不重新认识语言和思维的有机关系。然而,生成原则在描写语言的过程中也出现很多弊端:

(1)以不可直接观察的语言能力为研究的终极目标,而且将这种能力简化为句法研究。基于生成原则,语言学家将语言结构"生成的深层原则"与人的"语言能力"联系起来,甚至将二者等同,认为人的具体语言是一种不受语境影响并带有转换生成规则的语法,因此语言理论的任务就是抽象出这种人类语言基本的语法结构知识,追溯语言能力信息。但是语言能力的非客观性和将揭露能力与句法研究等价均受到诟病。

(2)生成原则拒绝直接观察语言事实,而是注重语言的形式化研究。生成原则认为语言结构就是语言形式化研究无限延伸的结果,但随后的发展表明,这种无节制的形式化已经超出心智可能达到的限度(разумные пределы),并且成为众多语言学家、研究者使用生成理论描写具体语言的障碍。

(3)生成原则要求极致的共性化,因为该原则认为人类的语言能力具有普遍性,但这种认识阻碍语言类型学的发展。②

---

① 王福祥,吴汉樱.语言学历史·理论·方法[M].北京:外语教学与研究出版社,2008:85-87.

② СТЕПАНОВ Ю С. Семиологический принцип описания языка [C]// СЕРЕБРЕННИКОВ Б А, КОЛШАНСКИЙ Г В, ЯРЦЕВА В Н. Принципы описания языков мира. Москва: Наука, 1976: 205.

总之,20 世纪盛行的这两个语言描写原则各有优劣,但都无法令 Ю. С. 斯捷潘诺夫满意。于是,他另辟蹊径,提出语言描写的符号学原则。符号学原则首先以直接观察到的客观材料为研究对象,形式化只是作为研究方法,属于语言描写的辅助手段。值得注意的是,符号学原则也承认人具有语言能力,也认为语句的生成过程就是人的语言能力的现实化过程。只是在 Ю. С. 斯捷潘诺夫看来,人类语言能力的现实化不是在无法客观观察的大脑内部和所谓的言语生成机制之中进行,而是在个体间的社会交际中完成,并且这一过程最简化、自足的单元就是语句。这就为符号学描写原则介入句子的研究埋下伏笔。

符号学原则并不是某一个个别观点,而是"各种语言观构成的某种系统,其中包含相互联系的各种规则的总和,这些观点由研究对象——语言本身的客观构造决定"①。在 Ю. С. 斯捷潘诺夫看来,主要的符号学原则如下:

(1) 直观原则(принцип непосредственной наблюдаемости)。符号学原则主张关注客观可查的语言材料。语言是思想的直接体现,与社会直接相关,接下来的所有原则都可以直接在个别的具体语句中观察到。语句就是人类社会最基本的言语交际单元。

(2) 符号原则(принцип знака)。将思维与语言的关系和所指系统与能指系统的关系对应,在与思维的紧密联系中研究语言。但是由于符号本身的非对称性特征,所指与能指间的关系并非意义和语篇单位互为单义的对应关系,也不是两个平面单位的静态对应关系,它们最适宜的展开方式是下面的(3)与(4)。

(3) 层级原则(принцип иерархии)。能指与所指之间的关系以复杂的多层层级形式体现。Ю. С. 斯捷潘诺夫将语言划分为 3 层级结构,见表 1-1。

表 1-1 符号学视域中的语言结构

抽象层级	作为语言方面的层级或层次				
个别单位	言语语音	词素变体	词的情境变体	词组—聚合体	语句
特殊单位	音型	词素变体类型	词的词汇语义变体	作为词汇单位的词组	句子
一般单位	音位	词素	词位	词组的结构图式	句子的结构图式

---

① СТЕПАНОВ Ю С. Семиологический принцип описания языка [C]// СЕРЕБРЕННИКОВ Б А, КОЛШАНСКИЙ Г В, ЯРЦЕВА В Н. Принципы описания языков мира. Москва: Наука, 1976: 205.

表1-1是运用二分法,对语言学知识进行简化处理后得到的结果。受到二分法的影响,语言学界大都将语言系统划分为直接对应的双层级结构——"个别单位——一般单位"。Ю.С.斯捷潘诺夫提议在二者之间添加一个过渡的中间层级"特殊单位层",又称"类型层级"(уровень типов)。Ю.С.斯捷潘诺夫表示,无论从人类认知的逻辑角度看,还是从语言学研究的方法论层面考虑,对客观观察的语言单位进行类型学划分,都是抽象概括的必经之路,因此不应该忽视。

(4) 变质原则(принцип метаморфизма)。能指与所指之间的关系还能以一系列过程之和的形式体现,后者指的是除了下述3个基本功能之外的复杂形式,可能是基本功能的变体,也可能是功能间以某种方式结合而成的独特类型。这一原则在符号学语法中有详细的研究。

(5) 3个基本的语言符号功能:称名(номинация)、述谓(предикация)和定位(локация)。其中,称名功能负责称谓现实对象,述谓功能负责在判断性语句中将所称名事物和所述特征联系起来,定位功能的任务则是根据说话人的时空位置来确定被称名事物的相对位置。

(6) 人类中心主义原则(антропоцентризм)。符号学原则视域中的所有客观材料都与说话人相关。人的语言能力在实际交际行为中以语句的形式变为现实;不同语言对应着不同的语音系统,发音是说话人的物理行为,语音学和韵律学的研究与说话人的发音特征紧密相关。所以,符号学原则对语言现象的描写必然遵循人类中心主义原则。

(7) 传承性原则(последовательная традиционность)。符号学原则是最客观、最一般的语言组织原则,它要求语言学研究者尽可能全面考虑之前的语言学传统,并且继承其合理成分。[①]

Ю.С.斯捷潘诺夫不仅提出上述原则,而且将这些原则积极投入应用。比如,在研究印欧语的语音现象时,就应用人类中心主义原则,从说话人角度进行音节划分,对音节的"零"特征、腭化、咽音化、喉音化等韵律学现象都进行分析;3个基本的语言符号功能对应着语句的3种基本功能,在世界语言的词汇类型学研究、称名句段、名词句和动词句的关系以及语句分析等方面都有重要的应用;在变质原则的作用下,上述的符号性语音载体,即符号的语音系统,和基本

---

① СТЕПАНОВ Ю С. Семиологический принцип описания языка [C]// СЕРЕБРЕННИКОВ Б А, КОЛШАНСКИЙ Г В, ЯРЦЕВА В Н. Принципы описания языков мира. Москва: Наука, 1976: 207-208.

语句功能都能通过不同程度的转换而衍生出第二性特征,比如,定位功能的第二性机制就是基于言语情境特征的隐喻性使用,也就是将一个言语情景中的语句特征转用到时间和空间上远离该言语情景的其他情景之上,此时的语词体现形式为,从基本功能的 я-здесь-сейчас 变质为 он-там-тогда(他—那处—那时);述谓功能的转换结果就是名词句,比如 Белый дом 类型的名词句段只在直接称名行为中才确定特征,而 Дом-белый 类型的名词句则是将"白色的"这个特征从正在进行的称名行为中抽取出来,总结为 дом(房子)在任意时刻的固定状态,这就是述谓功能的变质——将某一说话情景的特征转用到该时刻之外的情景上。诸如此类的应用还有很多,我们不一一赘述。接着,根据语言的符号学描写原则,Ю. С. 斯捷潘诺夫进行句子的符号学研究,即符号学语法研究。

(二)符号学语法理论

符号学语法的主要理论来源于语言学和逻辑学。符号学语法将人类语言整体作为研究对象,采取句法学和语义学的交叉研究模式。符号学语法将句子视为基本语言单位,观察名词(名项)和谓词(谓项)在词汇上的具体反映。在这一方面建立语言学和逻辑概念、逻辑问题之间的联系:意义和外延、含义和内涵、谓词和亚里士多德的范畴学说等。

近几十年的语言学研究表明,任何语言中的语义和句法,就其自身系统来说,都相当发达;语义、句法和两者相结合的一般特征都体现出泛语言的共性规律,而这种结合同时也是最深层的内容和最表层的表达之间的结合。符号学语法的主要分析对象是名词、谓词和句子。在符号学语法中,Ю. С. 斯捷潘诺夫首先确立句子为主要研究对象,确立句子与词汇在语义研究上的相近性和句子的符号学研究方法。然后,根据词汇对句子的语义依存关系对词汇进行分类,从而得到名词和谓词的分类系统,二者是句子在词汇领域的抽象体现。最后,依据谓词分类确立句子的类型体系,即句法分类。

首先,在句子和句子语义研究方面。正如华劭所说,"在作为符号系统的语言中,句子处于超符号层次。严格讲,属于符号层次并且可纳入语言系统的,只是以结构模式出现的句子。诸如传统语法中由主谓语构成的双部句,80 年语法所划分的种种句子模式如 N1Vf、N1N1 等等"[①]。符号学语法理论对句子的认识正是如此,Ю. С. 斯捷潘诺夫认为句子就是句子的结构图式(структурная схема предложения),或句子的命题函项(пропозициональная функция),句子是符号学语法理论的首要研究对象,因为词的语义只有在句子中才能详细阐

---

① 华劭. 语言经纬[M]. 北京:商务印书馆,2003:182.

发,而句子又是语篇的最小的基本构筑单位。

  Ю.С. 斯捷潘诺夫认为,"名词和句子的语义构建存在相似性,所以研究符号的方法(знаковый подход)适用于词的分析,也适合用来分析句子……这种相似性是建构句子—语句的语义理论最自然的途径和维度"①。符号方法的最直接体现首先是符号学描写原则中的符号原则,后者在词中呈现为能指与所指的对应。"能指——线性的语音或文字符号是词汇的外部要素,所指分为两个部分:一是客观现实世界中的对象(предмет действительности),包括事物、现象、过程,用术语 денотат、референт、экстенсионал 表示;二是对象的概念(понятие)或对象的定义,用术语 означаемое、сигнификат、концепт、интенсионал 表示。在当代语言学中,референт、денотат 用作'对象'的同义词,而术语 смысл 用作'概念'的同义词。术语 значение 同时与二者对应。"② Ю.С. 斯捷潘诺夫认为,与词相似,句子的语义也能划分成两个部分:一方面表示现实事件的所指、外延;另一方面表示这一事实的某种思想,即内涵或含义。

  这一观点早在斯多葛学派对语句的研究中就有所体现。该学派认为语句有两个对象。其一是事物或现实世界的事件;其二是某种专门的思维实体,指某种统一的、意义比抽象概念和特征更为丰富的内容,是概念、意义和人类情感的聚合体。用语言学术语表示,斯多葛学派所说的第一个对象对应于"外延",而第二实体类似于"内涵"。句子的内涵是比"真"和"假"更为一般的内容,可以用如下例子说明内涵的实质:

  ①Верно, что (в Арктике живут белые медведи);
  ②Неверно, что (в Арктике живут белые медведи)。

  两个句子括号当中的小句相同,它们是纯粹的内涵或含义,两个句子整体分别是这一内涵的肯定或者否定判断,二者必然其一为真,另一为假,但是句子的真值必须诉诸客观世界的特定片段才能得以验证。可见,句子的含义位于内涵领域,而真值位于外延领域,真值问题和含义问题并不等价。在 Ю.С. 斯捷潘诺夫看来,真值问题就是句子的意义(значение)问题。

  在此基础上,Ю.С. 斯捷潘诺夫认为语义学整体由两部分构成:①对象领域或者所指、外延领域;②概念领域或者含义、内涵领域。就结构而言,②很大程度上复制①。但是这种复制不能使两个语义学领域全然对称,这里就涉及同

---

  ① СТЕПАНОВ Ю С. Имена предикаты предложения: семиологическая грамматика [M]. Москва: Наука, 1981: 10.
  ② 同① 11.

义关系问题。语言学认为同义词有两种情况：在对象或所指相同的同义词列中，词汇具有外延等同物，但是含义方面却不一定等价；同样，具有相同含义的同义词也不一定具有相同的外延。句子中也会遇到相同情况，外延等同（或相似、平行）的称为迂说法（перифраза），含义等同的则称为转换（трансформация）。

在句子的研究方法上，符号学语法理论提出不同类型的符号置换（знаковые замещения）。这是一种引入和消除抽象的方法，分类是引入抽象，转变成语句则是消除抽象，符号学语法主要以引入抽象为主。广义的抽象原则起到最重要的作用，它主张"使用'果实'这类抽象词汇，而非具体词汇'苹果''梨''香蕉'等；使用'所有 X''对任何一个 X 而言'这类表达，也就是带有全称量词的表达；使用表达'存在那样的 X，……'也就是带有存在量词的表达等"①。Ю. C. 斯捷潘诺夫认为句子生成的符号化过程需要在实际的言语交际中验证和实现，那么"消除抽象的问题就是理论之于实践的适用性问题"，既然进入实践领域，那么就超出理论研究范围。此外，Ю. C. 斯捷潘诺夫还借用 C. A. 雅诺夫斯卡娅（C. A. Яновская）的一段话来论证消除抽象的先验必然性："只有反映某种事物本质的抽象，才具有科学内涵，因此这些抽象可以应用于某物是非常明显的，也就是说，这些抽象是可以消除的。"②所以，只要确保恰当地引入抽象，消除抽象则是水到渠成。

词汇，准确地说，名词和谓词，是句子之外的另一大研究对象。Ю. C. 斯捷潘诺夫使用术语 Словарь 表示普遍词汇③，以此区别于人们习惯使用的术语 лексика（具体词汇）。前者用于表示人类语言的普遍词汇范畴，代表具有共性特点的抽象类型，而后者仅仅代表具体的民族语言历史上易变的语言技术手段。"民族语言的具体词汇在命名上具有偶然性并且互有差异。在这个意义上，哪怕命名同一类事物，具体词汇所依据的特征也是偶然的……在术语上，将具体词汇作为普遍词汇具体化、现实化的技术手段，借此区别于具体词汇表示语言外世界事物这一用法，无疑具有合理性。我们将客观世界事物的类型称为普遍词汇，因此，它属于普遍的语义学分类，每一种个别语言中的具体词汇都是普通词汇具体化、现实化的技术。普通词汇是语义学的共性分类，而其具体化

---

① СТЕПАНОВ Ю С. Имена предикаты предложения: семиологическая грамматика [M]. Москва: Наука, 1981: 19.
② 同① 20.
③ 该术语在斯捷潘诺夫的《名词，谓词，句子：符号学语法》中就以首字母大写的形式提出。

第一章　Ю.С.斯捷潘诺夫符号学思想的产生背景与构成　　37

的技术环节则在每一种个别语言中都是具体词汇。"①②在确定词汇研究的对象后，Ю.С.斯捷潘诺夫对它们进行分类。Ю.С.斯捷潘诺夫认为，人类语言的词汇范畴分为名词和谓词两大类，对名词和谓词的类型学研究构成词汇分类学的主要内容。

首先，我们来看名词分类。语言学常用的词汇分类原则有很多，Ю.С.斯捷潘诺夫将词汇笼统地分为非语义原则和语义原则。前者如语音分类、字母分类、词源分类等；后者则是基于语义的分类法则，被Ю.С.斯捷潘诺夫采纳。Ю.С.斯捷潘诺夫从语义角度出发，提出3种名词分类法：①"事物""植物""动物""人"；②外延和内涵类型；③"个体名词""普通名词""元名词"。

第一种分类主要基于词汇对客观世界事物的反映，所构成的基本分类是不依赖句法而相对独立的语义域。第二种词汇分类贯穿整个词汇，它由两类构成，根据Ю.С.斯捷潘诺夫的阐述，我们将二者之间的相互关系绘制成表1-2。

表1-2　外延类型与词汇类型关系对照表

词汇类型	外延类型	内涵类型
关系	客观事物类型	概念类型
	概念的功能关系原型③	概念的属种关系原型
	"个性"名词	"共性"名词
	句子主词	句子谓词

其中，第一种分类中的所有词汇类型都能在第二种分类中找到自己的位置。"事物"就属于外延类型的"客观事物类型"，而内涵类型中的"概念类型"包括"植物""动物""人"和"人的世界"。

第三种词汇分类与第二种相似，也是贯穿整个词汇的分类线索，同样具有共性和个性之分。第一种分类中相对独立的词汇语义系统能够同时与个体名词和普通名词重合，个体名词反映客观世界中的"个体"现象，普通名词则不能

---

① СТЕПАНОВ Ю С. Имена предикаты предложения：семиологическая грамматика [M]．Москва：Наука，1981：7.
② 下面直接以"词汇"代指Словарь。如果提及лексика，将采取俄文标注的方式将二者区分开来。
③ 概念的功能关系指对象及其材料、对象及其功能、对象及其行为、对象及其行为结果等。

简单地理解为个体的集合,而是具有丰富内涵的词汇系统。元名词不反映任何客观事物集合,但展现词汇系统本身的需求,比如,语词"集合"。在句法方面,个体名词更多地用来作主体,而普通名词和元名词则常用作谓词。

这3种分类方法体现出名词的两条类型学研究路径:一条从语义学开始,肇始于词汇对客观世界的反映,集中体现为第一种名词分类;另一条则从句法学开始,是主要句法关系的词汇投射,集中体现为第二种和第三种名词分类。这两种名词分类可以体现整个人类语言词汇范畴的一般特征,它们在句子结构中都与特定的句法功能(充当主体或谓词)相关。因而,所谓的独立于句法的语义分类也因此与句法建立联系。所以,Ю. С. 斯捷潘诺夫说,"整个词汇分类都贯穿着源自句法学的脉络"①。

其次,在谓词方面,Ю. С. 斯捷潘诺夫直接承袭了亚里士多德的10范畴学说,将谓词分为10类,同时还创造性地将句法分类和谓词分类联系起来。他"将亚里士多德的10个范畴看作共性谓词,后者是描写命题功能或句子结构机制、具体语言和整体语言的基础"②。这意味着在符号学语法理论的视域中,谓词分类基本可以表征句法分类。

具体说来,Ю. С. 斯捷潘诺夫首先区分了"动词功能"(глагольная функция)和"动词词位"(глагольная лексема)的概念,确立前者在符号学语法中的重要地位。动词功能是任意一类句子的谓词,包括表示性质、性能、状态、动作、关系等述语性特征的全部词都可以称为谓词。这里 Ю. С. 斯捷潘诺夫对谓词的理解十分宽泛,"动词功能的完整特征不仅包括对谓词本身的描写,还包括对相关名词的描写,即谓词在句子框架中结合起来的充当主体的名词和充当客体的名词;因此,在'句子结构图式'中,'动词功能'与谓词概念重合"③,而"动词词位"则主要指个别的动词词汇,在动词词汇中可以确定动词本身的语义特征以及该动词的搭配能力、题元信息和"价"的信息,此外还能够确认该谓词主体与客体的语义特征。这些都是谓词的基本内容,也是根据这一谓词形成的整个句子结构图式的基本内容。不过,这些内容更适用于具体的词汇研究,与符号学语法的要求不合,后者更加注重人类语言的普遍范畴研究。因而,Ю. С. 斯捷潘诺夫从逻辑学角度出发,以"动词功能"概念为核心,并且选择亚里士多德的10范畴学说用作谓词以及句子类型学划分的新方法。

---

① СТЕПАНОВ Ю С. Имена иредикаты иредложения: семиологическая грамматика [M]. Москва: Наука, 1981: 4.

② 同① 134.

③ 同① 119.

华劭曾经评述 Ю. С. 斯捷潘诺夫的谓词分类,认为这种分类是对"各语言中谓词的普遍语义分类……以上 10 类也是句子的语义分类,千差万别的具体语句只是它们的表达形式"①。但是,这样的分类方式并非毫无破绽,因为"这种分类虽然很概括,但很难客观地判断、划分句子;对理解和掌握不同类型的谓词,特别是动词的意义和用法,也过于抽象"②。另外,同样使用语义分类原则对谓词进行分类的还有 Т. В. 布雷金娜。在类比和对照二人的谓词分类系统之后,华劭从整体角度指出这种分类方法的弊端:"主要从语义分类,难免有见仁见智的地方,这从对术语的界定、使用也可以看出"③。所以,从语义角度对谓词进行分类的客观性、科学性和严谨性还有待进一步商榷。

最后,根据谓词分类研究句子的类型学方面。承接上文,Ю. С. 斯捷潘诺夫认为"谓词"就是逻辑意义上函项的意义,函项对整类句子而言都是共同的。谓词的表达式称为"述谓"(предикатор),如"'…состоять в…'就是俄语的谓词表达式,'…to consist in…'就是英语的谓词表达式。这两种表达式具有一致意义,这个意义就是逻辑意义上的谓词,而且谓词可以通过上述二者中任意一个表达式来描写。在语言学意义上,谓词也是每一个包含上述两个表达式的俄语句或英语句,谓词就是句子的逻辑意义"④。因此,将谓词分类作为句子分类的标准具有深刻的逻辑学和语言学意义。

句子的类型还与句子的结构图式相关。句子的结构图式就是句子的命题函数,结构图式是自由浮动的语义域,不计其数的句子类型可以从中实现。每一个结构图式的语义域都由下述内容确定:①谓词表达式类型,谓词表达式具有独特的谓词语义;②充当谓词的名词的语义域,该领域构成对象领域,和词汇分类学的某个部分重合;③名词类型,主要是充当主体的名词的类型——个体名词、普通名词或元名词。在形式方面,句子的结构机制或命题功能具有肯定句形式,但在名词的位置是变量,仅仅是一般形式地指出某物,将命题函数转变为句子只能在将变量替换为特定常量——名词之后,才可以。另外,还有一种方式能将命题函数变为句子——借助共性量词(所有 x 都是 p),存在量词(存在 x)和否定词。只是这些词并非直接应用于名词,而是应用于句子整体,或者说,它们是针对整个命题功能而言的,所以 Ю. С. 斯捷潘诺夫把这些词看成特

---

① 华劭. 语言经纬[M]. 北京:商务印书馆,2003:199.
② 同① 199-200.
③ 同① 200.
④ СТЕПАНОВ Ю С. Имена предикаты предложения: семиологическая грамматика [M]. Москва: Наука, 1981:120.

殊谓词。

研究句子在语言符号学中占据特殊位置。当代语言学的重要转向就是人文主义转向,基于语言研究的语言符号学,自然更加关注人的交际活动。而句子作为人类交际的最小单位,也占据语言符号学的研究中心。"句子成分正是根据符号功能的特征而彼此有别:主体(充当主体的语言表达式——本文作者)是现实世界对象的符号代替物,而谓词不指称对象,其能指是抽象概念的代替者,所指也就仅仅指向自己。因此,主体属于世界,而谓词则属于人对世界的思考。"[1]那么,主体与谓词结合而成句子,就是人在世界的存在方式。

四、文艺符号学思想

Ю. С. 斯捷潘诺夫对文艺符号学思想的探讨主要体现在一部专著和一部文集中,分别为《В трёхмерном пространстве языка: семиологические проблемы лингвистики, философии, искусства》(《语言的三维空间:语言学·哲学·艺术的符号学问题》,2013 年)和《Семиотика и Авангард: антология》(《符号学和先锋:文集》,2006 年)。正如书名所显示的那样,语言学、哲学和艺术问题错综交织。

在 Ю. С. 斯捷潘诺夫语言的三维空间中,Ю. С. 斯捷潘诺夫借用"范式"(парадигма)这一术语和 Ч. У. 莫里斯(Ч. У. Моррис)的符号学三分法,在语言学、哲学、诗学研究内部分出符义范式(семантическая парадигма)、符构范式(синтактическая парадигма)和符用范式(прагматическая парадигма)。每一个范式都是一定时期内这 3 个领域的一般研究方式,Ю. С. 斯捷潘诺夫将它们分别冠名为"名称哲学"(философия имени)、"谓词哲学"(философия предиката)和"自我中心词哲学"(философия эгоцентрических слов)。这三者并非无缝衔接,而是有几个跨范式时期在中间作为过渡阶段,又称"中间阶段"或"跨范式阶段"(межпарадигматический период)。之所以这样命名,是因为这些过渡阶段是处于主流范式之间的"非典型"(нетипичный период)阶段,其间混合着两种相邻研究范式的特点,而自身的研究特点则隐晦不明。

学术研究的"范式"这一术语源自美国哲学家、科学史学家托马斯·库恩(Т. С. Кун),他在《Структура Научных Революций》(《科学革命的结构》,1962 年)中首次提出"科学知识范式"(парадигма научного знания)这一术语,

---

① АРУТЮНОВА Н Д. Предложение и его смысл: логико - семантические проблемы[M]. Москва: Наука. , 1976: 378.

并将之应用于物理学研究。T. C. 库恩认为,"科学知识通过科学变革,实现跳跃式发展。任何准则都只在特定的范式下有意义。范式是历史上复杂化了的世界观系统。科学变革就是解释范式的科学共同体之间的交替"①。基于这一定义,T. C. 库恩"将范式理解为提出和解决科学问题的公认模板(общепризнанный образец)"②。随后,在这本书1970年的再版中,T. C. 库恩又对"范式"进行了明确界定。"……一门成熟的学科具有规范性,而规范学科具有自己的范式。范式可能由一个人或多人引发并创立,由学术共同体成员共同发展乃至变革。"③这种理解下的范式并非一成不变。在学术发展阶段的不同时期总会出现某种共性的知识聚合体,其中包括共同的哲学基础、相近的方法论体系、理论概括乃至评价标准。但是,在学术发展的下一阶段,新的知识聚合关系就会产生并逐步取代现有的共性内容。这是一个缓慢的、累积的过程,是由量变到质变的过程,最后范式实现变革。根据 Ю. С. 斯捷潘诺夫对这些范式的命名可以发现,他所指的"范式"是某一特定时期居于主导地位的语言观,并且这种语言观还能在一定的哲学思潮和艺术流派中体现出来。所以"'范式'与科学中的某种思维风格和艺术中的某种相应风格相关。这样理解的'范式'是一种历史现象"④。

符义范式。该范式在 Ю. С. 斯捷潘诺夫的学术体系中与名词哲学同义。关于名词与相应事物之间关系的思考,早在古希腊时期就出现在关于语言起源的神话中,而且许多哲学问题的讨论也是围绕名称与其所指事物之间的关系展开的。其中,最著名的要数唯名论和唯实论之争,也出现在这一时期。从当代符号学观点来看,这属于符义学的研究范畴,而且符义学研究在这一时期几乎独立于符构与符用的相关探讨。Ю. С. 斯捷潘诺夫将柏拉图、亚里士多德、奥卡姆(Оккам)、Н. 库赞斯基(Н. Кузанский)、А. Ф. 洛谢夫(А. Ф. Лосев)等人的相关哲学思想和语言思想都归置于这一研究范式中。

名词诗学(поэтика имени)是指"符合名词哲学的艺术,无论是中世纪还是

---

① БАРАННИКОВА Г И. Антропоцентрическая парадигма гуманитарного знания и её лингводидактическая интерпретация[J]. Гуманитарный Вестник, 2013(4): 1.
② СТЕПАНОВ Ю С. В трёхмерном пространстве языка: семиотические проблемы, лингвистики, философии, искусства[M]. Москва: Либроком, 2009: 3.
③ 杜世洪. 语言研究的范例与范式[J]. 当代外语研究, 2020(3):30-31.
④ 同②

当代,其宗旨都是探寻现象可见形式背后的本质,可以称为'名词诗学'(поэзия имени)"①。名词诗学主要体现为象征主义诗学,后者从特定艺术流派中抽象、概括出来,如1880—1900年法国象征主义和20世纪初俄国象征主义。象征主义的理论家、符号学家将象征视为艺术的基础、艺术的永恒部分。Ю. С. 斯捷潘诺夫将属于这一范式的诗人称为"名词诗人"或"象征主义者"。他们竭力从词走向事物,透过事物洞察本质,但是象征主义由于诗人的顿悟和诗人本人所用语词之间独特的符号性,不可避免地滑入教条主义泥淖。所以,Ю. С. 斯捷潘诺夫采取一种新的视角,挖掘象征主义诗学内涵,建构其"象征主义观察者"的身份。此处所说的视角,就是符号学特别是符义学视角。

符构范式。根据 Ю. С. 斯捷潘诺夫的理解,该范式谓与词哲学等价。它出现于19世纪和20世纪之交。当时,哲学界首先改变对世界构成的看法。Б. 罗素(Б. Рассел)在总结新的逻辑语言研究时提到,世界不是由事物构成的,而是由事件或事实构成的,因此名词研究逐渐退出学术舞台,表达事实的句子及其中心——谓词跃然而上。"事实可以肯定,也可以否定,但是不可以命名。"换句话说,"表达事实的语言符号不是名词"②而是命题与谓词,所以 Ю. С. 斯捷潘诺夫把这一时期的哲学思潮称为"谓词哲学"。"谓词哲学"抗拒实体概念,也不认同语义的重要性。的确,谓词是特殊的思维单位,它主要表示语言外客观世界事物与语言表达式之间的关系(最典型也是最极端的情况是系词),因此其语义较弱,或者显得空泛,属于不完全语义范畴。属于这一范式研究的有斯多葛学派、Б. 罗素和 Р. 卡尔纳普(Р. Карнап)进行的相关工作。

谓词诗学(поэтика предиката)又称句法诗学(синтактическая поэтика)。"'句法'一词在本世纪初经常出现在描述艺术流派特征和人类自我中,而且没有受到符号学研究的任何影响。在现在符号学理论中,艺术现象通常用语言学术语描写。"③所以,谈论艺术流派中的句法范式,是非常自然的事情。属于该范式的艺术风格包括俄罗斯立体主义(кубизм)和未来主义(футуризм),它们有时也被统一视为形式主义。Ю. С. 斯捷潘诺夫主要分析未来主义的符构特性。"未来主义诗学或许一开始就称为形式主义,它完全不去阐释个别细节。但是结合语言哲学研究句法诗学,后者就不单单表露其形式特征。毋庸置疑,诸如印象派艺术家竭力刻画事物在某一时刻变化的、稍纵即逝的状态一样,一些哲

---

① СТЕПАНОВ Ю С. В трёхмерном пространстве языка: семиотические проблемы, лингвистики, философии, искусства[M]. Москва: Либроком, 2009: 66.

② РАССЕЛ Б. История западной философии[M]. Москва: Миф, 1993: 44.

③ 同① 181.

学家,如'谓词哲学家',对世界的认识也源于此。他们反对不变的事物本质且将事物视为'特性簇'或者'谓词簇'。"①于是,我们可以设问:如果事物只是作为显现出来的特性的集合出现,那么人岂不只是这些特性的载体?因此,基于这一观点的诗学也别称为"无自身品性之人"的诗学。Ю. С. 斯捷潘诺夫研究的就是这样的未来主义诗学和 В. 赫列勃尼科夫(В. Хлебников)的诗学。

符用范式也就是自我中心词哲学(философия эгоцентрических слов)。这个新的范式有两个特征:①重视语言主体"我"的作用;②描述语言的基本概念是名词、谓词、句子,它们都被视为函项。前者在人文领域中多有出现,后者则是在逻辑学内发生,但二者本质相同。所谓"自我中心词"就是"指向'自我'(Эго)、指向言说主体的词:首先是'我'(Я),接下来是所有以'我'为基准的词:'地点'(здесь)、'时间'(сейчас)、'指示'(это)等"②。这一点在 Ю. С. 斯捷潘诺夫的语言学和符号学语法中均有体现。在语言学中,"我"—"此地"—"此时"是基本的语言范畴和语言符号功能之一——"定位"(локация)的词汇表达,而在符号学语法中他们则构成语句的定位机制,同时是第一性的符用机制③。

"主体"本身具有两个基本意义。一表示句子主体,语法中的主语,二表示有认识和实践能力的人。在符号学和语言哲学中,第一个意义更为突出,在文学和艺术符号学中则是后者更胜一筹。与此相应,对语句进行符用学阐释的基本路径之一就是对"我"的拆分与深化:首先是作为句子主语的"我",然后是作为言语主体的"我",最后是作为内在的"我"或"自我"。最后这个"内在的'我'"昭示着说话人的动机和意图,它源于艺术,更是艺术研究的对象。在文学艺术方面,"新时期的欧洲文学……特别是欧洲的长篇小说,逐步趋向于对作者的'我'进行分层,分为主人公、主人公的叙述者、作者—讲述者,有时还分得更加细致"④。

Ю. С. 斯捷潘诺夫指出,符用范式的诗学研究 P. 包括穆奇尔(Р. Музиль)的诗学、俄国意象派的"自我中心词小诗学"(малая поэтика эгоцентрических слов)、М. 高尔基(М. Горький)自传体三部曲和《克里姆·萨姆金的一生》中的"旁观者诗学"(поэтика очевидца)、М. 普鲁斯特(М. Пруст)的自我中心词

---

① СТЕПАНОВ Ю С. В трёхмерном пространстве языка: семиотические проблемы, лингвистики, философии, искусства[M]. Москва: Либроком, 2009: 183.

② 同① 216.

③ 第二性符用机制的词汇表达为"он-там-тогда"(他—那处—那时),是通过变质原则从"я-здесь-сейчас"(我—此地—此时)转化而来的。

④ 同① 218.

诗学、Б. 布莱希特（Б. Брехт）戏剧中的自我中心美学要素。

Ю. С. 斯捷潘诺夫借用符义学、符构学和符用学这种三分法，将自古希腊以来的哲学、诗学问题分成相应的3个部分，每个部分都具有相当突出的共性特点。符义范式下的所有研究都以符义研究为核心线索，符构范式下的哲学和诗学都带有谓词中心的句法中心特性，而符用范式则是主张从言语主体的"我"切入心智世界的内在"自我"。每一个范式中的语言规则、哲学原理和艺术形式都交织在一起：哲学原理解释普遍的语言规则，语言材料有助于解决一些哲学问题，而艺术研究，特别是诗学研究，也要从自语词的运用中提取最一般的语言运行规则，形成自身艺术流派的烙印。因而，这也是语言哲学与诗学的范式研究。分析发现："语言似乎在人们不知不觉中引导（思考语言的哲学家的）理论思想和（语词艺术家的）诗歌激情，依次沿着其自身的一个轴心进行循环——先是符义学，后是符构学，最后是符用学。完成这一循环后，又准备着螺旋式重复"①。

先锋主义（Авангард）是19世纪末20世纪初文学艺术中与古典文学传统，尤其是与现实主义相对立的众多文艺思潮的统称。这些思潮在多个国家内引起非同凡响的艺术效应，包括"法国的立体主义和野兽派，意大利的未来主义与德国的表现主义，等等"②，其中还有俄罗斯的先锋主义运动。因此，Ю. С. 斯捷潘诺夫直接将先锋主义称为一个大的范式，其研究主题对于整个时代而言都具有普遍、恒常性特点，谓之为"常量"（константа）。这个范式的焦点是人的"精神道德领域"内发生的一切积极过程，一切批驳、反对、否定和挑战、创造、更新的意义过程，心智世界的积极过程又往往很自然地伴随着社会和交际世界中产生的积极过程中的不同"行动""分组""宣言"等。

此外，在先锋主义与符号学的跨学科研究中，Ю. С. 斯捷潘诺夫再次将其独特的哲学思考融入进去，提出"先锋主义就是生活"这一观点。其原因有二：①先锋主义的确"几乎渗透进了艺术和社会生活的各个领域，衍生出一众的先锋文学和艺术团体"③；②"'生活'首先是心智活动，而且先锋主义——这是心智世界最完整的实现"④。毕竟，先锋艺术最重要的特点就是重视个体的内心感

---

① СТЕПАНОВ Ю С. В трёхмерном пространстве языка：семиотические проблемы，лингвистики，философии，искусства［M］. Москва：Либроком，2009：5.

② 王宗琥. 俄罗斯先锋主义的本土特色［J］. 俄罗斯文艺，2019（4）：22.

③ 同② 22.

④ СТЕПАНОВ Ю С. Семиотика，философия，авангард［C］//СТЕПАНОВ Ю С. Семиотика и авангард：антология. Москва：Академический Проек，2006：6.

受。"艺术是一种充满个性和非常私人的现象,讲述的内容主要是'内心体验',艺术作品就充当这些体验的痕迹和符号,是个体内心活动的导引。先锋艺术的重要特性是诉诸内心的体验,挖掘可以形象记录和如实反映这种体验的艺术言语。"①因此,符号学、哲学和先锋主义的结合应该是这样的:"每一个领域都要结合自己的立场来命名:不是'符号学',而是'内在符号学'(Семиотика внутреннего)、'内在人'(внутренний человек)的符号学;不是'哲学',而是'探索人的哲学直觉'(философская интуиция ищущего человека);不是'先锋主义',而是'内在的人'的先锋主义。"②

五、普通符号学思想与观念符号学思想的交织

通过对 Ю. С. 斯捷潘诺夫本人符号学文献的研读,我们发现 Ю. С. 斯捷潘诺夫的普通符号学思想与观念符号学思想之间存在交叉和衍生关系。前面提及 Ю. С. 斯捷潘诺夫在普通符号学思想中提出一系列新颖理论,包括对功能语义理论的发展。这部分内容就是普通符号学与观念符号学思想的交叉点,或者说,是普通符号学对观念符号学富于启示意义的地方。在普通符号学中,功能语义理论属于符义学规律,同属于符义学规律的还有能指—所指的辩证关系和微观世界—宏观世界的符义对应关系。这二者在观念符号学中同样有着不同程度的应用。

功能语义理论由苏联语言学家 Н. Я. 马尔首创,指的是"一个事物的名称迁移到另一事物,成为另一个事物的名称,后者在经济和社会生产中行使与第一个事物相同的功能"③。这是对事物与其名称协同发展的平行序列进行观察的结果。Н. Я. 马尔从语言学角度阐释这一现象。经济生产模式的改变引发事物与名称的协同转换现象,新事物具有与旧事物一致或相似的功能,并在这一功能上替换后者,在名称上继承后者,完成新事物对旧事物的置换。例如:槲实(旧事物)最早作为主要的食物来源,先于面包出现,在民族生活中不可或缺;随着人类生活资源的丰富和人类生产能力的提升,面包作为新的主要食物来源出现,从而在功能上取代早先的槲实,但依然沿用槲实(旧事物)的名称;鹿最早作为主要的农耕和交通运输工具,在民族经济生产中扮演重要角色,随着对马的驯化能力的提升,马逐步取代鹿的地位,成为农耕和运输工具(功能)的首选,并

---

① 王宗琥. 俄罗斯先锋主义的本土特色[J]. 俄罗斯文艺,2019(4):24.
② СТЕПАНОВ Ю С. Семиотика, философия, авангард[C]//СТЕПАНОВ Ю С. Семиотика и авангард: антология. Москва: Академический Проект, 2006:8.
③ СТЕПАНОВ Ю С. Семиотика[M]. Москва: Наука, 1971:139.

在一定时间内沿用鹿的名称。

但是，Ю. С. 斯捷潘诺夫指出，这一现象背后的规律还有更为广泛的实际体现和应用领域，而 Н. Я. 马尔功能语义理论的语言学特性仅仅将这一规律限定为名称——自然语言中的名词和相应指称对象——事物的置换原则，实际上"低估"了这条规律的作用。

事实上，形式与事物之间也存在类似的置换情形。Ю. С. 斯捷潘诺夫经常使用的一个例子就是汽车发展史或者汽车形态、外观演变史。汽车出现后，在外观设计上借鉴马车，还将司机与乘客的车厢隔开，早期的汽车完全不是当代汽车的模样。汽车和马车都是载客往来的交通工具，二者在功能上一致，只是在出现的时间顺序上汽车后于马车，因而在形式上保留马车的部分特征。这就涉及物质文化现象的进化方式了。

Ю. С. 斯捷潘诺夫认为，物质文化的进化具有明确的历时特性，文化的进化方式与 Н. Я. 马尔功能语义理论提出的方式一致。这是功能语义理论在文化学方向的一个发展。在历时维度上，名称和形式与事物的协同进化关系可以使用能指—所指这对符号学术语厘清，这是在符号学视域中阐释这一规律的举措。因此，经过 Ю. С. 斯捷潘诺夫发展后的功能语义理论就具有文化符号学的性质了。在观念符号学中，这一性质集中体现在观念语义的历时演变中。新的观念语义伴随着鲜明的时代特征产生，并且置换旧的语义内容，观念符号的所指不断更新，能指逐步过渡。只是在这个过程中，观念语义的置换并没有消除旧有语义的痕迹，而是累积在一起，使观念整体的文化内涵愈加丰富。

能指与所指这对术语的引入大大拓宽了 Н. Я. 马尔功能语义理论的应用范围，进而在观念符号学中为形成观念的进化符号性序列提供启示。此外，这条规律还能用来分析两个文化领域——物质文化和精神文化的协同进化现象。这两点是观念符号学思想的重要组成部分。

除了功能语义理论对观念符号学产生重大影响之外，能指—所指的辩证关系和微观世界—宏观世界的符义对应关系在观念符号学中也有应用。前者在观念的进化符号性序列中有具体体现，用以表示观念旧阶段中的某物能够成为其新阶段的符号，但是这个旧阶段中的"某物"和新阶段的"符号"（能指）没有决然的、固化下来的对应关系。也就是说，观念旧阶段的能指和所指在成为新阶段的能指方面具有相同的可能性，需要针对具体情况具体分析。其实质与能指—所指的辩证关系规律一致，这条规律的阐发详见第二章第四节。后者的变体——同一语词包含对立语义和同一事物包含对立评价的情况——在观念符号中命名的非偶然性上有所体现，详见第二章第四节和第三章第二节。

上述 3 条规律均是普通符号学中的符义学规律。从这一角度来看,还可以说,观念符号学不仅是 Ю. С. 斯捷潘诺夫将符号学方法应用于文化观念研究,从而形成的交叉学科,符义学规律的引入还使得这一符号学思想的符义研究特性更加醒目。观念符号学的主要研究方法就是对观念词进行符义分析,所有结论都由此而来。符义是比语义更为广泛的研究范畴,所以研究过程并不囿于观念词的词汇语义分析,还要涉及与其密切相关的其他符号系统。如此一来,研究方法也就更为复杂。Ю. С. 斯捷潘诺夫借助文化溯源、文化历史考证和社会学的方法厘清文化观念内涵及其进化路径,探究民族世界图景的形成机制,最终实现从整体上把握文化观念与人类文化史的同构关系。正因为如此,观念符号学与文化研究实现合流,Ю. С. 斯捷潘诺夫也将观念符号学视为文化符号学的一大分支。

另外,我们在阅读 Ю. С. 斯捷潘诺夫的著作时,还有一个发现,这个发现也能成为两种符号学思想内有交叉的佐证。观念符号学的构想要晚于《符号学》,所以 Ю. С. 斯捷潘诺夫在总结专门符号学门类时并未提及这一符号系统。观念符号学最早是在 Ю. С. 斯捷潘诺夫的《Язык и метод: к современной философии языка》(《语言与方法:论当代语言哲学》,1998 年)中才确立的[1]。这部著作本质上是"在统一名称之下,将不同时期出版的 3 部著作[《Семиотика》(1971 年),《В трёхмерном пространстве языка: семиотические проблемы, лингвистики, философии, искусства》(1985 年),《Язык и метод: к современной философии языка》(1998 年)]实施有机整合的结果"[2]。这 3 部著作分别构成该书的三大主题,《符号学》就是其中的第一部分。Ю. С. 斯捷潘诺夫在"当代符号学流派"这一章专门增设一节"文化—符号学序列. 观念符号学",论述这一新兴的专门符号学[3]。就是在这里,观念符号学正式以符号学分支的形式出现。而且将观念符号学置于《符号学》中,这样的安排足以说明,普通符号学总结的一般符号学规律同样适用于后加入的观念符号系统。

---

① "观念的进化符号性序列"这一概念最初在 Ю. С. 斯捷潘诺夫的《常量:俄语文化辞典》中提出,但是当时"观念符号学"尚未完全成型,它真正成为符号学流派之一还是在《语言与方法:论当代语言哲学》这部著作中。另外,Ю. С. 斯捷潘诺夫还在《Семиотика: антология》(《符号学:本体论》)2001 年的再版中收录《语言与方法:论当代语言哲学》中"观念符号学"这篇文章。

② СТЕПАНОВ Ю С. Язык и метод: к современной философии языка [M]. Москва: Языки Русской Культуры, 1998: 1.

③ 《符号学》1971 年版中没有这一节。

因此,可以得出结论:Ю.С. 斯捷潘诺夫的观念符号学与普通符号学之间存在明确的发展关系。由于二者之间的共性较为明显,同时 Ю.С. 斯捷潘诺夫的语言符号学和文艺符号学相对独立,它们各自与普通符号学和观念符号学之间的理论渊源、定位方向、研究领域相差较远,难以一起考虑。此外,考虑到工作量的巨大以及受篇幅和研究方向所限,本书的研究重心主要是 Ю.С. 斯捷潘诺夫的普通符号学和观念符号学思想,而语言符号学和文艺符号学思想则留待以后诠释和阐发。因此,本节只谈这两个符号学分支学科的内容和学理渊源。

本章小结

本章首先论述 Ю.С. 斯捷潘诺夫普通符号学思想和观念符号学思想的背景。Ю.С. 斯捷潘诺夫的普通符号学思想集中体现在《符号学》这部著作中,其构建兼具 Ф. де 索绪尔和 Ч.С. 皮尔斯两大符号学体系之长,既运用结构主义符号学二元对立的术语体系和分析方法,又采用莫里斯的符号学三分法及其术语。俄罗斯符号学在后马尔主义时期呈现出百花齐放的研究态势,争鸣的学术氛围、开放的学术思想为 Ю.С. 斯捷潘诺夫普通符号学的最终成型提供保障。就普通符号学思想的整体特征而言,俄罗斯符号学研究的语言学特色和 Ю.С. 斯捷潘诺夫自身的语言学研究经历使得其普通符号学思想带有明显的语言研究色彩。

观念符号学则得益于俄罗斯悠久的民族文化研究传统和符号学研究的人文主义传统。人文主义后来与学术研究中的"人类中心主义范式"合流,加速了俄罗斯语言文化学的研究进程。语言文化研究自20世纪90年代以来得到了迅猛发展,新思想层出不穷,不断冲击着该领域的研究边界,文化观念分析学派就是语言文化研究的重要分支之一。Ю.С. 斯捷潘诺夫是该学派的杰出代表,学术功底深厚,观念符号学就是符号学方法在文化观念分析中的应用成果。

第二节概述 Ю.С. 斯捷潘诺夫的符号学思想。Ю.С. 斯捷潘诺夫的符号学思想分为4个部分:普通符号学、语言符号学、观念符号学和文艺符号学。本书的研究对象为普通符号学与观念符号学。这两个部分既相互交叉,又互相支撑。普通符号学提出的一系列理论中,对 Н.Я. 马尔功能语义理论的符号学阐发为观念符号学思想提供启示,并奠定基础。这一理论由 Н.Я. 马尔首创,Ю.С. 斯捷潘诺夫敏锐地从中发掘出符号学创新点,从符义角度拓展这一理论的适用范围,成功应用于观念符号学研究,开辟了文化符号学的一个全新领域。普通符号学思想与观念符号学思想的互相交织还能从《语言与方法:论当代语言哲学》这部著作中获得佐证。

Ю.С. 斯捷潘诺夫的语言符号学与逻辑学之间的关系更为紧密,文艺符号学则主要聚焦于语言学、诗学、哲学、符号学和先锋艺术的整合研究。限于篇幅、研究方向、时间等,这两种符号学思想仅在此处予以概述,详细的阐发则留待后续进行。

第二章　Ю.С. 斯捷潘诺夫的普通符号学思想

Ю.С. 斯捷潘诺夫的普通符号学思想具有非常丰富的学术内涵，基本展现了他对符号学的整体认识和研究定位。普通符号学以各专门符号系统为研究对象，注重从中抽取符号系统之间的共性规律。Ю.С. 斯捷潘诺夫在研究中主要运用结构主义符号学术语和二元对立的方法论，莫里斯的三分法则主要用作符号系统规律的划分标准，这是 Ю.С. 斯捷潘诺夫普通符号学思想的一大特色。从研究内容看，Ю.С. 斯捷潘诺夫不仅在符号定义、符号结构等经典问题上提出独到见解，而且提出一系列崭新的观点，包括语言标尺性、符号系统同质性和异质性、符号学，特别是语言符号学研究的历史发展脉络和相关学科的层级关系等，都有相当明确的认识论意义。另外，人的认知在符号化过程中的积极作用和重要影响也体现在符义研究的诸多方面。从一般符号学规律的划分方法和普通符号学的研究内容出发，可以得到两种诠释路径，我们选择后者，力图呈现普通符号学思想的认识论意义和理论的整合情况。

第一节　普通符号学思想引论

本章考察抽象、概括符号系统之间语言关系的情况，阐明普通符号学的研究对象——符号系统，揭示 Ю.С. 斯捷潘诺夫所说语言关系何以重要。研究表明，Ю.С. 斯捷潘诺夫对符号系统的划分主要依据对自然和社会生活的实际观察，这些观察是跨民族、跨学科的，并且相当直观。可见，直接观察原则早在普通符号学中就已经有过应用。Ю.С. 斯捷潘诺夫根据符号性的强弱，划分这些观察结果，形成连贯的符号系统序列。序列成员全部客观存在，包括不依赖于人的感知而客观存在的符号系统，也有必然以某种方式进入人认知领域的系统。普通符号学思想更多地将研究重心置于后者，也就是与人密切相关的符号系统上。

一、普通符号学研究的事实

普通符号学以符号系统为研究对象，符号系统的形成基于社会生活事实。

"符号系统"的概念来自于Ф. де索绪尔在《普通语言学教程》中的论述:"语言是一众符号系统,主要用于表达观念,可以与文字、聋哑人的字母、象征仪式、礼节形式、军用信号灯等相比。只是,语言这一符号系统是上述系统中最重要的。"[1]可以说,Ф. де索绪尔促成符号系统作为符号学研究对象这一事实。艾柯在对符号学的定义中直言,"'符号学应当被视为对符号概念进行的理论研究',即对'符号的定义、结构功能和符号参与的过程'所做的研究"[2]。但是,"为了使该定义进一步完整,他又把'符号'概念换以'符号过程'或'符号系统'……因此符号学就是研究符号、符号过程和符号系统的理论学科"[3]。Г. Г. 波切普佐夫(Г. Г. Почепцов)在《符号学》的首章中也明确表示:"符号学研究符号系统。符号系统的多样性从这一领域研究工作的多样化名称就可见一斑:电影符号学、绘画符号学、戏剧符号学、社会符号学等。"[4]可见,将符号系统作为研究对象早已成为符号学研究的悠久传统,并且一直延续到21世纪。

Ю. С. 斯捷潘诺夫也采纳这一观点,他将符号学定义为"关于自然和社会中符号系统的科学"[5]。在他看来,"符号学在各个地方都能找到自己的对象——语言、数学、艺术、文学、个别文学作品等。符号学的直接对象是信息系统,也就是携带信息的系统,这种系统的基本核心是符号系统。不管这些系统在社会、自然还是人之上起作用,它们都是符号学的对象"[6]。因此,符号学具有非常广泛的研究范围,研究素材遍布社会、自然和人类生活的方方面面。这些携带信息的符号系统的划分基础是人类生活的世界和与人类生活密切相关的事实。

"任何一个新的科学领域都有自己的目标:研究和解释特定事实。符号学所解释的大量事实来自那些对人类孜孜不倦的观察者,特别是作家和旅行家。"[7]这些事实包括民族文化、风俗习惯、民族的交际特征,比如交际时的姿势、表情、语言的运用乃至文学语篇和建筑艺术。通过对这些事实的归纳、总结和抽象,Ю. С. 斯捷潘诺夫得出与生活内容和生活形式相关的4个结论。

---

① 索绪尔. 普通语言学教程[M]. 高明凯,译. 北京:商务印书馆, 2015:24.
② 李幼蒸. 理论符号学导论[M]. 北京:社会科学文献出版社, 1999:45.
③ 同② 45.
④ ПОЧЕПЦОВ Г Г. Семиотика[M]. Москва: Рефл-бук и Ваклер, 2002: 13.
⑤ СТЕПАНОВ Ю С. Семиотика[M]. Москва: Наука, 1971: 3.
⑥ СТЕПАНОВ Ю С. Семиотика: Антология [М]. Москва: Академический Проект: Деловая книга, 2001: 5.
⑦ 同⑤ 6.

(1)"人们的情感、感受、信念渗透到独特的形式——姿势、手势和姿态中；这些形式本质上有两面性，它们同时既是感受、情感、信念的一部分，又在一定程度上是其非常淡漠的那一部分，已然成为纯粹传统的一部分，它们的外在体现可以成为自身的符号。"①这段话基本上简要概括出与这一结论相关的人类交际事实。И. Г. 艾伦布尔格(И. Г. Эренбург)曾在自己的著作中描述不同民族在处事风格、风俗习惯、身势语言等方面的差异。他提到，中国现代人人际交往时常常会用到一些客套和虚礼，但是中国古代人却难以接受欧洲人寒暄时的握手礼，同样情况的还有日本人和印度人；做客时如果客人对主人家的壁画大加赞赏，欧洲主人只会心生喜悦，而中国主人则可能直接将这幅壁画送给他……诸如此类的民族文化差异屡见不鲜。但在民族内部，这些行为均遵从某些约定俗成的规范，它们的合理性没有成员会质疑。这些表现形式在特定情境下就是表意动机的最自然流露，这部分内容不仅可以成为符号学的研究素材，还能为民族学、人类学、文化学等领域的学者提供启示。

　　(2)"'生活形式'、风俗习惯实际表示的内容是具有某种独特性、民族性，为其他民族所不具备的内容吗？能够预先得到答案：可以不表示，也可以表示。"②美国人类学家 Э. Т. 霍尔(Э. Т. Холл)提出"人际空间关系学，也就是关于人的空间的符号学"③的概念。研究发现，不同民族的人对空间、时间、色彩和自然的态度都是不同的。德国人对"在房间内"的理解十分宽泛，只要房间内外的交际双方可以相互交谈和看见对方，哪怕房间之外的人站在街道上，那么"在房间内"也同样适用；日本的道路系统只有交叉路口有名称，街道本身没有名称，中国的情况则正好与之相反；阿拉伯人在指路时的用语也使其他民族的人陷入迷惑，等等。诸如此类的空间语言差异无疑暴露出独特的民族性特征，而且这些差异本质上是表达同一内容的不同语言形式。因为所指的路是一致的，所处的房子在物质上是不变的，差异仅仅在于承载不同民族文化的描述者或观察者会选择不同的表达方式，也就是不同民族的语言指向对象的方式不同。在这种情况下，不同的"生活形式"确实可以作为民族性的标志。在另一些情况下，生活形式不能表明民族所特有的情感感受。比如，不同民族在跨文化交际中都对舒适的人身间距有所要求：对美国人而言，这一距离在 75 厘米左右；而对于墨西哥人来说，75 厘米显得过远。尽管这一交际距离的具体数值对不同民

---

① СТЕПАНОВ Ю С. Семиотика[M]. Москва：Наука, 1971：8.
② 同① 9.
③ ПОЧЕПЦЕВ Г Г. Семиотика[M]. Москва：Рефл-бук, 2002：66.

族而言是个体性的,但对保持这一特定距离的需求却是共性的,所以这一"生活形式"所表现的就不是某个民族所特有的文化内涵。

(3)"外部生活形式以特定的方式秩序化,它们构成系统……这些系统还在一定程度上与语言系统相似。"①从生活现象中发现与语言系统的相似关系,由语言学家提出。实际上,这种类似的提法并不鲜见,比如前面提到的 Р. 巴特,就在自己的符号学研究中充分践行了这一点。这种应用的前提就是这些领域的相关现象能够构成符号系统,而且它们与语言系统之间存在内在关联。这些观察到的民族生活事实也能够成为符号系统,包括形式与内容的二元对立,也是表达方面与内容方面的结合,同时也能够理解为能指与所指之间的对应。Ю. С. 斯捷潘诺夫还在建筑学中发现语言关系的某种体现。建筑风格与不同的世界观存在特定的内在联系:前者属于某个时代的物质文化领域,后者属于民族整体的精神文化财富。于是,Ю. С. 斯捷潘诺夫又得出关于符号学研究事实的第四个结论。

(4)"在不同符号系统中确定共性内容,符号学让我们看到如下几个组织原则间的共性联系:①语言;②物质文化;③精神文化。"②该结论的得出源自两个建筑物之间的对比,二者风格迥异。一个是俄罗斯的冬宫。冬宫建于 18 世纪中叶,宫内点缀孔雀石、碧玉、各式大理石,还有包金装潢,音乐厅和舞厅是冬宫的核心建筑部分,这部分的设计风格是将观众与舞台严格分离,在厅内使用镜子将剧场与外部世界隔绝开来,一切都显得泾渭分明,中规中矩。另一是法国的文化大会堂(Дом культуры)。大会堂建于 20 世纪 60—70 年代,没有采用过于繁复的装潢手段,在设计上也更具灵活性和动态性。"在这个剧院中,观众而非演员位于舞台中央。带有栅栏的吊棚允许人们在其上行走,导演的控制室像'深水潜水箱'一般挂在吊棚下,立体音响填充新的空间效果。剧院的这种空间规划原则大体上符合对剧院、对戏剧艺术本身的新理解。"③而且,在剧院的设计上还考虑到日常便利设施的安排,如咖啡馆、小吃店等。

在建造冬宫的时代,高度集权的君主专制体制需要特定的建筑风格作为专制王权和国家秩序的代言,因而哪怕是戏剧艺术的表演场所,其装潢和设计也暴露出刻板、权威及严肃的特征。但是现代剧院的建筑风格与前者截然相反,不但致力于破除内外空间的界限,弱化秩序感,而且更加重视现代人的观演感

---

① СТЕПАНОВ Ю С. Семиотика[M]. Москва: Наука, 1971: 9.
② 同① 13.
③ 同① 11.

受,在剧院的设计方面也更加注重观众观看演出时的舒适度和对饮食方面的需求。可以看出,人的精神文化导向与物质文化发展具有同构性。而这种同构又能在文化与语言之间找到,这一观点在普通符号学中提出,在观念符号学中展开,甚至可以说是整个观念符号学的核心论题。

综观上述与民族性密切相关的事实,Ю. С. 斯捷潘诺夫从中划分出了显性层级(явная уровень)和隐性层级(неявная уровень)两个方面。"民族性(народность)和民族是具有共同的语言、心理面貌、思维方式、领土、物质生活和文化的人类群体。所有这些要素都构成一个统一整体。"[1]这个统一体内的诸多要素都具有外显的表层现象,也有内隐的深层内容,前者包括民族成员可以清楚意识到的心理变化、行为习惯、特定情境中的语词选择等,而后者则是无意识的,它们构成人的精神底蕴,是人的内在自我。这些差异具体体现在民族的心理、语言和文化方面,详见表2-1。

表2-1　显性层级和隐性层级特征对照表

层级	心理方面	语言方面	文化方面
显性层级	所有被意识到的内容	本义用法的简单符号	显性文化
隐性层级	没有被意识到的内容	转义用法的符号,修辞学	隐性文化

心理上能够意识到的内容通常也可以进行选择。比如,送别时,我们可以选择言语"再见"表达,也可以直接挥手告别,还可以同时使用言语形式和身势语。这是人可以意识到和选择的送别方式,同时也是显性文化事实。但是挥手告别时的具体动作却是人察觉不到的无意识行为,属于隐性文化事实。比如,俄罗斯人告别时的肢体动作是在身前挥舞手臂,而法国人则是将手从一边摆到另一边。同理,前文提到的跨文化交际中交际双方保持舒适的人身间距这一现象也是典型的隐性文化事实,是具有文化共识的对话双方无须刻意约定而默契执行的内容。在文化领域中属于显性文化的还比如"可意识到的风俗习惯:饮食习俗、婚礼习俗、礼仪规则等"[2],属于隐性文化的则是上面所说的类似事实,是具体的行为方式。

"语言中存在两种层级——显性层级和隐性层级,意识到这一事实比心理方面的发现要晚得多。这在独特的语言学领域——修辞学,特别是不同语言的

---

[1]　СТЕПАНОВ Ю С. Семиотика[M]. М.：Наука, 1971：15.
[2]　同[1] 22.

对比修辞学形成之后才得以理解。"① Ю. С. 斯捷潘诺夫将修辞现象定义为:"使用语言时的那种现象:当语言中同一思想存在不同表达方式时,说话人从中选择其一的现象。"②说话人的这种选择本身就是具有某种意味的事实。特别是当说话人对这种语词的选择已经习以为常,甚至在日常生活中已经将它当作常规用法之后,这一选择就进入说话人无意识的隐性层级之中。Ю. С. 斯捷潘诺夫以俄语表达"面部"的两个语词 лицо(脸)和 морда(嘴脸)为例说明这个问题。"морда"本意用来表示兽类的脸部,而用于人类脸部的表达则有更为丰富的含义。一方面该词的所指对象为人的脸部,另一方面该词表达说话人对某人的负面评价——厌恶、蔑视和辱骂。如果说话人经常在个人言语中使用 морда而非 лицо,那么这一选择则是说话人没有教养的表现,这一现象就属于隐性层级。语词的这种类似用法在日常生活中屡见不鲜,这种语言现象在民族文化、语言和心理学的研究中都不容忽视。从这一角度理解的修辞学整体均栖息于隐性层级。

二、普通符号学的研究对象——符号系统

符号学是研究符号系统的科学,符号系统的总和构成客观现实现象的连续序列。反过来,从客观现实现象出发,符号系统的划分有粗略和细致两种方式,划分由人也就是观察者完成。粗略划分的结果形成各个专门符号学的研究领域,细致划分则需要厘清每一种专门符号学所包括的符号系统的符号性程度。因此,Ю. С. 斯捷潘诺夫的符号系统划分方案是:首先,对符号系统的各个粗略划分结果,即对各专门符号学的研究对象形成基本认识;其次,将它们整合起来,形成普通符号学视域中的总的客观现实现象序列;最后,根据符号学的性质(семиотические свойства)对这些粗略的符号系统进行细化,形成按照该特性由低至高的符号系统连续统(континуум)。普通符号学规律的提取正是基于后者。

(一)专门符号学与符号系统

"在任何研究中,符号并且常常是符号系统,都是通过本体论事实创造出来的"③,符号学依据对自然和人类社会现象的观察结果形成自身的研究视域。对于专门符号学而言,其研究领域就是从这些客观事实中划分出来的具有共性特

---

① СТЕПАНОВ Ю С. Семиотика[M]. М.: Наука, 1971: 21.
② 同① 21.
③ СОЛОМОНИК А. Семиотика и лингвистика[M]. Москва: Молодая Гвардия, 1995: 18.

征的那部分符号系统。Ю. С. 斯捷潘诺夫认为,这样的专门符号学有生物符号学(биологическая семиотика)、民族符号学(этносемиотика)、语言符号学(лингвосемиотика)和抽象符号学(абстрактная семиотика)。它们分别与粗略划分客观事实的不同结果相对应。因此,我们可以通过分析上述专门符号学来得到相关符号系统的知识。

(1)生物符号学。动物符号系统问题有着悠久的研究历史。亚里士多德就曾特别关注过鸟类的歌唱,认为鸟的发声具有一定的特殊意义。16世纪的经院哲学家曾经讨论过鹦鹉和喜鹊"语言"的构词法则以及野生动物的不同交际类型,如野牛的哞声和狗的吠叫。在20世纪60—70年代,符号学加入信号系统的研究阵营,动物行为的基本形式重新受到重视。Ю. С. 斯捷潘诺夫在1966年的《语言学基础》中就仔细描述了动物世界最完备、最复杂的信息系统——蜜蜂的"语言",随后在1971年的《符号学》中,提出"生物符号学"这一术语。"类似趋势的形成和发展促使独特的符号学分支分化并且独立出来,这便是'动物符号学'(зоосемиотика)(Себеок,1963,1972,1977)或者'生物符号学'(Ю. С. 斯捷潘诺夫,1971),两种专门符号学都研究动物的符号系统。"[1]但是很快,动物符号学和生物符号学在研究目标及发展方向上就出现分歧,随后生物符号学独立,主张研究有机体所特有的符号系统,成为生物学与符号学紧密交叉的跨学科领域。值得注意的是,Ю. С. 斯捷潘诺夫对生物符号系统的理解不只限于动物符号系统,还包括植物符号系统。

生物符号学研究的代表是德国生物学家尤科斯库尔(Я. Икскюль)。他最早提出有机体行为的意义理论。"根据Ю. С. 斯捷潘诺夫的观点,在自己对于意义的理解上,尤科斯库尔相当有远见地预示到一个当代符号学的主要观点:'意义'(значение)现象本身不是人类语言或人类心理所特有的某种特性,它还以另外的形式遍布有机自然之中。"[2]因此,意义现象的研究领域大大拓宽。随后,这一现象借助术语"反映"(отражение)进入更广阔的观察范围。保加利亚哲学家Т. 巴甫洛夫(Т. Павлов)发展"反映理论"(теория отражения),他将生命物质内在状态的特殊形式称为"痕迹"(следы)。这种"痕迹"产生于有机体与外在世界的互动,多次互动的结果以"痕迹"的形式留存在有机体中,并对其外在行为产生特定影响。然而,巴甫洛夫指出,这种影响的大小不能完全通

---

① ГРИНЕВ-ГРИНЕВИЧ С В, СОРОКИНА Э А. Основы семиотики[M]. Москва: ФЛИНТА: Наука, 2012: 128.

② 同① 128-129.

过新环境对有机体的外在刺激和在有机体内部引起的物理-化学反应来完全阐明。也就是说,有机体在一定环境中产生的行为在多大程度上屈从于其内在的"反映—痕迹",不能做出全然判断。而且这种可阐明性随着生物体内部结构复杂性的降低而递减,越是处于生物链的底端,其身体的外在回应性反应和内在的反映—痕迹状态就越趋于重合且难以分割,然而完全的重合也难以达到。这种现象在植物有机体中尤为常见。Ю. С. 斯捷潘诺夫将这类现象视为一种特殊的符号系统,其中符号是生物体不可分割的一部分。"反映"以不同形式、在不同程度上贯穿整个自然,甚至还应用于非有机体符号现象的观察,Ю. С. 斯捷潘诺夫就是这样操作的。

(2)民族符号学。Ю. С. 斯捷潘诺夫在《Семиотика》(1971年)中辟专章讨论民族符号学,同时他还是"民族符号学"这一术语的首创者之一。"该书的参考文献显示,这个词完全是他自己创造的,他没有参考国际上该领域的文献。"[1]据此,我们认为,Ю. С. 斯捷潘诺夫对民族符号学的论述几乎可以代表他个人对这一符号系统的洞见。他认为,"民族符号学的研究对象是人类文化的隐性层级"[2]。民族符号学观察的是民族社会生活的客观事实,这与民俗学的研究对象有所重合,但与后者不同的是,民族符号学将这些事实视为社会生活隐而不显的特定部分来研究,社会成员甚至没有意识到其含义和作用。

无独有偶,这部分研究在美国称为文化人类学和社会人类学。其中,最典型的研究就是对人类姿势的研究。姿势是人类空间行为的基本单位。研究结果表明:"一方面,姿势可以从人类有机体的生理学角度来研究,这是所谓的动物行为学观点;另一方面,姿势可以作为某个文化中人类身体的典型状态,作为一种文化事实,不同文化传统中的人的身体姿势会有相当大的差异,这是民族学观点。"[3]Ю. С. 斯捷潘诺夫对后者更感兴趣。整合对人类姿势的观察结果,民族文化学研究可以沿着两条路径进行:①姿势与文化中其他符号系统和非符号系统——服饰、家居设计等——之间的相互关系;②文化历史传统——在民族长期存续期间一些姿势的稳定性。而符号学对这些观察结果的处理则更多地沿着副语言学和文化的隐性层级研究这两条路径进行,分别构成不同的符号系统。正如米哈伊·霍帕尔所说:"从更广泛的意义上来说,民族符号学不仅要

---

[1] 米哈伊·霍帕尔. 民族符号学:文化研究的方法[M]. 彭佳,贾欣,译. 北京:社会科学文献出版社,2020:2.

[2] СТЕПАНОВ Ю С. Семиотика[M]. Москва:Наука,1971:32.

[3] ГРИНЕВ-ГРИНЕВИЧ С В,СОРОКИНА Э А. Основы семиотики[M]. Москва:ФЛИНТА,Наука,2012:138-139.

处理文化的'隐而不显的维度'，还要处理各种文化符码（语言或符号系统）的描述，以及其工作机制的描述和分析。"①

（3）语言符号学。根据Ю.С. 斯捷潘诺夫的观点，语言符号学研究自然语言及其修辞，还研究其他与言语相关的符号系统："①和言语一同发挥作用的系统，比如，伴随着言语的手势和表情，即所谓的'副语言学'；②言语的补偿系统，比如，富有表现力的修辞性语调、印刷字体等；③改变言语功能及其符号性质的系统，比如，艺术言语。"②可以看出，Ю.С. 斯捷潘诺夫对语言符号系统的理解是非常广义的，而且这些符号系统中大部分都带有明显的交际特性。他认为语言符号学所研究的符号系统不仅仅是人类自然语言，还要包括交际过程中所用到的一切表意行为，毕竟"符号系统具有交换信息的功能"③。"人根据他所拥有的一些渠道接受信息"④，与语言相关的符号系统——语调、手势、表情等都要经历符号化过程，或是成为辅助性的交际手段，或是代替口头语言成为主要的交际内容（比如，"推搡"这一行为可以表示不满，"拉扯别人以躲避危险"就可以代替言语表达"危险！"）。

此外，"随着自然语言模式化的迅猛发展和不同人工语言的问世（信息语言、逻辑信息语言、编程语言等），语言符号学的研究对象已然大大扩展"⑤。甚至远远超过Ю.С. 斯捷潘诺所总结的上述研究范围。但是语言符号系统在全部符号系统中的核心地位一直未变，因为"语言就是说出一切的能力"⑥。Л. 叶尔姆斯列夫也曾精准指出语言在符号学研究中独一无二的地位。"实际上，语言就是符号学，所有其他符号学都能够翻译成它，这些符号学既是所有其他语言，又是所有其他可想象到的符号学结构。"⑦

（4）抽象符号学。它研究的是符号系统间的抽象关系，是一般语言关系在符号系统中的体现形式、复杂符号的建构规则和借助已有符号引入新符号的规

---

① 米哈伊·霍帕尔. 民族符号学: 文化研究的方法[M]. 彭佳, 贾欣, 译. 北京: 社会科学文献出版社, 2020: 2.

② СТЕПАНОВ Ю С. Семиотика[M]. Москва: Наука, 1971: 24-25.

③ СОЛОМОНИК А Б. Функции знаков, знаковых систем и семиотической реальности[J]. Медина. Информауия. Коммуникация, 2013(6): 25.

④ ПОЧЕПЦОВ Г. Теория коммуникации[M]. Москва: Рефл-бук, 2001: 159.

⑤ ГРИНЕВ-ГРИНЕВИЧ С В, СОРОКИНА Э А. Основы семиотики[M]. Москва: ФЛИНТА: Наука, 2012: 162.

⑥ БУЛЫГИНА Т В. Язык в сопоставлении со знаковыми системами иных типов [M]//ЯЗЫКОЗНАНИЕ О. Формы существования, функции, история языка. Знаковая Природа Языка. Москва: Наука, 1970: 146.

⑦ АРЗАМАСЦЕВА И В. Семиотика[M]. Ульяновск: УлГТУ, 2009: 8.

则等。抽象符号学在 Ю. С. 斯捷潘诺夫的普通符号学理论中有着双重"身份",它既是符号系统的研究工具,其本身还是符号系统。"一方面,任何抽象符号学都是以一般语言关系为研究对象的科学,这些关系从某个符号系统的具体物质表象中抽象出来并且得到研究。作为一门科学,抽象符号学在双重序列——具体的可观察层级和抽象的概念层级中正是后者,该序列的抽象分支……一般语言关系以最完整和纯粹的形式显示于其中。该序列的具体分支就由具体符号学构成(生物符号学、民族符号学、语言符号学),它们的对象是有某种具体体现的语言关系。另一方面,任何一个抽象符号学本身都是符号系统,是一种'语言',是符号学的第一词汇意义。"①

从抽象符号学是一门科学的意义看,抽象符号学是"任何符号系统的抽象理论"②。从本质上讲,抽象符号学是语言代数,是数理逻辑类型的科学,它致力于研究符号系统最为共性的特征和关系,它们独立于符号系统的物质体现。抽象符号学可以有多种变体,这取决于理论建构的方法,更重要的是取决于研究者对自然语言的理解。俄罗斯学者当下提出的抽象符号学体系均受启于 Р. 卡尔纳普或 Л. 叶尔姆斯列夫的理论建构方案。Р. 卡尔纳普的代表作是《Логический Снитаксис Языка》(《语言逻辑句法》,1934 年,英译版 1937 年)。他基于逻辑学,建构抽象符号系统理论。Л. 叶尔姆斯列夫的代表作是《Пролегомены к Теории Языка》(《语言理论导论》,1943 年,俄译版,1960 年)。他的构建方案则是基于语言学。比较而言,Ю. С. 斯捷潘诺夫最为认可的建构方案便是 Л. 叶尔姆斯列夫的方案。

从抽象符号学作为符号系统的意义看。这些抽象的语言关系最大限度地抽离于物质符号系统,能够最为纯粹地表达信息。同时,它们彼此之间相互依赖,能够形成自洽的有机整体。因而,这种抽象关系本身就构成独特的符号系统。综上所述,抽象符号学既是组织普通符号学研究材料、形成一般规律的工具,又是作为分析和研究对象的独特符号系统。借助抽象符号学形成的规律能够反作用于其自身。

(二)符号系统连续统

符号系统连续统是整合专门符号学对应的符号系统,并且进行细化的结果。Ю. С. 斯捷潘诺夫认为,符号系统是两个其他物质系统之间交换信息的物质媒介。作为媒介的符号系统,它与另外两个符号系统之间的关系可以体现符号性的

---

① СТЕПАНОВ Ю С. Семиотика[M]. Москва: Наука, 1971: 104-105.
② 同① 75.

差异；依据符号性的强弱将这些符号系统排列起来，可以得到客观世界现象的连续序列，即连续统。根据符号学的性质递增分布的主要符号系统类型①②见表2-2。

表2-2 根据符号学的性质递增分布的主要符号系统类型

类型	示例	符号学名称	符号学的性质
Ⅰ	石头表面受到撞击的痕迹	反映的内部状态	石头上的痕迹保留"撞击"信息，痕迹是石头的一部分；符号具有依存性，媒介系统与它所连接的两个物质系统未分离
Ⅱ	植物受光线的影响而发生转向	向性③	植物的茎保留光线照射的信息，茎是植物的一部分，其状态是符号；光线照射前后，茎的状态不同；符号的独立性增强，但仍然与生物性相关
Ⅲ	蜂王的体表有液滴分布	生理关系系统	符号完全与生物性相关，但所指和能指不等同；媒介系统自物质系统分离出来
Ⅳ	刺鲀的腹部鼓起、豹纹蝶的振翅等行为	动物行为	符号生物性相关；能指和所指不等同；符号乃至整个媒介系统自物质系统分离出来；可以进行动物行为的模式化总结
Ⅴ	人的行为、手势、姿势，如轻推使某人离开的符号	副语言学	符号具有物理性作用，生物性不相关④；所指和能指相似；部分符号和媒介系统不能自物质系统分离出来（如："他的整个行为都充满敌意。"这句话表达的情形）

---

① СТЕПАНОВ Ю С. Семиотика[M]. Москва：Наука，1971：82-83.

② 表中的第4列记录各个符号系统的符号学性质，是对该类客观现象的符号学解读。该特性是符号系统符号性程度的判断依据。

③ 向性（тропизм）属于应激性的一种，是指在单向的环境刺激下，静止型生物（植物、真菌及水螅型腔肠动物等）的定向运动反应。对于植物来讲，植物没有神经系统，但能够对单向环境刺激做出定向反应，其中就包括光照。

④ 虽然人的行为由人体发出，但是做出该行为所要耗费的能量与有机体存在本身所耗费的能量相比过小，所以这种生物相关性可以忽略不计。为了便于理解，可以与植物向性中，茎在光照下的转向相类比。茎的转动不仅是有机体的整体性行为，该行为还与有机体的生存方式密切相关。而人的行为却并非如此。所以，Ю. С. 斯捷潘诺夫指出，植物的向性与生物性相关，而人的行为与生物性不相关。

续表 2-2

类型	示例	符号学名称	符号学的性质
VI	人的行为、手势、姿势,如祭祀舞蹈、坐姿、家具摆放	物质文化的隐性层级	部分符号和媒介系统不能自物质系统分离出来;部分符号的所指和能指不相似
VII	情感语调、无意识的语词选择、无意识的言语修辞	语言的隐性层级;语言的含义层级	所指——心理的隐性层级,符号表达说话人的内在状态,所指和能指不相似,但属于同一系统(同一有机体)
VIII	通常的口头和书面言语	语言的所指层级	符号(语词)的所指是客观世界对象,能指属于主体;尽管有些符号已经进行过分离,但依然没有完全分离开来。
IX	日常口头言语和书面言语的形式描写	语言的结构层级	所指和能指重合:所指——语言系统内的一般关系,能指——这些关系的形式;符号完全分离
X	数理逻辑	抽象符号学	所指和能指重合;甚至有学者认为数理逻辑的内容方面缺失

表 2-2 根据符号性的递增给出细致、完整的符号系统分布情况。符号系统和符号都是信息的物质载体,它们在其他物质系统间传递信息,符号系统的物质存在和信息传递都需要能量,但是后者所需的能量往往少于前者。"符号系统的组织程度越高,它传递信息所构成的能量部分和符号系统本身存在所必需的能量就越少。在符号性最低的情况下,信息趋近于两个物质系统交换能量的总量,而符号系统——媒介——趋近于与物质系统重合[比如 С. И. 瓦维洛夫(С. И. Вавилов)和巴甫洛夫意义上的物理影响,见表 2-2 中的类型 I]。在自调节系统(植物、动物、人、电子机械)中,信息最为清晰地与一般能量区分,也就是中间的区域(比如:从物理影响开始的过渡情况,符号现象和尤科斯库尔所说的意义、动物行为表)。在符号性最高的情形中,与信息融合的能量趋近于零,而符号系统则与它连接的物质系统最大限度地分离(比如数理逻辑、抽象符号学)。"[1]一言以蔽之,符号系统与它作为媒介连接起来的物质系统越能清晰地区分开,它传递信息所要耗费的能量就越少,其符号性就越强。

---

[1] СТЕПАНОВ Ю С. Семиотика[M]. Москва: Наука, 1971: 83-84.

需要说明的是,这里的"信息"(информация)和"能量"(энергия)都是取自信息论的术语。信息论在 20 世纪 50 年代以前和控制论一样在苏联学术界受到不公正待遇而遭到严厉批判甚至全盘否定。直到 20 世纪 50 年代中期之后,现代科学技术的迅猛发展为社会进步和国家综合实力的提高带来了巨大成效,苏联学术界才"正式承认信息论和控制论"[①]。信息论和控制论的相关思想一时间炙手可热,很多符号学理论都对这两个学科有不同程度的借鉴,Ю. С. 斯捷潘诺夫的普通符号学亦如此。信息是信息论的基本概念之一,其主要任务就是阐明信息与物质、能量以及意识之间的关系。"信息的本质是根据一定方式排列起来的信号序列,这些序列以某种物质或能量作为载体,进而传递、加工和储存……信息终归必须以物质或能量为其载体,并且还得由'思维着的精神'(意识的主体)赋予它语义(意义),否则信息就会丧失它自身存在以及发挥效用的价值。"[②]这是对于思考着的人而言的信息传递,那么在人类意识之外的物质世界信息是否存在,信息又是如何传递的呢? Ф. П. 塔拉先科(Ф. П. Тарасенко)指出:"整个物质世界都存在信息,差异在于,生命集体是信息的主动需求者,而非生物界对象只是信息的被动载体。"[③]因此,"信息作为自然界的一个客观方面普遍存在,任何信息交往都必然存在能量损耗。那么在这个意义上,信息就与物质系统的组织结构密切相关"[④]。Ю. С. 斯捷潘诺夫认为,传递信息的符号系统及它连接的物质系统之间的分离程度与符号系统传递信息所要耗损的能量成反比。

Ю. С. 斯捷潘诺夫非常重视符号系统的符号性问题,符号现象甚至可以出现在没有人参与的诸多情形中,但它们都是符号系统,只是符号性程度不同,符号学应该关注的恰恰是这些系统的符号性。

与之相似,"1945 年维斯(Weiss)和布克斯(Burks)依据《皮尔斯选集》第二卷对符号的讨论,把 Ч. С. 皮尔斯所列举的符号划分为 10 个大类,将 Ч. С. 皮尔斯丰富而未能明确规定的庞杂符号体系变成可以简明扼要地把握的'意义类

---

① 叶峻. 关于系统论、控制论和信息论的哲学思考[J]. 系统辩证学学报,1995(4):9.

② СТЕПАНОВ Ю С. Семиотика[M]. Москва:Наука,1971:9.

③ 同② 10.

④ 叶峻. 系统科学纵横[M]. 成都:四川省社会科学院出版社,1987:223.

别'。"①Ч. С. 皮尔斯的 10 大符号类别②见表 2-3。

表 2-3　Ч. С. 皮尔斯的 10 大符号类别③

序号	组配结构	符号类别
1	IM+OM+MM	意元的—象似的 性质符号
2	IM+OM+MO	意元的—象似的 个体符号
3	IM+OO+MO	意元的—索引的 个体符号
4	IO+OO+MO	命题的—索引的 个体符号
5	IM+OM+MI	意元的—象似的 规则符号
6	IM+OO+MI	意元的—索引的 规则符号
7	IO+OO+MI	命题的—索引的 规则符号
8	IM+OI+MI	意元的—象征的 规则符号
9	IO+OI+MI	命题的—象征的 规则符号
10	II+OI+MI	论证的—象征的 规则符号

这 10 个类型的符号中,第 1、4、10 类分别以媒介(M)、对象(O)和解释(I)为核心,是主要符号类型,其他均为混合类型的符号系统。我们无须清楚解析Ч. С. 皮尔斯这 10 大类符号系统的具体内涵,而仅仅需要明确一点,"从第 1 类符号到第 10 类符号,其'符号性质''表现能力'或者'符号性'逐步提高。第 1 类符号性最弱,而'外界关联性'最强;第 10 类则符号性最强,'外界关联性'最弱"④。第 1 类符号系统以媒介为取向,或者有赖于人的感知和再现,或者基于对象的写实和模仿,符号化过程与客观世界事物不可割裂,所以它与外界的物质系统关联性最强,符号性最弱。而第 10 类符号系统以解释为取向,符号化过程与客观世界对象没有相似联系或者因果关系,是约定符号乃至论证符号,也就是法则符号,所以它与外界的物质系统关联性最弱,符号性最强。介于第 1 类和第 10 类之间的其他符号系统,它们与外界物质系统的关联性按照排列自低到高递减,符号性则递增。

---

① 王铭玉. 语言符号学[M]. 北京:北京大学出版社,2015:113.
② 同① 114.
③ 我们使用的术语是"符号类型",为尊重原文献作者,我们在直接引用和转引中保留"符号类别"这一说法,但在以后的论述中,仍然使用"符号类型"。
④ 同① 114.

通过对比,可以得出结论,Ю. С. 斯捷潘诺夫对符号系统的划分和 Ч. С. 皮尔斯的符号类型①之间存在两个共同之处:①都对符号系统的符号性有所关注;②符号性的强弱都与符号化过程中符号系统和物质系统之间的联系密切相关。而区别在于,两位大师对符号系统与物质系统的关联方式有不同的看法。Ю. С. 斯捷潘诺夫的符号性判定方式是符号系统是否能与物质系统分离,或者可分离性能达到何种程度,Ч. С. 皮尔斯则是通过符号系统是否基于物质系统建构进行判断。

此外,Ю. С. 斯捷潘诺夫与 Ч. С. 皮尔斯对符号系统的划分方案还具有一个共性之处和一个重大区别。共性之处在于二者的符号体系均具有泛符号性特征。Ч. С. 皮尔斯曾经指出,"宇宙即使不是只由符号构成,也至少充满符号"②。Ю. С. 斯捷潘诺夫也认为符号活动遍布自然界,新符号在人与世界万物的互动实践中不断产生。但值得注意的是,他们都认为,符号宇宙并非由人创建,而只是借由人的行为逐渐丰富。

他们的区别在于,基于这一划分,Ю. С. 斯捷潘诺夫引入语言参数。根据普通符号学的研究宗旨——语言关系以何种方式体现在其他符号系统之中,Ю. С. 斯捷潘诺夫提出一个重要的竖线(сквозная линия)。在表 2-3 中,"将第 8 行置于其他行之上,沿着分类等级移动,语言特性依次出现在进化层级之中。针对每一个个别层级有意义的问题不仅是'这是否是语言?'即该现象的特性与语言特性是完全重合还是不完全重合,还有'这在多大程度上是语言?'即该现象的特性在何种程度上与语言特性重合"③。这也是 Ю. С. 斯捷潘诺夫语言标尺性思想的核心所在。

三、普通符号学思想的两条诠释路径

本章主要以诠释 Ю. С. 斯捷潘诺夫的普通符号学思想为目的。通过对这部分理论的仔细研究,我们认为存在两条诠释路径可供选择:一条是根据 Ю. С. 斯捷潘诺夫借用莫里斯的三分法对符号学规律的划分——符构学规律、符用学规律和符义学规律进行;另一条则是根据普通符号学理论研究的一般问题、Ю. С. 斯捷潘诺夫的理论特色、其理论的人文主义思想几个模块展开。本

---

① 尽管该符号分类是维斯和布克斯对皮尔斯符号理论的总结成果,并不能算作一手资料,但他们的总结的确从侧面反映了皮尔斯对符号性问题确有关注这一事实,所以我们将其称为"皮尔斯的符号类型"。

② 张彩霞. 皮尔斯符号理论研究[D]. 济南:山东大学, 2015:72.

③ СТЕПАНОВ Ю С. Семиотика[M]. Москва: Наука, 1971:84.

书选择第二条诠释路径,原因如下:

首先,将 Ю. С. 斯捷潘诺夫对普通符号学经典问题的解答凸显出来,更能强调其理论的独到之处。所谓普通符号学的经典问题,就是符号学的定义、符号的定义、符号的结构等基本问题。这是每一个符号学家无可回避的问题,也是首先要回答的问题,因为符号学家对符号和符号学的定义基本体现出他的研究方向和理论基础,是一个符号学家理论研究的内核所在。因此,这类关涉理论基调的重要问题务必在阐释过程中凸显出来。

然而,Ю. С. 斯捷潘诺夫将符号的定义、符号的结构等内容置于符构学规律之列。所谓符构学规律,就是与观察者(人)视角无关的规律,是符号系统客观存在的组织原则。根据 Ю. С. 斯捷潘诺夫的观点,所有冠以"符构学"之名的规律均具有无可置疑的客观性。可见,Ю. С. 斯捷潘诺夫如此安排的用意在于,突出他所提出的符号概念、符号结构思想对于他所研究的全部符号而言具有完全的普适性。如果我们按照 Ю. С. 斯捷潘诺夫的设定,那么这部分内容将主要围绕 3 个关键词展开——符构学、客观性、普适性,这样就与我们的初衷背道而驰。

其次,Ю. С. 斯捷潘诺夫所提出的语言标尺性思想与语言符号系统的同质性和异质性问题是他的原创性观点,其本质是 Ю. С. 斯捷潘诺夫对"语言"的独特理解,我们不能不以更加醒目的方式将其标出。语言不仅是符号学的研究对象,而且被赋予符号性衡量标尺的功能。"根据 Ю. С. 斯捷潘诺夫的观点,语言之为语言,是因为其中存在具有程度差异的述谓。也就是说,语言因为具有程度差异的述谓,才同语言外世界的各种不同事物发生联系。"[①]其实质是将每个符号系统与语言符号系统进行对比,二者的符号性特征在多大程度上可以重合,非语言符号系统就在多大程度上"成为语言"。事实上,在人类的交际系统中,人对语言的运用是十分灵活的,在历时上也体现出从生物性相关到非生物性相关的逐步转变,这里涉及对人类语言符号系统的全新解读,应该将这一点醒目标出。况且,正是由于语言运用的复杂性,异质语言和同质语言才能被赋予更多功能。

在《Семиотика》(1971 年)中,Ю. С. 斯捷潘诺夫将这部分内容归结为符用学规律。符用学规律就是依据观察者视角所获得的符号使用和符号系统运

---

① ДЕМВЯНКОВ В З. Синтактика, семантика и прагматика в научном творчестве Ю. С. Степанова [C]//ДЕМВЯНКОВ В З, и др. Языковые параметры современной цивиоизации. Москва: Институт языкознания РАН, 2013: 8.

行的规律,重点聚焦于人在交际中对符号系统的运用,从运用看语言。但是将语言符号系统与其他非语言符号系统对比的操作过程是属于研究者的,而如何进行对比,对比的结果如何通过"语言"术语表达,"语言"术语的新解等正是Ю. С. 斯捷潘诺夫的理论特色,不应该为"说话人的运用"这一特征所削弱。

最后,Ю. С. 斯捷潘诺夫的普通符号学思想表现出很强的人文主义观和新锐的认知视角。能指—所指的辩证关系、微观世界和宏观世界的符义对应关系不单单是符义研究,更是认知与符义结合的研究,单纯以符义学规律命名会埋没这部分思想的认知特色。在符构学规律、符用学规律和符义学规律之间,人的中心作用逐步增强。符构学规律最为客观、相对独立于人的观察,符用学规律与人的使用相关,而符义学规律从一开始就在人的认知领域孕育。人的认知是最关键又最复杂的符号化准则,符义学规律的内容本质上展现出一种认知语义学构想。认知和语义的这部分结合还为观念符号学的创建奠定基础,所以可以将符义学规律的总结视为这一新兴符号学派的萌芽。人的认知是自古以来人类生活不可或缺的心智行为,特别在改造客观世界的过程中,人类的智力活动成为客观世界模式化、范畴化和符号化的原动力。Ю. С. 斯捷潘诺夫敏锐地察觉到这一点,探究认知与符义研究的交叉融合。

总而言之,"符构学""符用学""符义学"3个术语本身就自带"光环",如果普通符号学理论按照这一三分法则进行阐述,届时对规律的诠释必然以符构、符用、符义3个轴线为中心,着重突出规律的客观性、人对符号系统的应用和意义研究特性,同时还会遮蔽Ю. С. 斯捷潘诺夫符号学理论的认知特点,不能达到我们的预期。更何况,Ю. С. 斯捷潘诺夫的《符号学》就以此三分术语设定整书的行文框架,那么我们会再重走旧路,因此本章接下来的部分将按照前文所述的第二条路径展开论述。

第二节 符号的定义、结构及其结构的模式化应用

自符号学诞生以来,符号的定义就一直众说纷纭,莫衷一是,几乎每位符号学家都对符号的定义做出自己的尝试,Ю. С. 斯捷潘诺夫也如此。符号学的研究对象来自社会生活领域的方方面面,有语言符号系统,还有非语言符号系统,有人能意识到的符号系统,还有人未能意识到的符号系统,但所有符号系统无一例外都是客观存在的。为如此庞杂的符号世界提供一个极具适用性的符号定义,不是一件容易的事。为此,Ю. С. 斯捷潘诺夫花费大量笔墨,前后分4次给符号下定义。符号的结构也是符号定义的重要组成部分。弗雷格三角是符

号结构的原型,所有结构变体也由此变化而来。针对与人类思维密切相关的符号活动,Ю. С. 斯捷潘诺夫还对相关符号的结构进行了更加细致的研讨。但弗雷格三角的用处不止于此,它还为建构符号系统之间的层级关系提供认识论模型。

一、符号的定义与结构

Ю. С. 斯捷潘诺夫对符号的定义分为4部分进行,每一部分的侧重均有不同,有机整合这4部分定义,就构成其符号的完整定义。符号结构对符号定义而言意义重大。弗雷格三角及其变体形式不仅用作符号的结构图式,弗雷格三角本身还能用来表征符号系统与两个物质系统之间的关系,进而用于揭示语言符号学发展史。

(一) 符号的初步定义

符号是符号学最为关键的术语,符号的定义不仅可以体现出符号学思想建构的基础,还能体现出符号学家对符号学的认识。然而,由于不同符号学家从互有差异的角度,基于不同的理论,对符号学实施建构,所以符号的定义各不相同。试看几位符号学家对符号的定义。

Ф. де 索绪尔对符号的定义基于语言。他写道:"我们把概念和音响形象的结合称为符号,但是在日常运用中,符号一般只对应音响形象……我们建议保留符号这个词用以表示整体,而所指与能指这对术语分别表示概念和音响形象。"[1]它们"都是心理的,由联想这一纽带连接在我们的脑子里"[2]。此外,Ф. де 索绪尔特别强调,音响形象"不是物质的声音,也不是纯粹物理性的,而是这个声音所产生的心理印记,是我们的感觉提供的声音表象"[3]。可见,Ф. де 索绪尔所定义的符号是一种双面的心理实体,其中不包括任何物质性存在,外在世界的客观事物更是被完全隔离,所有符号活动都是在人的意识世界和心理世界完成的。

美国符号学家 Ч. С. 皮尔斯把符号一般性地理解为代表或表现其他事物的某物,符号可以被人理解和解释,对某人而言有一定的意义。"根据该定义符号可以解释为:每一个符号必须首先是一种存在,它与自身表征的对象有一定关系,这种'表征'必定存在一个解释者或解释意识能够理解。这意味着,符号

---

[1] 索绪尔. 普通语言学教程[M]. 高明凯,译. 北京:商务印书馆,2015:93.
[2] 同[1] 93.
[3] 同[1] 94.

应该具有 3 个关联要素：①媒介关联物（M-medium）；②对象关联物（O-object）；③解释关联物（I-interpret）"①。这三个要素分别对应于符号、符号所替换的事物和解释项（интерпретант），这 3 者构成不可分割的"三位一体"，缺一便不能称其为符号。

美国符号学家莫里斯认为一个符号必定代表它自身以外的某个事物。他还从行为主义角度给出了符号更为确切的描述性定义："如果任何一种东西 A 是一个预备刺激，但是当并不存在刺激物可以激发某行为族的反应序列时，A 也能使有机体产生一种倾向，即在特定条件下该行为族的反应序列中有一个被用作反应，那么 A 就是一个符号。"②

再如，"日本符号学家池上嘉彦有言：当某个事物作为其他事物的替代而代表另一事物时，其功能被称为'符号功能'，承担后者的事物被称为'符号'。苏联语言符号学家 А. А. 齐诺维耶夫（А. А. Зиновьев）认为：符号是在一种特殊关系中的事物，也不可能有任何思想……符号的意义因而并不表现在它本身上，而是在符号之外"③。

对符号的定义不胜枚举，每一个符号学家都对此提出了独到的见解，但显然，不同定义之间存在着相当大的龃龉。这无疑与各位符号学家互有差异的理论出发点和哲学基础紧密相关：基于心理学的 Ф. де 索绪尔的符号定义是心理主义的，基于实用主义哲学的 Ч. С. 皮尔斯的符号定义是实用主义的，基于行为主义哲学的莫里斯的符号定义是行为主义的，以此类推。所以，要给出一个"一呼百应""无懈可击"的符号定义，非常困难。

而且，随着符号学的不断发展，这个学科几乎渗透到人文社科领域的方方面面，甚至在自然科学领域中也能看到符号学的影子。在这些领域中，符号学通常以方法论和认识论的姿态存在，这大大加强了符号学与其他学科的跨学科研究进程，研究成果逐步形成门类繁多的专门符号学，如文艺符号学、文化符号学、建筑符号学、电影符号学、美学符号学等。研究对象如此复杂，想要找到一个完全适用的共性符号定义，就变得难上加难。

为了应对上述问题，Ю. С. 斯捷潘诺夫给出的符号的初步定义如下："符号系统在某一时刻的任意状态（состояние），如果它有别于之前和之后的状态，我们就将其称为符号。"④由此可以得出符号的两个重要特征：①符号是符号系统

---

① 王铭玉. 语言符号学[M]. 北京：北京大学出版社，2015：110.
② MORRIS C H. signs, Language and behavior[M]. New York：Braziller，1946：10.
③ 同① 11-12.
④ СТЕПАНОВ Ю С. Семиотика[M]. Москва：Наука，1971：84-85.

的离散单位;②符号具有时间特性。关于第一个特征,Ю. С. 斯捷潘诺夫解释道:"符号系统是两个其他物质系统之间交换信息的物质媒介。这样定义符号系统就不需要预先给符号进行定义。相反,接下来符号可以定义为从该系统中抽离出来的某物。"①而时间特性则是描述每一个离散符号在特定时刻特定状态的必备要素。

这个定义相当宽泛,就好像"西方著作给'符号学'的定义一般都是:'符号学是研究符号的学说'"②一样。这并不像下定义,倒像是一种解释,"在中文里这话是同词反复"③。

不只如此,Ю. С. 斯捷潘诺夫进一步界定符号定义。他强调:"把符号系统定义为物质媒介,需要每一次都立即指出包括物质媒介在内的更广的物质系统。"④符号作为符号系统的成员,它要顺利行使传递信息的媒介功能,也要务必保证另外两个物质系统同时在场,否则符号作为信息媒介这一身份将不能成立。

俄罗斯学者 Е. Е. 布拉兹果夫斯卡娅(Е. Е. Бразговская)曾经设想出这样一个情境:"一个鸟群正在啄食黄米。我逐渐走近,它们却飞走了。从中可以做出结论,是我吓到了它们。但是什么充当这一意义的符号? 不是鸟群本身,而是它们飞走这一行为:它们在空间中的突然移位表明逃离危险这一思想……但是在这一情境中我们发现,飞行作为鸟的动作与鸟本身是不可分割的。"⑤这正是符号作为信息媒介的例证。这个情境中涉及 3 个物质对象,分别为"我""鸟群"和"鸟飞走"这一行为,布拉兹果夫斯卡娅判断"鸟飞走"是"我"与"鸟群"之间的媒介。此外,她还敏锐地指出,在这一符号活动中,符号与其中一个物质系统的不可分割性。布拉兹果夫斯卡娅的设想与 Ю. С. 斯捷潘诺夫对植物向性符号系统的描述是一致的。

植物在阳光的照射下会产生相应的反应,其外部体现就是花茎的转动。花茎的转向与阳光照射的角度直接相关,茎在每一时刻弯折的状态都能体现出当时太阳照射的强度、光线方向等信息,还能体现出阳光在植物有机体内部引起的反应,所有这些情形就构成植物的向性符号系统。这个符号过程涉及 3 个物

---

① СТЕПАНОВ Ю С. Семиотика[M]. Москва:Наука,1971:81.
② 赵毅衡. 重新定义符号与符号学[J]. 国际新闻界,2013(6):7.
③ 同② 7.
④ 同① 81.
⑤ БРАЗГОВСКАЯ Е Е. Семиотика. языки и коды культуры[M]. Москва:Юрайт,2019:19-20.

质对象——花茎的转向、太阳的状态和植物本身,Ю. С. 斯捷潘诺夫认为,其中作为媒介的符号正是花茎的转向,但是它无法与植物这一物质系统分开,因为花茎是植物的一部分。茎在每一光照时刻所呈现的状态都是独一无二的,都是植物的向性符号,所有这种符号的集合就构成作为媒介的植物向性符号系统。显然,相比布拉兹果夫斯卡娅,Ю. С. 斯捷潘诺夫对这类符号关系的阐释多了一个时间参数。

(二)符号的结构及其定义

符号是符号系统的成员,因而具有符号系统的媒介特性,Ю. С. 斯捷潘诺夫提供"在极简单情况下"①最为朴素的符号结构图式,如图 2-1 所示。

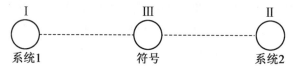

图 2-1　朴素的符号结构图式

系统 1 和系统 2 是符号所连接的物质系统。但是"在发达的符号系统——语言中,符号的结构更加复杂。复杂之处在于,两个物质系统直接与符号结合的那部分首先互相结合……而且所有这 3 个系统构成独特的三位一体,即符号三角。这个定义源于著名德国逻辑学家和数学家弗雷格"②。复杂的符号结构图式如图 2-2 所示。

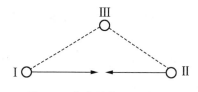

图 2-2　复杂的符号结构图式

弗雷格是当代逻辑语义学的奠基人。"他在自己的著作《含义与所指》(1892 年)中确定名词(имя)、意义(значение)和含义(смысл)之间的关系。在弗雷格看来,名词的意义就是这一名词所表示的对象,而名词的含义可以描写名词中包含的信息。"③这一理论催生出"逻辑三角"(логический треугольник)

---

① СТЕПАНОВ Ю С. Семиотика[M]. Москва: Наука, 1971: 85.
② 同①85.
③ БИРЮКОВ Б В. Теория смысла Готлоба Фреге[A]. Применение логики в науке и технике[M]. Москва: АН СССР, 1960: 545.

或者"弗雷格三角"(треугольник Фреге)①。其图式如图2-3所示。

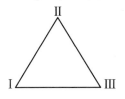

图2-3 弗雷格三角

整合所有对弗雷格三角的应用以及三角各个顶点在不同领域内代表的内容,Ю. С. 斯捷潘诺夫总结道:

顶点Ⅰ代表:①事物(предмет):客观世界的事物、现象、数学中的"数"等;②所指对象(денотат);③内涵(сигнификат):三角形的这个顶点不表示事物本身,而是表示人对该物的知觉或表象,换句话说就是人的意识对事物的反映。三角图式的本质不会偏离于此。

顶点Ⅱ代表:①符号(знак):在语言学中体现为语音词或书写词,在数学中是数学符号;②在哲学和数理逻辑中为名词或名项(имя)。

顶点Ⅲ代表:①对象、事物的概念(понятие);②其他名称:语言学中为所指概念(десигнат),数学为名称的含义(смысл имени)或所指对象概念(концепт денотата)。

Ю. С. 斯捷潘诺夫的上述总结昭示弗雷格三角强大的阐释力。弗雷格三角的3个顶点都能在各个研究领域中找到相应的内容,而且同一领域内的这些内容都能构成三位一体。因为弗雷格三角具有普遍适用性,每一个顶点都能具体体现为多个术语,因此,3个要素之间关系的描述也大相径庭:"从Ⅱ→Ⅰ,也就是从符号到对象或外延,这一关系被称为'表示'(обозначать),或在个别情形中称作'称谓'(называть)、'命名'(именовать):符号表示(称谓/指称)对象;从Ⅱ→Ⅲ,也就是从符号到概念(понятие)或所指概念,这一关系用词组'具有所指概念'(иметь десигнат)或词'表达'(выражать)来表示,后者是在数学中存在的情况,这里将这一关系表述为'符号表达含义(знак выражает смысл)';从Ⅰ→Ⅲ这一关系没有一般的表述,只是在数学中称为'所指对象概念确定所指对象'(концепт денотата определяет денотат)。"②

Ю. С. 斯捷潘诺夫发现,无论从Ⅱ→Ⅰ,从Ⅱ→Ⅲ还是从Ⅰ→Ⅲ,这些关系

---

① ГРИНЕВ-ГРИНЕВИЧ С В, СОРОКИНА Э А. Основы семиотики[M]. Москва: ФЛИНТА: Наука, 2012: 89.

② СТЕПАНОВ Ю С. Семиотика[M]. Москва: Наука, 1971: 87.

全部是单向的，不可逆的，这一点连同冗杂的术语都成为普通符号学应用弗雷格三角的掣肘。因此，Ю. С. 斯捷潘诺夫进一步加强对弗雷格三角的挖掘，指出弗雷格三角的变体。

为此，Ю. С. 斯捷潘诺夫首先引入新的术语："如果不考虑修辞美感，只提出机械性的符号学术语，那么这个一般术语应该是'具有'（иметь）。"①然后，借助这一术语在任意方向上论述弗雷格三角3个顶点要素之间的关系：从Ⅱ→Ⅲ我们说符号具有概念或含义，或所指概念；从Ⅲ→Ⅱ——概念或含义、所指概念，具有（自己的）符号；从Ⅱ→Ⅰ——符号具有对象或外延；从Ⅰ→Ⅱ——对象具有符号；从Ⅰ→Ⅲ——对象具有概念或含义；从Ⅲ→Ⅰ——概念具有对象。这样一来，弗雷格三角的任一顶点都与另外两个顶点联系起来。在消除方向和术语的限制后，符号、概念、所指对象这3个要素中的任何一个均可以作为中间的媒介同时与另外两个要素建立联系，也就是说，符号与媒介的同义联系被打破，概念也能成为外延和符号的纽带，所指对象之于概念和符号亦如此。Ю. С. 斯捷潘诺夫将弗雷格三角的这一变体称为"通过旋转总结的弗雷格三角"（обобщение треугольника Фреге путём вращения）②。

所谓旋转，就是保持弗雷格三角3个顶点的内容不变，任意旋转弗雷格三角，改变3个顶点的位置，同时默认位于三角形上端顶点的内容作为媒介联结另外两点，即默认实际社会生活中3个顶点的任何一个都能成为媒介。Ю. С. 斯捷潘诺夫用著名的巴甫洛夫实验阐释这一变体。巴甫洛夫实验分为4个阶段，整个过程由实验人员在隔板之后操作、观察和记录：

（1）首先实验人员将狗用一副套具固定住，将食物放入狗的口中，狗分泌唾液。

（2）在狗看不到的地方开启铃声，狗不分泌唾液。

（3）在狗进食前发出相同的一段铃声，此阶段重复多次，之后看到食物的狗分泌了唾液。

（4）发出铃声但不提供食物，狗分泌唾液。

在这个实验中，符号学家通常认为铃声是符号，它指引狗去寻找食物并诱使其分泌唾液。但是 Ю. С. 斯捷潘诺夫认为，在特殊情景下，狗也可以成为铃声和食物的媒介，可以成为符号。如果位于隔板之后的外部观察者、实验者没有听到铃声，也没看到有人已经将肉放置妥当，但是看到狗向隔板趋近并分泌

---

① СТЕПАНОВ Ю С. Семиотика[M]. Москва：Наука，1971：87.
② 同① 87.

口水时,他也能得出结论——铃声已响。这说明在不同的情境变体中充当媒介的可以是不同对象。

我们认为,针对这一变体所讨论的核心问题与其说是与符号相关的,不如说是与媒介相关的。因为所做出的结论是弗雷格三角3个顶点所代表的要素,何者能成为媒介,何者能够肩负另外两个要素的信息传递任务,答案显而易见地体现出媒介的任意性特征。对此,Ч. С. 皮尔斯颇有体悟。"Ч. С. 皮尔斯在其晚年认识到,他所有的概念都太狭隘:他反思到,他真正应该谈论的不是'符号',而是'媒介'、'分支'或'媒介化'。事实上,他甚至认为,'符号'这个词所承担的职责远远超出其本应承担的。"①这是 Ч. С. 皮尔斯在符号学研究后期的领悟,他甚至认为之前所进行的一切冠以"符号"之名的研究改为"媒介"更为合适,也更加符合他对符号的认识。所以媒介是比符号更高层级的概念范畴,Ю. С. 斯捷潘诺夫在自己的普通符号学中也考虑到了,但遗憾的是,目前没有更多符号学家沿着这一角度深入下去。

回到 Ю. С. 斯捷潘诺夫对弗雷格三角的总结。弗雷格三角作为普通符号学的符号结构图式还有第二个变体。普通符号学研究的符号系统来自各个领域,不仅包括自然界的非生物现象——植物和动物的体态、反映、基本行为活动等,还有属于人类世界的复杂符号行为。在这些现象中,符号系统与物质系统有时能够很好地分离,而有时符号则是物质对象的一部分,二者之间是物质性相关或生物性相关的,还有的情形中能指与所指重合等。为了满足上述具有"不可分离性"和"重合性"的符号结构情形,Ю. С. 斯捷潘诺夫发现了弗雷格三角的另一变体——"通过拉近三角形的边总结弗雷格三角"②,也就是说,通过使弗雷格三角形各条边趋近,使弗雷格三角的3个顶点中的两个顶点重合。

这一现象最初是 Ю. С. 斯捷潘诺夫在语言符号的三角图式中发现的。列福尔马茨基(А. А. Реформатский)曾经对比 шарик(圆珠)分别作为普通名词和专有名词的结构图式,如图2-4所示。

第一个三角图式是 шарик 作为普通名词的情况。其中,词汇、事物和概念3个要素三位一体,"鼎足而立",且任意两个要素之间的连线为实线。第二个三角图式是 шарик 作为宠物狗的昵称,即专有名词 Шарик 的情况。列福尔马茨基认为专有名词没有概念,唯有语词和事物直接对应,符号与所指对象直接

---

① 索内松. 认知符号学:自然、文化与意义的现象学路径[M]. 胡易容,梅林,等译. 北京:社会科学文献出版社,2019:123.

② СТЕПАНОВ Ю С. Семиотика[M]. Москва:Наука,1971:91.

相连,弗雷格三角图式代表概念的顶点缺失,同时与概念相连的两条边也变为虚线。

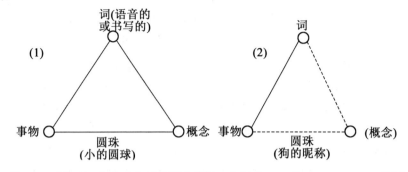

图 2-4　普通名词和专有名词的语言符号三角图式——以 шарик/Шарик 为例

Ю. C. 斯捷潘诺夫针对弗雷格三角在语言符号中的这一变体进行引申。他认为,可以将专有名词的情况设想为弗雷格三角中 CB(词—事物)和 CΠ(词—概念)两条边趋近的极限,如图 2-5 所示。

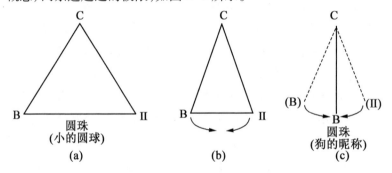

图 2-5　语言符号中弗雷格三角边的趋近

专有名词 Шарик 的符号三角图式就是图 2-5(c)所显示的那样。Ю. C. 斯捷潘诺夫将这种边的趋近和重合关系进一步扩大到整个弗雷格三角上,如图 2-6 所示。

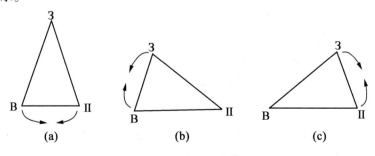

图 2-6　弗雷格三角边的趋近

其中,З 代表符号(знак),В 代表事物(вещь),П 代表概念(понятие)。图 2-6(a)中,事物(外延)与概念(所指概念)趋近,这种类型的趋近出现在数理逻辑类型的抽象符号系统中。图 2-6(b)中,符号与事物(外延)趋近,这一过程出现在人类的表情、身势符号系统中,姿势本身是身体的物理状态,它可以表达某些含义,还有一些符号性程度较低的符号系统,如前文所说的植物向性符号系统,其符号本身就体现在事物之中,与事物不能分割。图 2-6(c)中,符号与概念重合,这一过程出现在如药品的"处方说明签"和类似的泛符号性现象当中。

弗雷格三角的变体连同作为原型的弗雷格三角可以将所有符号结构涵盖在内。结合一开始提出的符号的初步定义,Ю. С. 斯捷潘诺夫将符号定义为:"符号作为符号系统的任一要素,在不同时刻体现出不同的状态,其结构是弗雷格三角及其两种变体形式:①弗雷格三角的旋转;②弗雷格三角形边的趋近。"[1]

(三)心智世界中的弗雷格三角

心智世界的弗雷格三角是相对于物质世界和物质性符号系统而言的抽象三角图式。它代表人脑对客观物质的心智反映,出现在人的精神世界中,但是根据 Ю. С. 斯捷潘诺夫的观点,二者同构。

弗雷格三角的 3 个顶点都对应着客观世界的物质系统,但物质系统无法在人的意识领域出现,能出现的仅仅是它们在人认知空间的独特映射,反映在符号的结构图式上,就是图 2-7 中大三角内部的小三角,即弗雷格三角内部的心智三角。顶点 I 代表所指、事物、对象物,是客观世界的对象,但在人脑中存在的不是事物本身,而是某种预先形成的符号和概念的映像,这个映像就是内涵意义(сигнификативное значение)。在图 2-7 中体现为与顶点 I 虚线连接的内部三角的顶点。"语音词和事物在我们意识中的反映和含义(内涵)之间的关系,我们称之为内涵意义……内涵意义是事物在人意识中的反映,或更确切地说,这是事物特性由语词引起的在人意识中的反映。要知道,现实在人意识中的反映……还是直觉、表象、概念。"[2]后者被 Ю. С. 斯捷潘诺夫称为"低级的现实反映形式"[3],这是人对某物的直接知觉或关于该物的概念。比如,"圆珠"一词出现,大脑会立刻调取某种关于圆的、小巧、表面光滑的球体的映像。与顶点 III 虚线连接的内部三角顶点是概念,即大脑对客观世界现象的加工结果和对

---

[1] СТЕПАНОВ Ю С. Семиотика[M]. Москва:Наука, 1971:91.

[2] СТЕПАНОВ Ю С. Основы общего языкознания[M]. Москва:Ленанд, 2016:10.

[3] 同② 10.

相关对象的知识性总结,也就是特殊的映像,它是比顶点Ⅰ更进一步的有关事物的认知。"最后是符号本身——我们已经给出了足够的说明——既可以是语音词或书写词,也可以是任何其他物质对象,当然,在任何情况下,都是第二性地反映于意识当中。"①符号的第二性反映在图2-7中体现为与顶点Ⅱ虚线连接的内部三角顶点。

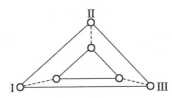

图2-7 心智世界中的弗雷格三角图式

这一心智三角所呈现的内容完全是符号化活动在人类意识世界中的思维图式,然而并不是所有符号系统都能在人的意识中引起类似的反应。针对这一点,Ю. С. 斯捷潘诺夫强调,弗雷格三角图式在应用于低符号性符号系统——生物和民族符号系统时,后者的符号结构只借由外部的大三角关系来象征,而大脑内部的抽象三角则是缺失的。因为花茎的转动无法脱离植物本体,人的姿态和表情也无法与人体割裂孤立地进入人的意识,所以在这些符号系统中,人的大脑必须结合物质系统的状态才能对相关符号进行认知,那么也就更无法先于符号形成映刻于头脑中的图像。综上所述,心智世界的弗雷格三角只能在相对高级的符号系统,比如人的自然语言符号系统中存在。

显然,心智世界的弗雷格三角已经体现出符号系统和两个物质系统的非物质性特征,那么这里就出现矛盾。心智三角的3个顶点都是相应物质对象的抽象结果,抽象过程既包括对物质世界的感性体悟,又有大脑内部的理性加工。而且在前面的总结中,弗雷格三角的3个顶点在不同领域代表不同的对象,但这些对象也不全是物质系统,甚至还包括语言中的所指概念,它们都存在于人的主观世界。尽管这些概念是人对客观世界认知加工的结果,并且体现出主客观的辩证结合特性,但将它们全部都划归物质性范畴,难道没有生硬之处吗?对比当时苏联符号学家对符号及符号系统的定义,不难看出,认为符号具有物质性的学者,Ю. С. 斯捷潘诺夫远非绝无仅有。我们推测这种现象与苏联当时的意识形态和学术背景不无关系,但是无论如何,Ю. С. 斯捷潘诺夫在符号的结构中不仅为人的认知保留了一席之地,还提出心智世界的弗雷格三角,为精

---

① СТЕПАНОВ Ю С. Семиотика[M]. Москва: Наука, 1971: 89.

神与物质世界的互通搭建桥梁,非常值得肯定。对人类思维、语言和现实三者关系的阐发一直是 Ю. С. 斯捷潘诺夫符号学研究的主旋律,这一点在后续的符义研究和观念符号学研究中都有着深刻的体现。

(四)符号定义的时间参数

加入时间参数之后,符号的定义为:"符号是符号系统在某一时刻的离散状态。'离散的'旨在表达系统的两个状态间有停顿,停顿可由外部观察者发现并据此将两个状态区分开来。"①看起来,这个定义与 Ю. С. 斯捷潘诺夫对符号的初步定义重合,但是二者的出发点其实不同。根据 Ю. С. 斯捷潘诺夫的观点,可以发现,初步定义主要立足于规避符号定义的乱象,而这个定义则是旨在为符号概念赋予动态性。符号是不断动态变化着的,符号的离散状态在谈论符号的不同时刻均有差异。但这种"差异"与植物向性符号系统的情况不同。尽管花茎受光照影响而旋转,茎的状态因光线角度的不同在每一时刻都暴露出差异,但是这种差异在符号的形式或者符号的能指上就有所体现,符号的离散性非常明显。而在引入时间参数的第三部分定义中,Ю. С. 斯捷潘诺夫更侧重强调:"相同的论断,如果在完全不同的时刻表达,那么它们就不相同。同样,本身一致的分类特征,如果在分类图式中处于不同的位置,那么它们也可能不一致。"②这里说的是,形式或能指相同的符号因为表达时刻的不同而相互有别。符号的离散性透过时间维度显现出来。

结合这几部分符号定义,我们认为,Ю. С. 斯捷潘诺夫的符号定义是动态与静态相结合的。静态性体现为上文所述的初步符号定义和结合符号结构的定义,动态性体现为此处符号离散状态的信息论背景。信息论和控制论一样,以研究生物有机体、自然和社会中的通信过程为目标,研究本身带有非常明确的动态视角。不同时刻或以不同信道传递出的信息,哪怕从同一信源(信息发出者)出发,回到同一信宿(信息接受者),都会导致编码—解码机制的差异。在 Н. 维纳(Н. Винер)看来,为"每一个论断赋予某个参数,这正是:论断说出的时刻"③,甚至可以用来解决 Б. 罗素和 Дж. 康托尔(Дж. Кантор)悖论(详见 Н. Винер, 1958)。

至此,Ю. С. 斯捷潘诺夫对符号的完整定义才尘埃落定——符号是符号系统在某时刻的离散状态,其结构是弗雷格三角及其两种变体形式:①弗雷格三

---

① СТЕПАНОВ Ю С. Семиотика[M]. Москва: Наука, 1971: 125.
② 同① 125.
③ 同① 124.

角的旋转;②弗雷格三角边的趋近。

二、符号结构的模式化应用

Ю. С. 斯捷潘诺夫对弗雷格三角的应用并未止步于符号结构的阐发,他还将其作为一种认识论模型,用以建构符号系统之间的层级关系。那么,在这种情况下,弗雷格三角就不仅仅充当符号的结构图式,而是赋予模式意义,成为符号系统层级关系的认识论模型。这就是弗雷格三角的模式化应用。

层级是一种逐级构成的结构关系。"我们所生活的世界的一个主要特征就是其层级性。层级性不仅仅是客观世界的一个重要特性,也是人们认识事物、分析事物的基本工具和手段。"①因此,层级关系还是具有重要意义的认识论工具。属于同一结构水平的要素构成一个层级,层级间不可规约、不可替代,向上的层级具有耦合性,向下的层级具有解构性。层级结构作为一个有机整体,还体现着对象内容的有序性、互异性和多样性特征。Ю. С. 斯捷潘诺夫在符号学研究乃至更早的语言学研究中都十分重视符号与符号系统的层级关系,多次将层级问题单独提出并进行细致阐释,利用层级关系"体现系统内不同分层的结构范畴"②。

在普通符号学中,Ю. С. 斯捷潘诺夫也将符号系统的层级结构作为重点问题提出,甚至将其诠释为客观存在的符构学规律。在这条规律的形成上,Ю. С. 斯捷潘诺夫融合符号结构、Л. 叶尔姆斯列夫的符号层级观和术语、众多符号学相关学科以及它们的关系等,并且将如此丰富的内容浓缩成一个综合图式。在阐释这一图式之前,我们首先对 Ю. С. 斯捷潘诺夫使用的上述"建构工具"进行说明。符号的结构指的是弗雷格三角,弗雷格三角在前面已经详述,此处不再赘言。而图式涉及的符号学及相应的符号系统会在阐释过程中论述。此处,我们集中概述 Л. 叶尔姆斯列夫的层级观和术语。

Л. 叶尔姆斯列夫是丹麦语符学派的开创者之一,他的理论可谓最富语言本体论和认识论倾向的研究,是继 Ф. Де 索绪尔之后首屈一指的结构主义符号学大师。H. 乌尔达尔(H. Uldall)是语符学派的另一奠基人,他和 Л. 叶尔姆斯列夫将语言视为结构系统,加以描写和分析,都相当关注语言结构的层次问题。Л. 叶尔姆斯列夫甚至提出语言成分层级结构的两种划分方案。首先,在 Ф. де 索绪尔语言—言语二分的基础上,Л. 叶尔姆斯列夫和乌尔达尔更进一步区分

---

① 王铭玉,等. 现代语言符号学[M]. 北京:商务印书馆,2013:339.
② 中国大百科全书(第一版). https://h.bkzx.cn.

语言,提出新的语言三分法:"图式层、规范层和用法层。"①这一区分的实质是"区分两套语言规则系统,一种是社会普遍性的抽象规则系统,另一种是个别言语行为者活动中的言语用法规则系统,究其本质就是规范层规则系统和用法层规则系统的区分。"②可以看出,这两个层级都属于语言规则系统的划分,言语研究则被排除在外,这一层级划分法从本质上表明语符学的语言研究立场。

随后,Л. 叶尔姆斯列夫又提出与之交叉的4层级结构:表达形式、表达实质、内容形式、内容实质。前两者合称为"表达方面",后两者合称为"内容方面"。他认为语言的内部结构是一个由各层级要素综合而成的完整的关系网络,"形式"是要素之间的结构关系,"实质"则是语言外实体,它用于体现形式。表达方面和内容方面是 Л. 叶尔姆斯列夫从 Ф. де 索绪尔的符号双面结构——能指—所指——演化而来的"进阶版"。使用这对术语,改造 Ф. де 索绪尔的符号结构,大大提升了结构主义符号学的阐释力和适用性,加速确立它在符号学领域的霸主地位。

Л. 叶尔姆斯列夫的语言4层级结构相比上述的3层级划分对语言学和符号学的发展起到更加重要的作用,同时也得到了更多的发展和应用(P. 巴特,1987;Степанов,1971)。Ю. С. 斯捷潘诺夫在总结符号系统的层级原则时,用到的正是这对术语。符号系统的层级结构图式如图2-8③。

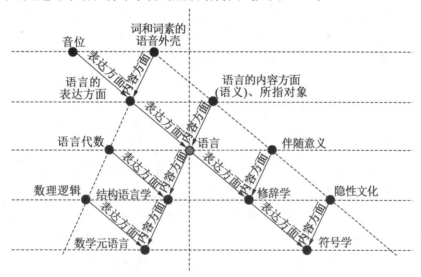

图 2-8　符号系统的层级结构图式

---

① 巴特. 符号学原理[M]. 李幼蒸,译. 北京:中国人民大学出版社,2018:6-7.
② 李幼蒸. 理论符号学导论[M]. 北京:社会科学文献出版社,1999:122.
③ СТЕПАНОВ Ю С. Семиотика[M]. Москва:Наука,1971:98.

语言位于整个图式的中心,它的表达方面是语音系统,语音系统又以音位为表达方面,词和词素的语音外壳为内容方面。语言的内容方面是语义和所指对象,前者包括词的意义总和与语法范畴意义,因为语义问题总是和现实世界的对象相关,语言也被称为射指符号学(денотативная семиотика)。这是对作为语言成分的符号系统之间关系的阐述。同样,语言整体也能作为表达方面或内容方面充当其他层级符号系统的组成部分。语言作为表达方面与作为内容方面的伴随意义(коннотаты)构成语言修辞系统。这里的伴随意义指的是说话人因对语词无意识选择所产生的细微"全部意味(оттенки)(如没文化、粗鲁、高素养等)"①,我们前面提及的说话人对表示人面部的词汇选择(лицо 或 морда)现象就隶属这一符号系统,它与语言的隐性层级相关。"由于这一术语(伴随意义),语言的整个隐性层级有时可以称为'伴随意义层级'(коннотативный уровень)。"②语言修辞系统是更高一层级的符号学——外部修辞学的表达方面,而其内容方面就是整个隐性文化。以语言为构成成分,沿着这一方向的研究,是围绕内容方面的符号学研究,"最终会成为人类内心价值观的阐释系统"③,比如 Ю. С. 斯捷潘诺夫的观念符号学。语言作为内容方面与作为表达方面的语言代数还构成结构语言学(структурная лингвистика)。此时,语言是描写对象。这一方向的研究从纯形式角度进行。结构语言学与其形式方面——数理逻辑符号系统或符码系统共同构成数学元语言。整体而言,这一结构图示的右边部分均趋向于符号学内容方面的研究,倾向成为"精神价值的非符号系统"④,而左边部分均趋向于符号学表达方面的研究,倾向成为一种形式算法。

对这一图式的阐释还可以更加深入,因为层级原则是对符号结构图式弗雷格三角在认识论意义上的应用。Ю. С. 斯捷潘诺夫指出,该图示在普通符号学理论中具有相当的整合性:数学元语言—结构语言学—语言—修辞学—符号学这一中心三角涵盖表 2-2 的 X—IX—VIII—VII 共计 4 个类型系统;词素和词语的语音外壳—语言的内容层面—伴随意义—隐性文化这条脉络则显示语言意义科学——语义学的一般规模,也体现符义研究发展的历史脉络;音位—语言的表达方面—语言代数—数学元语言则基本囊括语言符号描写的形式化学科及其历史发展轨迹。在语言学历史上,音位学最早开始语言形式描写。

此外,图中存在的几个不同的三角形也具有各自不同的含义。如语言表达

---

① СТЕПАНОВ Ю С. Семиотика[M]. Москва: Наука, 1971: 95.
② 同① 95.
③ 王铭玉,等. 现代语言符号学[M]. 北京: 商务印书馆, 2013:366.
④ 同① 98.

方面—语言内容方面—语言这个三角就是弗雷格三角在语言学领域的具体情形,是语言符号的意义三角图式。如果沿着图式中心贯穿"语言"的对称轴(纵向贯穿"语言"的虚线)将其对折,"大三角右侧边上的每一个语言意义系统都能和左侧边上某个语言描写的形式化方法相对应。事实上,我们已经在一些科学实践中找到这样的融合"①。

符号系统的层级规律还能从描写的自我扩展性质(свойство саморасширяемости описания)侧面进行总结。这个性质的意义在于,任何一个层次的要素都可以以构成单位的形式进入高一层级,而且一个层级内适用的建构规律对所有层级都适用。Ю. С. 斯捷潘诺夫借用数学术语"元语言"(метаязык)表述这一关系。"数学中把描写另外一种语言的语言称作元语言,可以使用这种方式称谓每一个计数起始点的下一层级,为之添加前缀'元'(мета-)。比如(根据图式),语言是符号学,结构语言学是'严格的元符号学'(строгая метасемиотика);数学元语言——'严格的元—元符号学'(строгая мета - метасемиотика);修辞学——'非严格的元符号学'(нестрогая метасемиотика);符号学(семиология)——'非严格的元—元符号学'(нестрогая мета-метасемиотика)。"②但是这个图式也有一个缺陷,就是"很难命名符号性低于语言的层级"③。图式没有包含低于无机物、植物和动物符号系统,这也从侧面说明,Ю. С. 斯捷潘诺夫的普通符号学思想还是更为关注与人最密切相关的符号现象。

Ю. С. 斯捷潘诺夫对符号系统层级结构的划分与普通符号学的研究范围具有相当的适切性,在注解和阐释层级结构图式时,他一开始就指出,"这一图式总结本书在它之前和之后不同位置出现的各个图表"④。包括在符号结构和符号定义那部分研究中也是如此——"这一定义相当普遍,在任何情况下都涵盖本书研究的那些符号类型"⑤。Ю. С. 斯捷潘诺夫多次强调"本书",这表明他对符号定义、符号结构以及结构图式在层级规律中的模式化应用一直秉承克制和严谨的态度,他的普通符号学思想自身就可以成为一个完整、系统、自洽的理论体系。

另外,这一强调还说明,对于自己提出的符号定义和符号结构,Ю. С. 斯捷

---

① СТЕПАНОВ Ю С. Семиотика[M]. Москва: Наука, 1971:100.
② 同① 100.
③ 同① 101.
④ 同① 99.
⑤ 同① 91.

潘诺夫没有非常宽泛地断言和自负地夸大它们在《符号学》之外的应用效果。符号学的涉及面十分广泛,从 Ю. С. 斯捷潘诺夫对符号系统的划分就可以看出,符号学研究的泛符号性特征,符号学的发展潜力也的确在后续的跨学科研究中展露无遗。随着符号学在各个人文领域的开枝散叶,Ю. С. 斯捷潘诺夫在《Семиотика: антология》(《符号学:本体论》,2001)中甚至指出符号的不可定义性:"符号学的对象来自各个领域,将所有符号进行分类并未获得成功,也没能发现对于语言、建筑、动物交际等具有共性的符号。共性体现在符号的组织原则中。"①

第三节 作为标尺的语言

根据 Ю. С. 斯捷潘诺夫的理解,语言具有双重特性。一方面,语言本身就是一个亟待充分研究的本体论意义上的符号系统,是多门学科的研究对象,甚至语言研究在符号学中也占据相当大的比重,几乎所有符号学研究都或多或少地以语言为本。迄今为止,符号学理论对语言的挖掘持续升温。另一方面,Ю. С. 斯捷潘诺夫对"语言"的独特理解使之具备别样的认识论意义,这集中体现为语言的标尺性。自然语言及其符号性特征在 Ю. С. 斯捷潘诺夫的普通符号学中起到标尺的作用,用 В. З. 杨科夫的话来说,就是为语言赋予谓词价值。语言成为判定符号系统符号性的尺度。

需要特别说明的是,尽管 Ю. С. 斯捷潘诺夫的普通符号学理论以研究自然界和社会领域的全部符号系统为目标,但是语言的标尺性仍然作用于人类群体密切参与的系统范围。"符号系统是传递信息的系统,所以我们认为符号系统不依赖人的观察而客观存在。据此,我们认为自然之中,特别是生物自然中也存在信息交换。表Ⅲ-1(本书的表 2-2——笔者注)中的Ⅰ—Ⅳ类就给出独立于人感知的符号系统的代表。但是作用于人类群体的系统范围(Ⅴ—Ⅹ类)中,任何一个符号系统都会在一定程度上被某些人类群体意识到。如果在某个情形下,未被意识到,那么该情形原则上与Ⅰ—Ⅳ类没有区分,因此我们只讨论那些以某种方式被人意识到的并成为符号系统的情形。"②

---

① СТЕПАНОВ Ю С. В мире семиотики[M]//Семиотика: Антология. Москва: Академический Проект, 2001: 6.

② СТЕПАНОВ Ю С. Семиотика[M]. Москва: Наука, 1971: 107-108.

一、语言标尺对照下的符号性范围

我们生活的世界充满了符号。随着人与世界互动的加深,人对符号的认识不断深入,符号性(знаковость)问题也随之而来。符号性问题主要指语言符号的符号性问题,也就是语言的符号性质问题。对这一问题的回答取决于符号学家对语言符号的看法,不同的理论渊源引发多样化的符号性定义和阐释。有史以来,众多学者都在这一问题上迸发出极大的热情(Резников,1964;Абрамян,1965;Жоль,1984)。Ю. С. 斯捷潘诺夫也对此添上了浓墨重彩的一笔。语言的标尺性就是在解决符号性问题时提出的。Ю. С. 斯捷潘诺夫认为,人类自然语言及其符号性特征能成为判定其他符号系统符号性的工具,所以称为语言标尺。之后,他还依据这一标尺,为符号性划定范围。

(一)Ю. С. 斯捷潘诺夫视域下的语言和自然语言的中心性

Ю. С. 斯捷潘诺夫从广义出发,认识语言。这构成他相当与众不同的一个方面。Ю. С. 斯捷潘诺夫视域中的"语言"并非一般意义上的人类自然语言,而是将后者囊括在内的具备语言性质的全部要素。那么,何种要素可以判定为此类呢? Ю. С. 斯捷潘诺夫指出:"任何被人类观察到的自然现象、社会现象和现实现象等,如果其具有部分可预见性(частная предсказуемость),都能被描述为语言的要素。完全的可预见性(полная предсказуемость)则构成因果性的物理世界。"[1]比如,我们推一个人,他倒下了——这个结局必然出现,那么这是牛顿物理学体系可以解释的现象,属于完全可预见的现象,这里不会出现关系、语言和言语。但是如果我们推一个人,没有用那么大的力气,我们的目的也不是使其倒下,可能只是提示他挡路了,让他走开,或者见到熟人打招呼,或者想要制止他的某些行为等等,那么"推"这个动作就是与"一边去!""哎!""停下!"或"别说了!"这类语句具有同等效力的符号。这就是"推"这一动作的部分可预见性,它与纯粹的物理性具有最大限度地不同。Ю. С. 斯捷潘诺夫认为,这种情况下的"推"就是具有语言性质的要素,也就是符号学的研究对象。

由此,Ю. С. 斯捷潘诺夫进一步指出,"对人类系统而言,符号可以定义为具有意义的事物。意义在最为一般的形式上定义为现象的部分可预见性……与可预见性程度相关的是在更大或更小程度上成为语言(быть языком)的性质"[2]。符号学研究与意义相关的对象,在这一点上达成共识的符号学家不在少

---

[1] СТЕПАНОВ Ю С. Семиотика[M]. Москва: Наука, 1971:109.
[2] 同[1] 109-110.

数。瑞典符号学家 G. 索内松(G. Sonesson)对此表示赞同,认为符号学"关注'事物如何携带意义',并以这一研究旨趣为定义"①。但是随后,他还界定符号学的研究范畴——"以'一定程度的意识参与'为限"②。使用"一定程度"这样的词可以说明一些问题。索内松也认为,人的意识无法完全介入符号携带意义的过程,只能是部分参与,否则意义活动将与因果关系别无二致。在这般确然清晰的过程中,意义如何被事物"携带"更无须研究,因为在意识的透视下,意义与事物的联结将如同清水中的鱼一般无所遁形,那就不成其为符号学的研究对象了。

有必要说明,Ю. С. 斯捷潘诺夫本人对"语言"的使用具有双重性。一方面,Ю. С. 斯捷潘诺夫在广义上使用这一术语,认为语言是自身涉及的全部具体符号系统之和;另一方面,他还在狭义上使用这一术语,特指人类最为曲折的符号系统——自然语言。"语言是之所是"正是基于自然语言符号性的特征而言的③。"语言"成为符号性的丈量尺度,符号系统在多大程度上与人类自然语言的符号性重合,它就在多大程度上成为语言。那么,将人类自然语言作为标尺的理据何在?仅仅源于结构主义符号学的研究传统吗?本书认为,自然语言能成为其他符号系统的认识论模型并非偶然,更不完全是"外力"作用的结果,而是因为语言本身就在人类的认知活动中起到中流砥柱的作用。

É. 本维尼斯特在《普通语言学》中就告诉我们人类语言中心论的根源。"他在这部著作中着重论述关于语言同其他符号系统比较起来,是最重要的符号系统这一观点;并且强调指出,任何一种非语言的符号系统,只有在把它翻译成人类的语言时,才能使人了解。"④从这个意义上看,结构主义符号学只是加速确立人类语言的中心地位,但是究其根源,自然语言的中心性是人类认识发展的必然产物,也为人类认识世界和改造世界提供了有效手段。对此,我国学者王铭玉也进行了剖析:"由于符号的特征在语言中可以相当彻底地表达,语言学的相关研究成果可以为其他符号系统的研究提供相当程度的借鉴。因此,将语言视为符号学的'总模型',可以推动我们加深对非语言符号任意成分和习惯成

---

① 索内松. 认知符号学:自然、文化与意义的现象学路径[M]. 胡易容,梅林,等译. 北京:社会科学文献出版社,2019:4.
② 同① 4.
③ 斯捷潘诺夫在这部分研究中一直在不同意义上使用"语言"这一术语,造成了该术语的混用,因而增加了理解的难度,我们在行文中尽可能将其表述清楚。
④ 蒋永福. 东西方哲学大辞典[M]. 南昌:江西人民出版社,2000:56.

分的认识,因为这些成分总是表现得不甚明显。"①

（二）语言符号的符号性

因为我们生活的世界充满符号,所以符号性是客观世界的基本特性,是人认识世界、描摹世界、对世界模式化和范畴化的重要手段之一。在众多符号系统中,"自然语言是最特殊、最复杂的一个符号系统,其符号性的体现也最为明显。符号性是语言的一个根本特性"②。对自然语言而言,语言的符号性体现在:语言是群体共同约定的符号系统,人们借助语言符号传递思想、表达感情和交流知识。但是,对语言符号性的认识,如同符号的定义一般,众说纷纭,莫衷一是。

RH. 温斯罗博(RH. Winthrop)和H. 罗伯特(H. Robert)从文化角度出发,界定符号性:"符号性是指两个抽象的或者具体实体之间的关系,其中一个实体可以通过公认的相似性、共性或约定来代表另一个实体"③。在这个定义中,符号性理解为对象之间的表征关系。Э. Г. 阿维奇安(Э. Г. Аветян)在自己的著作《Природа Лингвистического Знака》(《语言符号的本质》,1968年)中,从认识论角度出发,直接将这一关系提取出来,将符号性定性为"肇始于对事物的替代和概括"④所产生的特性。

数理逻辑中的自然语言符号性则要结合自然语言的形式化方法——"逻辑形式化、数学模式化、概率论和统计论方法"⑤等来考察。这部分研究已经超出人类自然语言的通常使用范围,属于 Ю. С. 斯捷潘诺夫所界定的语言抽象运用的第二条进路——"……可以把语言用作讨论或描写的对象,这也是语言日常使用中不会出现的情况。这时,该语言就是内容方面,而表达方面就是另一个符号系统,如人工形式化语言。这条途径是元理论的原型"⑥。这部分研究在苏联形成两个不同的发展方向:一个方向以理论研究为主(Ю. К. Лекомцев、Б. В. Бирюков 和 В. В. Мартынов),另一个方向以实践应用为主,主张将自然语

---

① 王铭玉. 语言符号学[M]. 北京:北京大学出版社,2015:106.
② 王铭玉,等. 现代语言符号学[M]. 北京:商务印书馆,2013:338.
③ WINTHROP R H, ROBERT H. Dictionary of concepts in cultural anthropology[M]. New York:Greenwood Press, 1991:286.
④ ЯРЦЕВА В Н. Лингвистический энциклопедический словарь [M]. Москва: Научное Издательство Большая Российская Энциклопедия, 2002:169.
⑤ 同④ 169.
⑥ СТЕПАНОВ Ю С. Имена предикаты предложения: семиологическая грамматика [M]. Москва: Наука, 1981:21-22.

言视作人机对话的手段,语言成为众多实践学科的研究对象(Р. Г. Пиотровский、М. М. Лесохин 和 Б. В. Якушин)。

苏联时期,关于研究语言符号特性的一般方法论和理论问题,还有一个独特的研究方向,就是与马克思列宁主义哲学结合的方向,如 В. М. 宋采夫(В. М. Солнцев)发表于《Ленинизм и Теоретические Проблемы Языкознания》(1970 年)中的《Знаковость Языка и Марксистско‐Ленинская Теория Познания》(《语言的符号性与马克思‐列宁的认识论》),还有 Б. А. 谢列布列尼科夫(Б. А. Серебренников)的《Развитие Человеческого Мышления и Структура Языка》(《人类思维的发展与语言的结构》,1988 年)都论述过符号性及其相关问题,譬如"符号指称的本质、语言符号的特性及其本体论特征、语词符号的特点"[1]等。

可见,不同的理论视角决定不同的符号性阐释路径,但是无论如何,这些路径也不会超出本体论、方法论和认识论范围。Ю. С. 斯捷潘诺夫对语言符号性的判定就采取认识论策略。研究表明,在 Ю. С. 斯捷潘诺夫看来,语言符号性是语言进入人的意识领域并被人判定为符号系统的特性,判定过程在人的认识活动中进行。这是一个非常重要的结论,尽管 Ю. С. 斯捷潘诺夫没有在他的普通符号学理论中明确提出,但是符号性范围的确据此界定,我们看看 Ю. С. 斯捷潘诺夫的定义:"属于符号性范围的规律可以这样描述:要具有符号系统的特性的前提,是在一定程度上取决于观察者的位置"[2]。

所谓"观察者",就是对符号系统进行观察的人。除此之外,人还可以充当符号系统的"参与者"。二者对符号系统的形成和发展都具有重要作用。"人相对于符号系统,一般可能有以下 4 种身份。①使用语言,但是没意识到:他是系统的参与者,但不是观察者;其他某人可以充当这一情形的观察者;②使用语言并意识到:'这是语言,而且这是我的语言,我使用它',此时人同时是参与者和观察者(简称为参与观察者);③意识到有某种语言却不使用它:'这是语言,但不是我的语言,我不使用它',人仅仅是观察者;④语言存在,但人们没有意识到语言,因而不使用它,此时人既不是参与者也不是观察者。"[3]这段话比较清晰地呈现出人与语言符号系统的相对位置关系。相比于参与者,观察者位置对符号性范围的界定更加重要。"可预见性取决于观察者相对于所观察系统的位置。

---

[1] ЯРЦЕВА В Н. Лингвистический энциклопедический словарь [M]. Москва: Научное Издательство Большая Российская Знциклопедия, 2002: 169.

[2] СТЕПАНОВ Ю С. Семиотика[M]. Москва: Наука, 1971: 108.

[3] 同[1] 108.

因此，同一现象因为可预见性具有程度差异，可能成为符号性有别的语言的组成部分。所有这一切都取决于观察者的位置。"①

据此，观察者可以分为纯观察者和参与观察者两类。Ю. С. 斯捷潘诺夫认为，观察者是否同时是系统的参与者，会影响语言观察的客观性。人既是认知主体，又是语言符号的使用主体。何种符号系统可以纳入参与者自身的交际范畴，完全由他的主体世界决定。所以，确凿无疑的是，纯观察者可以比参与观察者更加客观地描述该符号系统，也能够更加细致地划分符号系统的符号性层级，因为他存在于系统的外部。

但是，我们认为，从另一个角度来看这种客观性，客观性便具有相对性，因为观察者的观察视角可能导致认识偏差。这涉及观察者使用的语言系统具有何种特性的问题。1968—1969 年，法国文化革命的倡导者曾经提出革命中一个最为关键的问题："你言说的立场是什么？"②。"这个问题的重要方面就是所谓的'外部观察者位置'。他（解释者，认识主体）本人身处何种系统，据此认识、描写和研究某个'坐标空间'的对象？他对该事实归属于另一系统的忽视会导致什么样的认识偏差？或者反过来说，如果不走出被观察世界的规律影响范围，能否对其进行客观认识？"③这里强调的是，外部观察者的主体性因素将会使这个问题最大限度地复杂化。观察者所处的符号系统④既是对符号性划分的出发点，又是划分符号性的影响因子，但在此处却没有进入 Ю. С. 斯捷潘诺夫的考察范围。在"同质语言和异质语言"的论述中，Ю. С. 斯捷潘诺夫提到观察者也难以脱离自身的语言来研究被观察的符号系统这一观点，但也只是聚焦于解决 Б. 罗素悖论，没有对此深究。对此将在后面细述。

（三）语言符号性的层级性及其划分

语言符号性范围的确定不是一蹴而就的，需要从"语言"到"非语言"逐渐实现。Ю. С. 斯捷潘诺夫确定的结果是，语言符号性范围包括语言、弱语言、次弱语言和非语言的相应性质。其划分依据是人相对于符号系统的位置。前面根据人相对于符号系统所处的位置，将人区分为纯参与者、参与观察者和纯外

---

① СТЕПАНОВ Ю С. Семиотика[M]. Москва: Наука, 1971:110.

② ДЕЙНЕКА Э А, БУЛЫГИНА Н С. О семантике, синтактике и прагматике "возможных миров" в трехмерном пространстве идиолекта: гипнические галлюцинации и фэнтези[J]. Критика и семиотика, 2015(2):136.

③ 同② 136-137.

④ 观察者认识活动的出发点也可以构成符号系统，但其构成非常复杂，包括自身的民族文化背景、个人的认知特点等。

部观察者。对于纯粹的参与者而言,他对语言的使用是无意识的,也不可能对自己语言的符号性有所划分,能进行划分的只能是意识到这一语言的人,也就是该系统的观察者。所以,对于语言的符号性范围这一问题,Ю. С. 斯捷潘诺夫主要考察参与观察者和纯外部观察者两种情况。

Ю. С. 斯捷潘诺夫指出:"同时是符号系统参与者的观察者与纯观察者相比,前者指能在较小的范围内评价符号系统……外部观察者则可以一直将这一符号系统和其物理方面的相互影响以及很大的能量交换、表象上联系的缺失区分开来。"① 在 Ю. С. 斯捷潘诺夫看来,符号系统的本质是信息系统,系统参与观察者(包括纯参与者在内)作为信源,借由不同的信道发出信息,依据信道差异,他所使用的语言也在不同程度上与自身(物质系统)的生物或精神状态交融。比如"推"这一动作传达的语言信息,就具有很强的生物或物理特性。信息的传递需要能量,该信息传递所需要耗费的能量趋近于人这一物质系统存在本身所需的能量。那么,如果将这一动作替换为同等效果的语句"走开!",那么参与者所用的语言就转而趋近于能量下限,此时符号的抽象性增强。符号系统的参与观察者是语言的直接载体,他能从整体上选取和应用符号性程度不同的语言来传递信息。无论语言的生物性、物理性意义强度如何,语言符号的抽象性如何,参与观察者只需要知道"这是我的语言,我使用它"即可。

但是对于外部观察者来说,他对符号系统的观察则更加复杂。"这体现在,比如,参与观察者不会知觉到一些细小的身体动作(身势语语素)或者音位变体的某些区分性特征——某些声学特征,后者体现在语词的某个情形中并能被专业的仪器捕捉到,因为这些内容都是有机体相当本质的能量和生物状态。而外部观察者,如医生和声学专家,能够延续这一观察,同时将这些姿势看作征兆符号(знаки-симптомы)。"② 符号系统的外部观察者对符号系统的划分和参与观察者是不同的,通过这段描述,可以很清楚地理解二者之间的差异。外部观察者可以发觉系统参与观察者未曾意识到的符号性层级,并以自身的立场对之进行划分,而系统参与观察者的划分只能根植于自身的意识领域,他们意识之外的符号现象是不会在其划分之列的。因此,外部观察者对符号性的划分往往更加复杂、细致。此外,参与观察者对语言符号性的界定已经属于心智世界的符号活动,由于"参与者"身份所带来的必然的主观性因素干扰,符号系统的符号性层级划分会出现不同程度的模糊性。比较而言,外部观察者的层级划分则更

---

① СТЕПАНОВ Ю С. Семиотика[M]. Москва: Наука, 1971: 110.
② 同① 110-111.

加清晰,同时具有更强的可量化性。

于是,Ю. С. 斯捷潘诺夫得出结论,"外部观察者不能为系统参与者客观确立该系统的符号性阈值(порог),阈值依据符号性程度次第渐变的过渡形式展现出来,而且阈值不能理解为界限,也就是对系统参与者而言系统不再是符号系统的那个界限"①。对于系统参与观察者来说,该系统的符号性仅仅存在于他们的意识能够知觉到的范围。尤其是关于什么属于语言,何者是本质的,何者不是本质的问题,都只能由参与者的直接知觉决定。

外部观察者隶属于比参与观察者至少更高一层级的符号系统。外部观察者能够清晰区分符号系统的符号性强度,但却无法窥知符号系统参与观察者在主体世界对自身语言符号性的划分情况。相反,观察参与者能够明确自身语言的符号性阈值,但是不能如观察者那般清晰区分自己语言的符号性等级。结果就是二者对同一符号系统符号性层级的数量和层级内的具体内容都持不同看法,甚至 Ю. С. 斯捷潘诺夫还提出符号系统的参与观察者"不区分自己语言界限内的符号性层级"②的观点。但是,需要声明,无论具体的划分结果如何,对符号性层级的划分都是自语言到非语言的渐次划分。

针对语言划分的这种渐次性,Ю. С. 斯捷潘诺夫还进行更深层的挖掘。他指出,从理论上讲,这种渐次划分是无限的,涉及语言符号性层级的一个重要特征——无限性。"从本书阐述的符号学理论观出发,抽象层级和具体层级之间,语言现象,特别是符号,没有任何双重现象存在,也不可能有层级数量上的最终清单,因为层级数量的确定具有主观性。当代,符号学有多少,层级就可能有多少;各种符号学内部具有独特的符号现象,甚至其中的符号性层级还有更加详细的阶梯式划分。"③对于参与观察者而言,人从自身的认知角度出发,对符号性层级的划分,具有很强的个性化特征,层级数量因而不确定。对于外部观察者而言,符号性的层级划分也存在众多影响因素,如符号系统的客观情形、观察视角、研究方案、研究目标、观察手段甚至取材和实验设备的精密度等都能对研究结果产生影响。尽管如此,符号的抽象性、传递信息的耗能都可以无限细化。

Ю. С. 斯捷潘诺夫的上述层级观甚至超越符号学界古已有之的语言表达的多层级观,迈入无限层级的认识论阶段。"人类可以使用数量有限的语言材料来表达无限的内容"④,层级性作为自然与社会现象的"分节性,即离散性"特

---

① СТЕПАНОВ Ю С. Семиотика[M]. Москва: Наука, 1971:111.
② 同① 111.
③ 同① 105.
④ 金华. 俄语句义层次的语言符号学阐释[D]. 洛阳: 解放军外国语学院, 2007:57.

点,无处不在。层级的无限划分与客观世界现象的多样化和人类认识可发展的能动性不谋而合。我们生活世界中的"抽象"和"具体""'外部'和'内部'"都不是通过截然对立和完全割裂实现互相联系,而是通过逐渐过渡实现相互联系。其实,我们所有的符号学理论都以此为基础"①。

二、语言标尺对照下的同质和异质符号系统

"由于人和文化整体的多语言性,信息永远不会只以一种语言编码。"②信息载体可以通过不同渠道传递信息,语音形式、视觉形式、听觉形式、触觉形式等诸多方式都能完成交际。所以,语言是一个复杂的异质符号系统,既包括强物理性和生物性的符号,又包括高抽象性和规约性的符号。这种情况不仅出现在对语言的广义理解上,在狭义的自然语言内部也有这样的复杂情形,借助语言标尺同样可以在其中划分出从"语言"至"非语言"的多重符号性层级。但是,这并不意味着对语言无法进行同质划分。Ю. С. 斯捷潘诺夫就根据生物相关性程度,结合符号与所指之间的相互关系,为语言符号系统的同质划分提供方案。同质符号系统内部的全部要素都具有相同性质,异质符号系统之间又能体现出语言符号化的历史演变过程和特定的符号学研究启示。

(一)语言符号系统的划分

信息传递的形式如此多样,信息与其载体有时能够很好地分离,有时却难以切分,事实上,这种关系不仅仅出现在语言的广义理解中。如 Ю. С. 斯捷潘诺夫将和自然语言具有同等效力的行为也纳入语言符号系统中,在人类的自然语言内部也有这样的符号性区分。换句话说,自然语言也有"成为非语言"的特性,这与语言的符号结构相关。Ю. С. 斯捷潘诺夫指出:"符号越像物理行为,由这些符号构成的语言就越能起到物理影响手段的作用,而非语言的作用,或更确切地说,这种语言就越能够趋近于物理现象。"③此处,"语言"指人类自然语言,比如,催眠师或心理咨询师通过一些语句进行催眠,或向动物喊出一些语词,引起它们的注意。这些言语符号不会被受话人理解为字句清晰的语言,特别是对动物来说,向它们说出的语词只能被理解为或温和或粗鲁的呼唤。在这

---

① ФЕЩЕНКО В В. О внешних и внутренних горизонтах семиотики[J]. Критика и Семиотика, 2005(8): 16.

② БРАЗГОВСКАЯ Е Е. Семиотика. языки и коды культуры[M]. Москва: Юрайт, 2019: 20.

③ СТЕПАНОВ Ю С. Семиотика[M]. Москва: Наука, 1971: 117.

些情况下，其他符号也能起到同样的作用，甚至可以更加有效，比如可以通过操控专门的催眠工具来代替言语，也可以通过直接挥手或拍手来招呼猫狗。这种可以用物理行为替换的自然语言具有低符号性。从这个意义看，自然语言与广义语言在功能上具有相通之处。基于语言符号与物理行为的这种互通性可以在二者之间建立联系，物理行为往往通过人的肢体或其他身体部位完成，所以这种行为又称生物性相关行为。Ю. С. 斯捷潘诺夫依据符号与所指的关系和生物相关性程度，提出从纯物理现象向3种语言层级转换的方案。前面提到，层级没有自然界限和固定数量，所以此处的"三层级"是Ю. С. 斯捷潘诺夫为了研究便利而人为划定的，这一点被Ю. С. 斯捷潘诺夫特意标出。

"当构成语言的现象同时以某种方式，生物性地影响信息接收者或信息发出者，当这些现象本质上是生物性的而且生物性相关时，语言获得成为'非语言'的属性（物理影响）。这种语言的符号必然与所指等同，属于低等级。第二等级的语言与直接的物理影响相去较远，在生物学上部分相关。这类语言的符号只是与所指相似。在第三个等级中，语言非生物性相关。这种语言的符号是规约性的，比如自然发声语言。"[①]我们可以通过一个实例来理解这段话，比如，"吐口水"这一行为，"口水"作为符号是纯粹物质性的，如果口水已经朝向某人脱口而出，它既是厌恶的符号，也代表厌恶这一情感本身，这就是符号与所指等同的情况，并且符号与人这一生物体不可分离。如果"吐口水"这一行为未彻底完成到底，比如，只是向地上吐口水表达蔑视、愤怒和不满，那么这就是符号与所指近似的情况，并且符号与人体部分分离。如果我们既不是真的要吐出口水，也不企图做出那种动作，也可以借用表达相关感叹的语词或语句来表示，如："我呸！""我唾弃他！"等，那么就已经涉及规约性的非生物相关性语言了。此时，符号与人体完全分离。

Ю. С. 斯捷潘诺夫将这些关系整合为表2-4。

---

① СТЕПАНОВ Ю С. Семиотика[M]. Москва：Наука，1971：117.

表 2-4 多种语言、语言间关系及专门符号学的相互关系

符号性层级	符号类型		
	1 等同	2 相似	3 规约性
规约性 I 完全生物性相关（动物行为学、生物符号学）	1. побои 2. плевок в человека 3. поцелуй		
II 部分生物性相关（民族学、民族符号学）		1. наказание ремнем, розгами, шлепком 2. плевок на землю 3. поцелуй в руку	
III 非生物性相关（语言符号学）			Восклицания и фразеологические обороты: 1. "Выпороть!", "Ремня захотел?" и т. п. 2. "Плевал я на неё!" 3. "Поцелуй Машу кланяйся Ивану Петровичу"

表 2-4 描述语言的多样性以及语言之间的关系,还有符号学生物相关性的体现。横向参数是符号与所指的关系情况,包括等同、相似和规约性。纵向参数则是符号性程度,根据生物相关性的程度划分为 3 栏:完全生物性相关、部分生物性相关和非生物性相关。其中,生物符号学和动物行为学研究的符号现象是完全生物性相关的,民族学和民族符号学研究部分生物性相关的现象,语言符号学则处在非生物性相关的类型中。

表 2-4 中的 Ⅰ.1、Ⅱ.2、Ⅲ.3 就是 Ю. С. 斯捷潘诺夫提出的自物理现象向语言转换的 3 种层级,也是 3 种基本的符号系统。Ю. С. 斯捷潘诺夫认为,它们都是人类社会广泛使用的同质符号系统,共存于当下并且能够代表语言史上符号形成的不同阶段。"可以假定不同的语言类型反映历史上(起源上)不同的符号化类型。这样,Ⅰ.1 代表的语言类型早于Ⅱ.2 出现,后者又早于Ⅲ.3 出现。这就是根据表 2-4 总结出的第一条规律。"①

Ⅰ.1 语言类型具有悠久的历史,同时是区分人类和动物的一大特征。Ⅰ.1 这种语言类型是众多非词汇"语言"的一部分,它为所有文明和民族文化所共有,也正是由于这种共性,才无法成为某一文明或民族文化的特色。因此,也可以说,它缺席于文明和民族文化之中。Ⅰ.1 这类语言是人类语言的常项部分(инвариантная часть),也是最早出现的信息传递方式,甚至在语言尚未创造之时就已经为人类所掌握。Ⅱ.2 这类语言包含的所有符号系统均能在不同文明中找到,它们可以成为这些文明的典型特征,所有文明都具有这一栏中的某种"语言",只是并不一定是该类型中的同一种。同一文明中的不同民族文化则可以在该类中拥有完全一致的"语言"符号系统,这是语言符号化的第二个阶段。类型Ⅲ.3 则可以在更小的范围内进行对比,可以限定在同一文明的不同民族文化之间。该类型包含的符号系统对应个别民族文化的语言特征。Ⅲ.3 是人类语言起源的最后阶段。从Ⅰ.1 到Ⅲ.3,是从非语言到语言的发展过程,在这一过程中语言符号系统的生物性逐渐减弱,抽象程度逐步提高。

如表 2-4 所示,Ⅱ这一栏全部由部分生物性相关的符号现象构成,这些行为没有进行到底,而是在执行过程中停止,如果这些行为彻底完成,那么它们就会成为生物性完全等同的行为,并变成Ⅰ栏中的现象。另外,纯粹规约性的词汇表达也完全可以具备生物意义上的等同性,正如前面提到的催眠语词、对猫狗的呼喊等,显示在表 2-4 中就是从Ⅲ.3 开始向上移动的纵栏。因此,"分布在Ⅰ.1、Ⅱ.2、Ⅲ.3 的 3 个基本类型的语言可以具有第二性功能,其中每一个都

---

① СТЕПАНОВ Ю С. Семиотика[M]. Москва: Наука, 1971: 119.

能与另一种语言的第一性功能融合。这一原则是自然语言历史发展的原则之一，它与同义词研究的关系密不可分（甚至依赖它），后者贯穿于每一特定时期的词汇之中。至此，应当强调，在非词汇语言中，这一原则也基于同义关系……可以假设：在历史上，也就是在人类有记载的历史时期，非词汇交际系统的发展正是寓于功能的替换之中"[1]。

生物性相关的程度不能截然区分，中间存在许多过渡形式，因此，表2-4中空白的栏目对应着混合的过渡类型的语言。它们都具有某种双重性，其中的符号可能等同于现象，但非生物性相关。或者反过来，它们生物性相关却常常是规约性的，比如飞吻。飞吻所处的位置应该是Ⅲ.2这一格，它既与真正的吻相似，其生物相关性又大大弱化，向非生物相关靠拢。又如，向某人扬起手，但轻轻地击打下去，这个动作所处的位置应该在Ⅱ.1，因为这一动作的生物性影响不像"殴打"那样强烈，或者说，做出这一动作的人，其意图并非真痛击某人，而是想借此表达其他含义，因此它是部分生物性相关的。

表2-4中的全部语言要素均以聚合体的形式出现，同一格内的符号无论在符号与所指关系上还是在生物相关性程度上，都是一致的，因此称为同质符号系统（гомогенные знаковые системы）；不同格的符号构成的符号系统总是包含不同的特征，称为异质符号系统（гетерогенные знаковые системы）。根据表2-4总结出来的第二条规律就与这两种符号系统相关。

（二）同质语言和异质语言

Ю.С.斯捷潘诺夫在区分同质符号系统和异质符号系统之后，又在异质系统内部划分出两个次类型：异质语言A，即表2-4同一横栏的符号所构成的系统；异质语言B，即表2-4中同一纵栏的符号所构成的系统。前者由不同结构的符号构成，涵盖符号与所指间的3种可能关系全域，但是整体处于同一生物相关性级别上。后者由符号结构相同、生物相关性不同的各类符号系统构成。Ю.С.斯捷潘诺夫将表2-4的空白格填满，形成表2-5，其中展现两种异质语言的情况。

---

[1] СТЕПАНОВ Ю С. Семиотика[M]. Москва: Наука, 1971: 120.

表 2-5 多种语言及语言间关系

符号性层级	符号类型		
	1 等同	2 相似	3 规约性
I 完全生物性相关	1. побои 2. плевок в человека 3. поцелуй	1. битьё батогами, наказание шпицрутенами 2. имитация плевка 3. чмоканье и агуканье например перед ребёнком	2. твфу! 3. чмоканье
II 部分生物性相关	1. замахнуться 2. плевок на землю	1. наказание ремнем, розгами шлепком 2. плевок на землю	2. "Плевал я на тебя!" (при обращенин к непосредственном собеседнику)
III 非生物性相关	1. погрозить кулаком со злостью 2. имитация плевка	1. погрозить кулаком илипальцем, например ребёнку в знак возможного наказания 3. воздушный поцелуй	1. "Выпорю!" "Ремня захотел?" 2. "Плевал я на него!" 3. "Поцелуй Машу, кланяйся Ивану Петровичу."

表中,具有相同生物相关性程度的 3 个格里所包含的语言,它们的标号并未按照 1、2、3 的顺序进行,这是 Ю. С. 斯捷潘诺夫为凸显表达手段的同义性而做的特殊处理。

根据表 2.5 可知,两种异质语言各自包含 3 种人类生活的不同交际手段。异质语言 A 特别提供针对不同情形的同义表达手段。比如第一横栏中,从符号与所指等同到符号与所指的约定关系之间,有这样 3 种相互同义的表达厌恶和不满的手段,即"向某人吐口水——吐口水的模仿——感叹声(呸!)"。依据与动作受体之间的关系,又考虑到具体情景的限制,动作发出者在表达不满的情绪时需要从中做出选择,但是这 3 种符号系统的所指是一致的,那就是不满和厌恶的情感,所以 Ю. С. 斯捷潘诺夫称它们为同义表达手段。

异质语言 B 经常描述某种相对完整的生活情形。每一种生活情形本身就是一类复杂的符号。比如:"斗殴""礼仪",其中每一种行为都包含一系列动作和口头语言:虚晃的动作和落到实处的打击、三叩九拜和表示恭维、崇敬的语言等,这种类型的语言可以自成一体,构成专门符号学的研究领域。结合异质语言 Б,Ю. С. 斯捷潘诺夫提出了"作家符号学"(семиотика писателя)这一概念,"因为作家存在于其全部生物的、个人的、美学的和社会特征的总和之上,其作品能够视为独特的相对完整的生活情形,所以可以出现'某作家符号学'这种类型的描写,这就是该作家的符号学。"①

Ю. С. 斯捷潘诺夫在这一方面的观点应该受到 Р. 巴特对作家言语风格相关论述的启发。"因此,语言结构处于文学之内,而风格则几乎处于文学以外。形象、叙述方式、词汇都产生自作家的身体和经历,并且反过来逐渐成为作家艺术规则的一部分。于是,基于这一风格又形成一种自足的语言。这种语言只在于作者个人的和隐私的神话中,汇于下述言语形而上学中:在作者个人的隐私、神话和言语形而上学里形成着语言与事物最初的对偶关系,一劳永逸地形成着其生存中重要的语言主题。"②作家的文学风格是私人的文学惯习,它能在语言结构和个人风格中找到某种平衡③,从而形成作家禀赋的同一性形式,进而演变为一套完整的符号系统,这就是作家语言。

随后,Ю. С. 斯捷潘诺夫还预测了另一种可能:"在一些情形中,还可以适当考虑到第三种类型——异质语言 B,它由各方面均为异质的符号构成,也就

---

① СТЕПАНОВ Ю С. Семиотика[M]. Москва: Наука, 1971: 122.
② БАРТ Р. Нульвая степень письма[M]. Москва: Академический Проект, 2008: 54.
③ 巴特所说的语言结构和个人风格与索绪尔的语言与言语相对应。

是表格中对角线上的格(Ⅰ.1、Ⅱ.2、Ⅲ.3 和Ⅲ.1、Ⅱ.2、Ⅰ.3)中的符号。"[①]这是一个留白,Ю.С. 斯捷潘诺夫根据这一表格指出,目前尚未发现,但却有可能存在的语言类型,有待未来填补。

在阐述异质语言的相关问题后,Ю.С. 斯捷潘诺夫又通过同质语言和异质语言之间的辩证关系,尝试解释罗素悖论。Ю.С. 斯捷潘诺夫提出,如果我们用符号 G 表示"是异质的"(быть гетерологичным)这一特征,那么就会出现一个问题:符号 G 是同质的还是异质的?如果 G 是同质的,那么它应当具有本身称谓的那个特征,也就是说,它本身应当是异质的。如果 G 是异质的,而它同时适用于自己,那么 G 又应该是同质的。这样,就出现异质性悖论(парадокс гетерологичности),也就是 Б. 罗素的逻辑悖论:设集合 R,它由所有不是自身的要素构成的集合,即 $R=\{x|x \notin R\}$,当且仅当 R 不是自身的要素。如果 R 成为自身的要素,其悖论就在于:R 包含 R 是否成立。如果将罗素悖论视为符号系统的符号特性——异质性的抽象代表,那么就可以从符号学角度详细揭示这些悖论的深层原因。

首先要明确的是,悖论只能出现在异质性符号系统中,同质性符号系统并不涉及这些悖论。结合符号系统的参与观察者和外部观察者对相同系统的划分情况,可以发现,前者对自身语言的符号性界定就依据他对该系统的知觉,符号系统进入参与观察者意识领域的范围就构成他对自身语言认知的全域,或者说"每一种语言都是从参与者的角度出发,在客观符号系统连续统中切分出的部分"[②],他只是知道这是自己的语言并使用它,而并不需要严格对其划分。所以,从参与观察者的视角出发,他的语言就是同质的。但对于外部观察者而言,情况截然不同。符号系统的外部观察者不仅能够清晰地划分符号性层级,同时还能很好地划分出同质系统。于是,同一种语言中就出现不同的符号性层级,语言本身也就是异质的了。据此,至少能够得出结论:①语言是同质的还是异质的,需要结合划分者的立场来考察;②语言异质性客观存在,因此悖论也客观存在。

Ю.С. 斯捷潘诺夫进一步深入探讨这个问题。观察者从外部观察和描写符号系统的方法是"使用另一种语言"[③],也就是元语言。从理论上讲,观察者使用元语言研究对象语言,而元语言自身也是一种语言,那么元语言能够成为其

---

① СТЕПАНОВ Ю С. Семиотика[M]. Москва: Наука, 1971: 122.
② 同① 123.
③ 同① 124.

自身的描述对象吗？就实质而言,这就是罗素悖论中"R 包含于 R 是否成立"的问题。这样,答案又回到语言的异质性。只是在增加元语言之后,问题的形式不那么粗糙罢了。"人企图认识自己使用的语言,为此使用另一种语言,开始从外部描写它。人还企图使用第三种语言,进一步描写第二种语言。如此等等。这样,人们沿着层级阶梯,不断移动。因为任何是另一语言描写手段的语言,一般都称作元语言,所以可以这样表达上面讨论的情况:这一程序清楚地揭示悖论,但总的来说并未消除,而仅仅是逐渐削弱悖论并将其转化成元语言。从元语言到元—元语言,从元—语言到元—元—元语言,逐步推进。不过,异质悖论在使用元语言探讨自然语言特性的过程中出现,并非偶然。可以断定,这种逻辑悖论完全具有民族符号学悖论和对比修辞学悖论的性质。"[①]

每一个外部观察者本身都同时是自身语言的参与观察者。所以,人总是不能完全离开自己的语言去观察符号系统。运用客观存在的语言异质性来证明逻辑悖论,证明本身的主观性体现在参与观察者的意识中。因此,悖论的解决只能阶梯式地将作为语言观察者的人(符号系统参与者、语言使用者)逐渐剥离掉。

第四节　人的认知与符义研究

在 Ю. С. 斯捷潘诺夫的普通符号学理论中,能指—所指这对术语出现的频率相当高,其重要性毋庸置疑。特别在符义学规律的总结方面,他对能指—所指、表达方面—内容方面这两对术语的理解本身就具有很高的研究价值,是符义研究的重点。在这部分研究中,Ю. С. 斯捷潘诺夫的研究重点仍旧主要定格在适用于人的符号系统上。其中,人的认知可以促成对这两对术语的辩证理解。同样,借助人的认知,在人的主体世界中还建立起微观世界与宏观世界之间的联系。此外,还有一个重要的符义学规律——功能语义理论,它原本就是探讨微观世界与宏观世界之间语义关系成果,Ю. С. 斯捷潘诺夫将这一理论延续和引申后,纳入观念符号学思想之中。

一、人的认知与能指—所指的辩证关系

符号系统是两个物质系统之间的媒介,这两个系统分别由能指和所指代表,但是这种代表关系并无理据,却具有任意性特点。也就是说,任何一个物质

---

① СТЕПАНОВ Ю С. Семиотика[M]. Москва: Наука, 1971: 124.

系统都可以视为另一个物质系统的能指;反之,亦然。这就是能指与所指的辩证关系。

Ю. С. 斯捷潘诺夫将所有可以研究的符号系统划分为连续统,该连续统涵盖从非生物界到生物界的所有符号现象。生物界的低符号性系统以反映为符号化依据。同样,还有非生物界的符号系统,如石头上的痕迹是石头被砸过的符号。在该情形中,"砸石头的事物——石头上的痕迹——石头"3者构成符号关系,但是"痕迹"联结的物质系统,孰为能指,孰为所指,并没有相应理据。在植物向性符号系统中,植物受光照影响下的形态变化将植物和光线联系起来,任何一方都会引起与之对立的另一方发生变化。通过光线的变化,可以得知花茎转向。通过花茎的状态,也能推出光线照射的角度。所以,能指—所指与两个物质系统间的关系也具有任意性。在符号性较强的语言符号系统中,发音可以是意义的能指,意义也同样可以是发音的能指,如同义词典、概念词典中的相关情况。

实际上,这一规律最先由 Л. 叶尔姆斯列夫发现和确定。"术语'表达方面'和'内容方面'、'表达'和'内容'都是根据界定好的概念进行选择,并且完全是任意的;它们的功能性定义不要求我们在上述两个二元对立之间做非此即彼的选择。"[①]需要注意的是,根据 Ю. С. 斯捷潘诺夫使用情况,能指—所指和表达方面—内容方面中的前、后面两者分别是同义术语。换言之,能指和所指之间的辩证关系同样适用于表达方面和内容方面。所以,在这一关系的论述中,我们经常能够遇到两对术语的混用情况。

虽然能指与所指之间的任意性客观存在,但是在人的主体世界中却受到限制。Ю. С. 斯捷潘诺夫认为,在人的心智世界中,能指与所指的辩证关系具有"更为狭义的固定形式"。"相关方面的旋转(内容方面变成表达方面,表达方面变成内容方面)大多存在于我们从思维内容、符号的意义走向符号本身的时候。因此,这一规律体现在积极的思维向度上:从认知主体(人)到外部世界及其事物。规律与人在世界中的积极性原则相关。"[②]这意味着,能指与所指(包括所代表内容)之间的关系并不是绝对任意的,人积极走向外部世界,人的认知会赋予它们之间相对固定的对应形式,该形式依靠人对世界的符号化过程最终落定。尽管 Ю. С. 斯捷潘诺夫在书中并未对积极性原则做出严格定义,但是通篇的论述都体现出人的主观能动性对认识世界的积极影响。

---

① СТЕПАНОВ Ю С. Семиотика[M]. Москва: Наука, 1971: 129-130.
② 同① 130.

Ю. С. 斯捷潘诺夫通过光的反射理论的发展史予以说明。这与 С. И. 瓦维洛夫(С. И. Вавилов)院士的著作《Глаз и Солнце》(《眼睛与太阳》,1950 年)相关。瓦维洛夫在书中详细阐述了光的研究历史,研究什么是光、太阳的特性、光线的特征、人类眼睛的结构和眼睛获取光的方式。对光的兴趣早在古希腊罗马时期就已经产生,那时就出现了很多相关科学假说,就包括将视觉与光、光的物质性等同的论断,其实质是源于眼睛的视觉光线说。这一假说是古希腊时期光学的基础,其顽强的生命力一直以不同变体形式延续到 17 世纪。古希腊数学家基于这一假说创建了光的镜面反射理论:"创造镜像的光线不是从光源到眼睛,而是相反,眼睛以某种形式感受到从它发出的视觉光线的主要方向"[①],也就是镜像方向,然后这些光线经由镜子反射交汇于光源的位置,与我们现在所熟知的光的反射原理刚好相反。"从眼睛发出的光线的主要方向,根据古人的观点,以某种方式向大脑'发出信号',好像光线的汇聚并非产生于反射之后,而是在虚拟的点'A'',从眼睛最初射出的光线延长后交叉于此。"[②]光的反射理论示意图如图 2-9 所示。

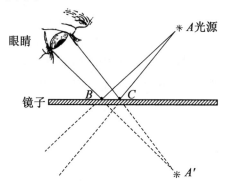

图注:A—光源(источник света),A'—A 的镜像。

图 2-9 光的反射理论示意图

古希腊学者认为人的眼睛(глаз)可以发射光线,它们如触手一般积极地伸向外部世界,直接交汇于镜子(зеркало)中的成像 A',然后这一虚拟镜像就作为视觉光线,捕捉主要对象,最后被大脑接收。这一过程就是积极性原则的直观体现。人积极从主观世界出发,探索外部世界,并基于经验事实,重构世界。重构过程中一些认知模式固化下来,进而演变为规律性认知,在语言符号中就成

---

① ВАВИЛОВ С И. Глаз и солнце[M]. Санкт-Петербург: Торгово-издательский дом "Амфора", 2015: 11.

② 同① 11.

为其特定的语义特征。

Ю. С. 斯捷潘诺夫指出,在符号学视域中,这样理解的光的反射问题涉及如下 3 个主要方面:"①镜子中的映像是眼睛(相当于大脑)和发光物体,即'光源'之间的物质媒介——符号;②对象以可见的形式分为两部分:我们清晰知觉到的对象 A 和镜后的虚拟镜像 A′;③如果光束从'光源'A 发出,那么镜后的 A′对于不知晓眼睛构造的古代人来讲就是明显的视觉幻觉,但是根据古人的观点,光束源自眼睛,那么镜后的 A′就不是幻觉,而是事实"①。以这几个方面为依据,可以做出如下结论:

(1)光的反射问题涉及 3 个物质系统,分别为眼睛或人的大脑、镜像和光源,3 者之间镜像是符号,在大脑和光源之间传递信息。

(2)古希腊时期普遍认为光线由眼睛发出,眼睛捕捉到镜中的映像并将信息传递回大脑,进而整合为光源信息的判断依据,那么在这个过程中,能指是眼睛和大脑,所指是光源。此处,能指—所指关系的确立就依据积极性原则。当时的学者认为镜像是事实,是大脑的"主要方向"。根据积极性原则,镜像 A′就是眼睛可以理解的事物的理想映像,就是事物的本质。

(3)根据现在的通识,光源才是光线的发出者,光线经由镜面反射被我们的眼睛接收,所以能指应该是光源。二者的对比显示古希腊时期和现今人类围绕光的反射问题所产生的能指—所指关系的变化。最重要的是,现在对光线反射理论的认识源自科学研究,而古希腊时期对该理论的认识则是非科学性的假说。

瓦维洛夫曾在书中表示,古希腊学者对眼睛的构造不甚了解,更不知道人的眼睛可以借助晶状体在视网膜上成像,所以如果认可光线自事物发出经由反射到达眼睛,"那么光线接下来的去向他们就不得而知了,也无法理解镜像形成于 A′,此外接近眼睛的光线是扩散的,而非汇聚"②。而采用光线自眼睛射出的理论则可以完美规避这么多无法解释的干扰因素,因此该理论在相当长的时间内占据"霸主地位"。这个事实说明,古希腊时期尚未形成对人眼结构的科学认识,在科学性欠缺的情况下,何种说法只要能够将反射现象诠释清楚,就可以采纳。对古希腊学者而言,这种说法恰恰依据积极性原则,即光线自眼睛射出。同样,还有古希腊风靡千年的地心说,也是人依据积极性原则认识世界的佐证。

---

① СТЕПАНОВ Ю С. Семиотика[M]. Москва: Наука, 1971: 131.

② ВАВИЛОВ С И. Глаз и солнце[M]. Санкт-Петербург: Торгово-издательский дом "Амфора", 2015: 12.

二、人的认知与微观世界—宏观世界的关系

微观世界与宏观世界的关系,"用其最简单和最古老的形式可以归结为'眼睛—太阳'这一公式。在人的自然符号系统中,存在微观世界(人的身体器官及其内在的精神世界)和宏观世界(地球、天空、天体)的语义关联"[①]。这段话非常完整地表述出这一规律的核心思想。Ю. С. 斯捷潘诺夫指出,在"眼睛—太阳"这一关联表述中,这个规律以最简单的形式体现为某个外部世界片段和知觉到这一片段的感觉器官之间的关系。前面提到,"眼睛和太阳"是瓦维洛夫著作的名字,那部著作论述的是光学领域的物理问题,但是 Ю. С. 斯捷潘诺夫却从中提炼出符义规律。瓦维洛夫认为,眼睛与太阳的对比古已有之,甚至与人类这个种族一样古老,当时将二者对比的根据不是科学,而是孩童和原始人类的想象世界与诗人诗意般的世界构想。根据 Ю. С. 斯捷潘诺夫的观点,这些构想的深层机理昭示着明确的认知符义特性。

从词源角度来看,古印欧语中"眼睛"和"太阳"之间有同源关系,古伊朗语的 sūil——眼睛(微观),哥特语的 sauil、立陶宛语的 saul——太阳(宏观)。Ю. С. 斯捷潘诺夫认为,符合这一规律且有这种同源关系的还有俄语中的一些词,如 стыдить(使羞耻)、стыд(羞愧)(微观)——студить(使冷却)、стужа(严寒)(宏观);мразь(败类)、мерзость(丑事、卑鄙的行为)(微观)——мороз(寒冷)、мраз(寒冷)(宏观)等。[②]这些词对中的微观部分主要表示人的精神世界,宏观部分对应着外部世界的自然情况,二者在词形和词义上都存在关联。从这种词源学角度出发,不仅能够发现微观世界与宏观世界之间的普遍关系,还能发现这一关系的一些变体。

变体情况 1:"上—下"(верх-низ)的对应关系。这个变体指的是在印欧语中这两个相对的概念往往用同一个词来表示:立陶宛语中的 săka——ветвь(树枝)——šaknis——корень(根);拉丁语的 altus——высокий(高的)(描写树和山)——глубокий(深的)(描写海、河、伤口)等。甚至在辱骂和夸赞的部分话语中也能发现这样的规律。Ю. С. 斯捷潘诺夫提出,如果将辱骂的话语对应于降低和贬低(принижение),而夸赞的话语对应着提升和提高(возвышение),那么这个规律还能体现为二者在同一词和同一形式的重合上。反映在民间故事中,这一规律体现为主人公褒贬合一的特质,这就构成变体情况 2。

---

① СТЕПАНОВ Ю С. Семиотика[M]. Москва: Наука, 1971: 137.
② 同① 137.

变体情况 2：民间童话故事中的傻瓜伊万（Иван-дурак）。傻瓜伊万是俄罗斯、白俄罗斯和乌克兰童话故事中最受欢迎的主人公之一，同时还是俄罗斯童话的经典形象之一，他是沙皇的第三个儿子，这个人物在故事的设定上不受瞩目。童话中，傻瓜伊万往往以最为蠢笨的形象出场，但是在故事的尾声，他又是最为睿智的那一个人，所以傻瓜伊万的童话形象愚笨与聪慧并存。巴赫金（М. М. Бахтин）认为这与人的形象思维有关，这一思维的基础是对世界的双体性和消亡与重生同时发生的认知。"双声道的形象结合了夸赞与贬斥，竭力捕捉交替的那一时刻，从旧到新，由生到死的那一过渡。这一形象——巴赫金绘声绘色地向拉伯雷（Рабле）描绘了自己的思想——同时解开真相和圆满完成。"①

变体情况 3：语义束"太阳—车轮"；"太阳—鸟、动物（部落的灵魂、图腾）"等，研究者在不同的古老文化中发现这些语义对应关系，是这条规律的另一种形式。

变体情况 4：不同民族语言中对光谱，色阶（цветовая гамма）的划分。这是特殊的规律变体。"一般的历史规律确凿无疑地表明，红色和黄色更早也更清晰地得以区分，并且自古就用不同词表示；绿色、天蓝色和蓝色区分较晚，而且区分得更差，经常被混用或用同一词表达；此外，该词有时还表示黑色。"② 荷马（Гомер）就从未将天空和大海说成蓝色，将草地说成绿色，而是将它们和铁一样，都表述为黑色。关于这种差异的原因，众说纷纭。有的学者认为这是古人的生物性特征造成的颜色区分障碍，有的学者认为这是古时物质生产水平影响色彩区分的结果。但是，Ю. С. 斯捷潘诺夫认为最合理的解释是符号学解释："可以这样概括：对外部世界色彩（宏观）进行精确的语言区分和表达，从人精确区分自身内在世界的精神状态（微观）开始；这一区分之后才进行，不是伴随着叙事诗，而是伴随抒情诗到来的。"③

荷马史诗是叙事体裁的长诗，无论从艺术技巧还是在历史、地理、考古学和民俗学方面，都为后人提供相当有价值的研究素材。它以诗的形式刻画各色人物形象，叙述完整的故事情节，特别是史诗体裁还能暴露出庄重肃穆，大气磅礴的厚重感、历史感，过分斑斓的色彩反而会冲击这种庄严的基调，因此在这种氛围中，人就不会甚至不需要区分如此丰富的色彩。而抒情诗则不然。这类诗抒发诗人在特定生活情境下激荡起来的思想感情，侧重直抒胸臆或寄情于景，对

---

① СТЕПАНОВ Ю С. Семиотика[M]. Москва：Наука，1971：138.
② 同① 139.
③ 同① 139.

故事情节或生活场景的叙述反而退居其次。客观事物在诗人内部世界的再现更多地服从于诗人的主观情感和精神状态,丰富的色彩成为诗人抒怀咏志的手段之一,甚至连"黑色"这种色调的情感内涵也更加饱满。于是,语言中色彩的精确区分变得必要起来。

整体而言,微观世界与宏观世界的对应关系是这一符义规律的实质,人的认知为人类的内部世界与客观外部世界搭建心物沟通的桥梁。在这一核心规律的指导下,"眼睛—太阳"的语义对应关系是与规律最为贴合的原型,二者的对应在词源学方面就已经相当明显,连同变体1(语义特征"上—下")在词汇语义方面的对应关系在内,Ю. C. 斯捷潘诺夫将它们称为语言的语义学关联。但是,Ю. C. 斯捷潘诺夫强调:"应当区分狭义的语言语义学和其他符号系统的符义学,比如神话符义学"①。因为"眼睛—太阳"这类对应关系并不总能在语言的语义学中体现出来,"这是考古学家和民族学家在批评 Н. Я. 马尔院士的错误时指出的。尽管'眼睛—太阳'类型的语义关系是无疑的,但它们并不总是出现在语言的语义学中。"②比如,在埃及语中就没有这样的对应关系——"太阳"从未转用到人体的视觉器官"眼睛"上,所以单纯局限于语言语义学的个别情况难免会以偏概全。作为普通符号学的符义学规律之一,微观世界与宏观世界这一对应关系还能在语言符号系统之外找到相应的变体,前面所述的变体2、3、4就是此类——变体2在文学符号系统中,变体3在神话符号系统或文化符号系统中,变体4在民族符号系统中。

但是我们发现,从规律原型到变体4所体现出的这些对应关系,根据典型性程度,可以大致分为两类:一类是"微观世界与宏观世界"这一规律的原型"眼睛—太阳"的语义对应关系和变体3、变体4,另一类是变1和变体2。这是因为,结合前面对变体1的论述,我们发现宏观与微观在"上—下"这类对应关系中并没有明显体现——"上"与"下"何为宏观,何为微观,Ю. C. 斯捷潘诺夫并未言明,反而是对立特征"上与下"在同一符号中的统一;睿智与愚钝(变体2中的语义对应关系)。所以,我们将变体1中体现的这一关系抽取出来,作为一个常体,在这条规律下形成两组常体—变体对应关系:"微观世界—宏观世界"的规律原型是常体,变体3和变体4是其变体;"上—下"这对语义对应关系是常体,变体2是其变体。所以,我们大胆提出,将"微观世界—宏观世界"和"上—下"这两类语义特征对算作并列关系更加恰当。而且如果算作并列关系,那么

---

① СТЕПАНОВ Ю С. Семиотика[M]. Москва: Наука, 1971: 139.
② 同① 139.

位于二者之上的更高一层级的关系应该是二律背反的符义对应关系。

三、人的认知与功能语义理论

最后,符义学规律中最为独特的是对 Н. Я. 马尔功能语义理论的符号学发展。该理论具体说来就是一个事物的名称会迁移到另一事物之上,同时后者在经济和社会生产中行使第一个事物的功能,其本质是一种符义置换。经济生产是民族社会生活的重要组成部分,民族成员在生产活动中的具身体认是促成新事物出现并在功能上替换旧事物的根源。只是由于人的认知是循序渐进的过程,因此新事物产生时,会首先使用旧事物的名称。这就是理论中提到的"名称的过渡"现象。

"这一规律最古老的形式就与'微观世界—宏观世界'的语义对应关系相关,因为名称最初是由人体器官过渡到可以执行这一器官功能的工具上。"比如,根据 Н. Я. 马尔的推测,很多语言中"斧子"(топор)最古老的名称可以追溯至"手",也就是说斧子在刚刚出现时被冠以手的名称,它同时代替手行使砍、劈、击打的功能,甚至可以比手更加高效。但是 Ю. С. 斯捷潘诺夫指出,在更为一般的形式上,这种名称转用的世界关系基于特征的相似构建,而非事物的功能。比如:ручка—рука(门把手—手)、носик—нос(壶嘴—鼻子)、спинка—спина(靠背、衣服背面—后背)、глазок—глаз(窥孔—眼睛)、зубец—зуб(锯齿—牙齿)等词。这是这条规律的第一个变体。

这条规律的第二个变体是将家用器具或生产对象的名称转用为一般抽象概念。例如:俄语词 основа 是从纺织术语转义而来的。法语中的 travailler(工作)能追溯到古法语词 travaillier(到处走),还有英语中的 travel(旅游)也能追溯到这一词,不仅如此,travel 还能追溯到更古老的 travouil, treuil(卷线机、绞盘),这两个词也是纺织业的术语。这一规律的佐证还有很多,在斯拉夫语(Трубачев,1966)、日耳曼语(Уфимцева,1962)、罗曼语(Рольфс,1928,1966; Будагов,1963)等语言中均有发现。

除此之外,Н. Я. 马尔还从语言学角度指出,经济生产中动物作为生产工具投入使用,在这种动物被替换时,新的动物不仅在社会生产中占据它的位置,执行它的功能,还会转用它的名称。比如,古时候,马的出现使鹿退出人类生活圈,但是鹿的名称却在很多语言中转移到马上面,这一点在表示鹿和马的语词上就能窥知一二。Ю. С. 斯捷潘诺夫还在阿尔泰地区的考古发现中找到了这一观点的符号学证据。简单而言,就是在殉葬之列的马被装扮成鹿的模样,这是形式方面的转用。鹿曾在该部落的生产和生活中扮演重要角色,由鹿参与的相关仪式和习俗在部落成员的心目中早已经根深蒂固,成为整个部落文化的一部分。因而,即便后期鹿被马替代,鹿的形式也难以抹除,所以造成殉葬仪式中马要被伪装成鹿的情况。

至此,Ю. С. 斯捷潘诺夫符号学研究发展到一个拐点——民族文化的符号学研究。对马的伪装这类文化行为属于物质文化的研究范畴,但它也能在一定程度上体现出这一部落的生活模式、价值观念、情感方式和习俗传承,所以又涉到民族共同体的精神文化方面。Ю. С. 斯捷潘诺夫认为,物质文化和精神文化齐头并进,共同进化,二者可以在文化观念词的语义内涵中有机统一,它们的进化关系也与观念词的语义进化同构。这部分研究构成观念符号学思想的主要内容之一。

但是,总体来说,Н. Я. 马尔的功能语义理论在物质符号系统中体现得最为清晰。因为新事物的出现总能在一定时间内占据旧事物的形式,并取代后者行使相关的社会功能,这是物质文化进化的必然现象。而在语言中,语词的形态和语义变化则没有总是体现出这样的替换和对应关系。所以,Ю. С. 斯捷潘诺夫划定这一规律更为精确的当代应用范围:"功能语义理论在物质符号系统中体现得更加连贯,而在语言中的连贯性较差"①。

本 章 小 结

Ю. С. 斯捷潘诺夫的普通符号学思想以提取语言关系在各符号系统中的体现规律为宗旨。符号学研究的事实来自社会与自然的方方面面。将这些事实进行粗略的划分可以得到生物符号系统、民族符号系统、语言符号系统和抽象符号系统。这几个符号系统还构成相应专门符号学的研究领域。对这些事实的细致划分则是在整合上述符号系统后,依据符号性由弱至强排列而成。这一符号系统连续统就是Ю. С. 斯捷潘诺夫抽取共性规律的对象。

Ю. С. 斯捷潘诺夫论述符号的定义、结构及其结构的模式化应用,还提出语言的标尺性、同质和异质符号系统以及能指—所指的辩证关系、微观世界—宏观世界的符义对应关系等思想。

首先,符号的定义和符号的结构是所有普通符号学理论必须要解决的基础性问题。Ю. С. 斯捷潘诺夫分4次递进式地给出符号的定义,涉及符号的离散性、时间属性和符号结构——弗雷格三角及其两个变体形式。此外,他还应用

---

① СТЕПАНОВ Ю С. Семиотика[M]. Москва: Наука, 1971: 142.

弗雷格三角阐释符号系统的层级关系，同时梳理语言符号学形式化学科及符义研究发展的历史脉络，体现 Ю. С. 斯捷潘诺夫对符号学史的思考。

其次，在 Ю. С. 斯捷潘诺夫的理解下，语言一方面是包括物理性或生物性行为在内的广义语言系统；另一方面是仅限于人类自然语言的狭义语言系统；一方面是复杂的语言符号系统，另一方面又是判断其他符号系统符号性的标尺。关于最后一方面，Ю. С. 斯捷潘诺夫指出，自然语言符号系统及其符号性特征是用于判定其他符号系统符号性的标尺，因而可以使用"在何种程度上'语言是之所是'"这种哲学说法判断符号系统的符号性。符号性的范围就呈现为"语言—弱语言—次弱语言—非语言"。根据符号系统与物质载体的可分离性程度以及语言的生物性相关程度，Ю. С. 斯捷潘诺夫划分出 9 个同质符号系统和两类异质符号系统，后者对应两种语言——一种用于描述某种相对完整的生活情形，另一种用以描述作家的诗学。之后，借助研究异质符号系统，Ю. С. 斯捷潘诺夫还为解决罗素悖论提出符号学方案。

最后，人的认知在符义研究中影响深远。能指—所指的辩证关系、微观世界—宏观世界的深层语义关系等都体现出人从精神世界走向客观世界的认知之旅。人知觉世界的方式决定能指—所指与物质系统的对应关系，某些关系会固化下来，固化的原因和关系的体现形式还根植于积极性原则。对 Н. Я. 马尔功能语义理论的阐发更是为 Ю. С. 斯捷潘诺夫开启了文化符号学研究的新篇章。

第三章　Ю. С. 斯捷潘诺夫的观念符号学思想

对观念的研究始于语言文化学,在 Ю. С. 斯捷潘诺夫的推动下,观念又进入符号学的研究视域,所以观念符号学思想可以视为语言文化学和符号学的交叉研究。Ю. С. 斯捷潘诺夫从事观念分析研究多年,他的《Константы: Словарь Русской Культуры》(《常量:俄语文化辞典》,1997 年)更是文化观念分析领域里程碑式的成果。凭借此部著作,Ю. С. 斯捷潘诺夫 2001 年获得俄罗斯科学院授予的达尔金奖(Золотая медаль имени В. И. Даля РАН)。在该书中,Ю. С. 斯捷潘诺夫全面、系统地分析了有关俄罗斯民族世界图景的文化观念,深入挖掘观念词的文化价值。观念符号学的最大创新之处就是把符号学方法引入文化观念词的研究中,提出独树一帜的"观念进化符号性序列"概念。此外,"进化"这一术语还凸显出 Ю. С. 斯捷潘诺夫文化观念研究的历史主义基调。但同时,Ю. С. 斯捷潘诺夫没有忽视共时维度,将各个观念序列间的共时节点联系起来,作为特定时代的文化表征。观念符号学的另一特色就是将物质和精神一同纳入观念分析领域,赋予事物以特殊的文化意义,考察事物与词在"观念化域"(концептуализированная область/ сфера)中的同义关系。最后,所有观念的形成又离不开人在社会生活中的体认,人的认知作用在观念分析乃至整个文化的发展进化中至关重要。

第一节　观念的定义、结构及研究方法

文化观念是 Ю. С. 斯捷潘诺夫观念符号学思想的基本研究单元,它本身还是透析一种民族的精神文化财富、描绘民族世界图景的有效工具。每个观念研究者都在不同的研究视域中定义观念。Ю. С. 斯捷潘诺夫对观念的定义源于他对社会生活现象的历史、认知思考。观念是一个民族语言文化史的载体,它具有多层级结构,从历时角度来看,可以分为现实层、历史层和词源层,结合每一个观念层级的不同特点,Ю. С. 斯捷潘诺夫提出了相应的研究方法。

一、观念的定义

"进入人类中心主义范式的人文科学中,学者们将语言现象置于同人的紧密关联中,结合人的意识和世界观,予以研究。语言现象在当代语言学的不同领域都得了积极研究。这种语言学领域的相关工作均涉及世界的观念化和范畴化过程。范畴化的主要形式和观念化的主要手段……是观念。"[①]观念最初在语言文化学中出现:"新的语言学领域——语言文化学——具有独特的范畴化机制,其中心就是'观念'概念。"[②]"'观念'作为术语,在苏联语言学中应用开始于1928年。当时,С. А. 阿斯科尔多夫(С. А. Аскольдов)的文章《Слово и Концепт》(词汇和观念)在杂志《俄罗斯言语》上发表。"[③]沉寂多年后,"观念"又经由 Д. С. 利哈乔夫(Д. С. Лихачев)和 Ю. С. 斯捷潘诺夫的科学巨著重新问世,获得了独具一格的诠释。

我们首先给出 Ю. С. 斯捷潘诺夫对观念的定义:"观念是文化在人意识中的凝聚;文化以观念形式进入人的心智世界。从另一个角度看,观念是人借以进入文化之中的手段,在一些情况下人还会对文化产生影响。这里的人是普通人,而非'文化价值的创造者'"[④]。Ю. С. 斯捷潘诺夫的观念本质上是一种思维单位,是各族人民在独特的社会文化生活中逐步形成的普遍思维方式,是文化与人互通、互塑的桥梁和手段。而且,从观念的形成看,既然它在人的意识当中形成,那么人的认知就会起到不可或缺的作用。Ю. С. 斯捷潘诺夫不仅是观念符号学的奠基人,还是语言文化学分支——文化观念分析学派的代表人物之一。其观念定义的认知特性与该学派的人类中心主义倾向不无关系。

文化观念分析"是要揭示出特定文化概念(系指观念——引者注)所蕴含的民族文化主体意识中想说而没说出来的内容即文化涵指对象,是民族意识中对文化概念对象的思考、感悟和经验体会,它所针对的是长久以来形成的、带有丰富精神特性的文化思想内容"[⑤]。文化观念分析是俄罗斯语言文化学研究的一

[①] КИЛЫБАЕВА П. К., ОТЕЛБАЕВА Д М. Концепт как антропоцентрическая единица[J]. Наука и Образование Сегодня, 2017(14):63.

[②] 同① 64.

[③] 同① 64.

[④] СТЕПАНОВ Ю С. Константы: словарь русской культуры [M]. Москва: Академический Проект, 1997:43.

[⑤] 彭玉海. 俄罗斯民族文化概念分析与解读[M]. 北京:中国社会科学出版社, 2020:76.

大分支,它一经出现就带有明确的人类中心主义倾向,这有着深刻的时代背景。从学术发展背景来看,"20世纪下半叶,结构主义大行其道迫使宏观语言学脱离主赛道,结构主义重视开展语言内部研究。20世纪末,人文科学的研究范式得以改变,语言研究的方向发生回转,语言学从旧有的唯科学、唯结构体系的研究范式转而向人本、认知和动态的语言学范式发展……语言学家的研究兴趣也就此改变——自内部的语言结构研究转变为语言使用条件的研究"①。学术研究中对人的关注度大大提高,不仅语言学如此,与文化学融合的语言文化学也是如此,那么文化观念分析对人这一要素的重视就不言自明了。

文化观念分析定位于俄罗斯民族的观念世界图景和语言世界图景,这一分支的代表人物为 Н. Д. 阿鲁秋诺娃、И. А. 斯捷尔宁(И. А. Стернин)、Д. С. 利哈乔夫、В. В. 科列索夫(В. В. Колесов)、В. И. 捷利亚(В. И. Телия)、Ю. С. 斯捷潘诺夫、В. И. 卡拉西克(В. И. Карасик)等。事实上,由于研究视角各异,目前学界对观念的定义远未达成共识,但是在这些定义中不难发现一些共性视角。

一些学者从认知语言学和心理语言学结合的角度定义观念,认为观念是无意识的意义闪现,它来自于人对世界的认知加工,加工的结果又能反过来重新投入思维活动。С. А. 阿斯科尔多夫把观念定义为:"等同于普遍概念,归属于意识活动,同时具备后者的特点,是在即时言语行为中人脑海中的、某种难以确切描述的东西"②。Е. С. 库布里亚科娃(Е. С. Кубрякова)认为:"观念应当是一种心理词汇,是在人脑概念系统中和人类心理层面对世界图景进行反射的记忆单位。"③这些单位从记忆中提取出来,用以构建人的内部言语(внутренняя речь)。И. А. 斯捷尔宁、З. Д. 波波娃(З. Д. Попова)则认为:"观念是高度概括的思维单位,是结构化的知识量子,人以观念的形式进行思考。"④

还有一些学者将认知与民族文化、民族思维、民族精神结合起来定义观念。利哈乔夫认为:"观念绝非直接源于语词意义而应当是语词意义同个体和民族

---

① 杨秀杰. 语言文化学的现念范畴研究[M]. 哈尔滨:黑龙江人民出版社,2007:26.
② БАБУШКИН А П. Типы концептов в лексико-фразеологической семантике языка[M]. Воронеж: Изд-во Воронеж. ун-та, 1996:70.
③ БЫСТРОВА Е А, ОКУНЕВА А П, ШАНСКИЙ Н М, Фразеологический словарь русского языка[Z]. Москва: ООО Фирм 《Издательство АСТ》, 2000:416.
④ ВЕЖБИЦКАЯ А. Язык. Культура. Познание[M]. Москва: Русские Словари, 1996:45.

经验相交汇的产物。"①因此,语词意义需要在人的认知领域经过一定的经验加工才能形成观念内涵,这些经验不属于个人,而是一个民族共同体的集体财富。В. А. 马斯洛娃(В. А. Маслова)认为,观念是思想的汇总和压缩,同时反映出该民族文化承载者所独有的特点。她将观念总结为具有语言文化标志性的语义聚合体,是表现所有民族行为内涵的某种知识量子,被"情感的、富有表现力的、评价的光环包围"②。А. 维日比茨卡娅(А. Вежбицкая)也不否认观念的民族性,她认为许多民族文化可以浓缩为观念,通过观念分析能够揭示民族的心智特征。在此基础上,她认为,对俄罗斯文化而言,关键词"心灵""命运"和"苦难"具有十分重要的意义。А. 维日比茨卡娅还划分出"理念"世界(мир "Идеальное")和"现实"世界(мир "Действительность"),认为观念来自于前者,具有名称并体现为人在文化制约下对"现实"世界的认识。

  Ю. С. 斯捷潘诺夫对观念的定义更加侧重于第二类,强调人在文化生活中的体验认知和观念与民族特性的内在联系。文化以观念的形式参与到民族世界图景的构建之中,它能够全面投射出一个民族的民族意识和民族心智,是形成民族文化共同体的纽带。反过来,人作为文化的参与者也通过观念感知民族社会文化,文化观念为人提供民族深层文化机制的认识途径。只是在认识的过程中,人与文化的关系是一种动态互塑的关系,人不仅受到文化的影响,还可以反过来影响文化,影响观念的内涵。这里的"人"首先是指普通人、大众群体中的人,其中既不包括科学研究者,也不包括各领域的专业人员,因为这两类人的意识问题已经涉及所谓的"科学世界图景"(научная картина мира)了。

  雅科夫列娃对此曾有过区分:"在所有研究语言世界图景的著作中,两种概念系统的对立十分显著——科学概念系统(为物理学、几何学、逻辑学、心理学等使用),其总和构成科学世界图景;还有所谓的'朴素'(наивные)概念系统(常用于朴素的物理学、几何学、逻辑学),人对这些概念的使用独立于他在某些学科方面的知识和对科学世界图景的掌握。"③而且,"铭刻于语言中的世界形式

---

  ① БОЛДЫРЕВ Н Н. Когнитивная семантика[M]. Тамбов: Изд-во Тамб. гос. ун-та, 2001: 24.

  ② ВОРКАЧЕВ С Г. Счастье как лингвокультурный концепт [M]. Москва: Гнозис.; 2004: 26.

  ③ ЯКОВЛЕВА Е С. Фрагменты русской языковой картины мира[M]. Москва: Гнозис, 1994: 9.

在许多重要细节上都与科学世界图景相区别。"①雅科夫列娃将自己的研究定位于"俄语语言载体朴素世界观的系统研究"②。Ю. С. 斯捷潘诺夫旨在研究的同样是这种质朴的、"单纯的",不涉及科学知识的概念系统,只是他的表述更加绝对,直接将科学概念系统的研究者和相关领域的参与者全部排出研究之外。

Ю. С. 斯捷潘诺夫以"法律"观念为例。在探讨"法律"观念之前,Ю. С. 斯捷潘诺夫首先将"律师"这一群体排除在外。律师是从事法律事务的专门从业人员,他们对"法律"的理解基于国家制定的相关行为规范和判定准则,基于具有国家意志性、强制性、权威性、客观性的不可撼动的规则体系,因此被 Ю. С. 斯捷潘诺夫排除在民族世界图景之外。与此相对,作为民族主体的普通人关于"合法"和"违法"的概念才能成为"法律"观念的内核。后者存在于民族主体的心智世界(ментальный мир),存在的方式既不是清晰的"权力划分"概念,也没有关于法律概念的历史进化,而是伴随着"法律"这一语词的概念、知识、联想和感受的"束"(пучок)。正是此处的"束"构成"法律"观念。"区别于具有独特术语意义的概念(比如'决议''法律行为''法律条文'等),观念不仅可以思考而且可以感受到和体验。观念是情绪、喜欢和厌恶的对象,有时还是争辩的对象。观念是人心智世界中的基本文化单元。"③

为了充分阐明观念的定义,Ю. С. 斯捷潘诺夫还从术语角度出发,区分"观念"和"概念",从而给观念研究定位。

从词源角度看,观念和概念一样。концепт 是拉丁语词 conceptus 的仿造词,是从动词 concipere—con-capere 派生来的,其义为"出现、孕育、蕴含"。понятие 来自古俄语动词 поняти,义为"抓取某物,占为己有,如:抢走妇女,当自己的妻子"④。显然,两个词都表示事物的归属意义,这就导致两个词偶尔同义。后来,这一现象还延续到早期的科学研究中,学者将"观念"和"概念"不加区分地使用。但是,现在,两个术语已经相当清晰地区分开了。

Ю. С. 斯捷潘诺夫指出,观念和概念是不同科学的术语:"概念主要用于逻辑学和哲学,而观念是逻辑学的一个领域——数理逻辑的术语,它最近也在文

---

① АПРЕСЯН Ю Д. Дейксис в лексике и грамматике и наивная модель мира[J]. Семиотика и Информатика, 1986(28): 5.

② ЯКОВЛЕВА Е С. Фрагменты русской языковой картины мира[M]. Москва: Гнозис, 1994:10.

③ СТЕПАНОВ Ю С. Константы: словарь русской культуры [M]. Москва: Академический Проект, 1997: 43.

④ 同③ 42.

化科学、文化学中使用,是我们这部词典的主要术语。"①

根据概念在逻辑学和哲学中的应用,概念可以划分为概念外延(объём понятия)、事物类型(класс предметов)和概念内涵(содержание понятия)——这类对象概念的共性特征和本质特征之和,又称"含义"(смысл)。在数理逻辑中,特别是在弗雷格和丘齐的系统中,只用术语"观念"来称谓概念内涵,因此"观念"是"含义"的同义术语,而概念外延则对应术语"意义"(значение)。"简单来说,词汇的意义是这一词汇根据该语言的规范所正确应用于的那些对象,而观念是词汇的含义。"②观念在当代语言学中也有类似的理解。

Ю. С. 斯捷潘诺夫以"公鸡"(петух)一词为例进行说明。"公鸡"就有意义和含义,其意义是具有特定外在形态(动物学特征)的禽类:行走的禽类,雄性,头上带有红冠,脚部有爪。意义指向所指对象。而"公鸡"的含义则是另一回事:①家禽;②公的、雄性;③用自己的歌声,以特定方式,指出昼夜更替时间的禽类;④根据自己的歌声称谓的禽类:公鸡(петух)来自动词 петь;⑤预言性禽类,与许多迷信思想和意识相关。尽管意义中的部分特征与含义有所重合,但二者的差异远大于共性。含义的部分特征是民族成员在社会历史生活中结合文化、习俗、习惯、仪式等,从对公鸡的体认中抽象出来的,涉及"民族世界观、价值观、民族观念以及意识中蕴藏的民族心理和人际社会活动中所传递的民族价值理念等深层文化机理"③。这与"公鸡"的科学定义,或动物学定义不同。因此,Ю. С. 斯捷潘诺夫认为,文化观念以名词的形式呈现,却具有比名词更为复杂的结构。其复杂性在于,进入观念结构的是所有使之成为文化的东西。

"含义——人们通向名词的路径"。弗雷格用这句话概括数理逻辑中含义和名词之间的关系,然而这句话对文化来说也十分公正,含义只是在文化学中还将观念的历史作为被压缩的、整合了的内容也包括进来。所谓观念的历史就是观念自产生以来的所有价值构成物、概念和形式要素聚合体,这些使观念成为文化事实的要素,连同对文化观念的当代联想、评价和伴随意义等被 Ю. С. 斯捷潘诺夫压缩为 3 个层级:词源层、历史层和现实层。Ю. С. 斯捷潘诺夫的这一划彰显文化观念所具备的层级结构。

---

① СТЕПАНОВ Ю С. Константы: словарь русской культуры [M]. Москва: Академический Проект,1997:42.

② 同① 44.

③ 彭玉海,彭文钊. 俄罗斯文化概念与民族世界图景[J]. 外国语文,2016(3):22.

二、观念的结构

　　观念蕴含着丰富的文化信息,它作为民族文化意志、民族文化智慧的高度抽象,从民族的日常生活和社会文化现象中提取出来,所以文化观念的体现途径也同样呈现出多样化特征。"参与观念构成的各项因素均从独特的角度呈现和揭示文化观念的哲学、社会、情感及精神内涵,集中展示各个民族所特有的文化殊性,而观念词所蕴含的上述信息和文化联想等内容都会通过特定的关系融入文化观念之中,它们构成了一个丰富的文化信息体,并以结构化和层级化的方式呈现出来,最终成为文化观念的语义结构。"① 在 Ю. С. 斯捷潘诺夫的观念符号学中,观念就以结构化方式分别存在于不同民族社会群体的集体意识之内。Ю. С. 斯捷潘诺夫于是形成下面的假说:"观念于不同层级中借由不同的形式存在,而且于这一文化中的人而言,观念在这些层级中具有不同的现实性。"②

　　Ю. С. 斯捷潘诺夫将文化观念的语义特征划分为 3 个成分:"基本的现实性特征;补充性的非现实性特征,即消极的、'历史性'特征;标记于词的外部形式难以觉察的内部形式特征。"③ 它们分别形成观念的现实层、历史层和词源层。

　　在第一层也就是现实性特征中,观念是使用这一语言的人互相理解和交际的手段,正因为观念是交际手段,所以在这一层级,观念包括在交际结构和思维过程中。在第二层也就是补充性的消极特征中,观念只有自己的历史内容具有现实意义,实际上只为那些以特定的社会共性结合起来的社会团体而存在。在第三层也就是观念的内部形式层或词源层,观念只由文化研究者发现,这部分语义特征是观念其余层级产生和维持的基础。"因此,观念的文化学内容中出现它的社会身份,因为观念不仅反映具体民族或具体共性文化的个人继承,还反映某种集体继承。确实,这是心智继承,尽管在文化风俗、信念、词汇、人工制品现象的字面内容中有着坚实的基础。"④

　　为了详细阐发这 3 个不同的观念层级,Ю. С. 斯捷潘诺夫对"三八妇女节"

---

　　① СТЕПАНОВ Ю С. Константы: словарь русской культуры [M]. Москва: Академический Проект,1997:68.

　　② 同① 47-48.

　　③ 彭玉海,彭文钊. 试析文化概念的生成与语义特性[J]. 外国语文,2015(1):68-69.

　　④ СУДАКОВА О Н. Семиотическая концептуализация культуры в работах Ю. С. Степанова[J]. Вестник Сплгуки,2017(2):64.

和"男人节"这一对观念进行历时考察。在近几十年的社会文化生活中,俄罗斯民族都将2月23日作为每一年的"男人节",而将3月8日当作"女人节"。在两个节日期间,全体男性或女性不论职业、年龄和社会阶层都能成为庆祝的主体,甚至连幼儿园的男孩和女孩都会在节日期间收到礼物与祝福。从节日的对象和庆祝方式来看,二者之间还产生一种对应关系——2月23日当天男性收到女性的礼物,3月8日当天女性收到男性的礼物。在Ю.С.斯捷潘诺夫的观念符号学中,这一文化生活事实也构成观念,而且这部分内容构成该观念的现实层语义。

但是,根据起源,这两个节日完全不同,甚至可以说二者之间毫无关联。特别是在老一辈俄罗斯人的生活中,2月23日是作为"苏联军队的节日"来庆祝的,也就是军人的节日,3月8日则是作为"国际妇女节"庆祝的,而且后者比之当下对它的理解要具有更加深刻的进步意义。国际妇女节肇始于社会主义女权主义者发起的政治运动,这一运动的重大意义是为妇女赢得尊重、欣赏和肯定,肯定妇女在经济、政治和社会领域中做出的贡献。它是"整个进步人类"为女性与男性获得同等权利而进行斗争的日子,是为妇女解放而斗争的日子,从这一意义上看,两个节日是"不对称"的。这构成这个观念的历史层语义。

对于历史学家和有一定通识储备的人而言,他们能够获悉关于这两个节日更悠久的史实。1918年2月23日第一次世界大战期间,苏联红军在对德战役中取得巨大成功。为纪念此次胜利,这一天在1922年被用作"红军诞生日"来庆祝。尽管后来苏联解体,但这一节日却在许多国家中保留下来,日后还经历了数次更名:1923年起改称"红军日",1946年起改称"苏联建军节",1995年起更名为"祖国保卫者日"。1909年,2月28日在美国被确立为全国妇女节,1910年德国共产党的创建者之一克拉拉·蔡特金(Клара Цеткин)组织来自17个国家的100名妇女代表筹划创建国际妇女节,之后在1917年的3月8日(俄历2月23日)发生了妇女罢工运动,运动的主要目的是纪念一战中丧生的俄罗斯妇女,其重大意义便是为"二月革命"打响了前炮。从这两个节日的历史可以看出,它们在起源上的差异和偶然的共性之处。这构成这个观念的词源层语义。

与两个节日相关的这3个情况都客观存在于俄罗斯民族的民族心智之中,但它们的存在方式和现实性程度却因人而异。很明显,近几十年间俄罗斯民族对这两个节日的理解构成了节日观念内容的主要特征和现实特征,它对所有民族成员而言都是实际的、积极的存在,同时能够充当人们在社会中相互理解和交际的手段,比如所有俄语母语者都清楚2月23日和3月8日是节日,是不用工作的日子或者收到礼物的日子等。观念的现实层语义除了隶属于精神文化范畴外,还纳入到交际结构和与交际相关的思维范畴化之中,如对"工作日"和"非工作日"的分类。

观念的历史意义仍然能够出现在节日的内涵中,但不那么活跃,构成其附加的、非积极的、"消极"的特征,仅仅能够在特定的人群中引起共鸣。比如2月23日对于老一辈人来说是军人的节日,3月8日之于女权运动的活动家来说具有重大意义等。在这些情况中,观念的特征主要在上述社会群体的内部交际中得到现实化,而非社群之间的外部交际。

第三个关于节日观念的论述在当代已经意识不到了,但它是这一观念的"内部形式"(внутренняя форма)或词源学特征。这一层的观念语义仅仅存在于研究者或特定知识群体的意识中,属于这个节日的词源知识,它揭示节日的词汇形式——日期"2月23日","3月8日"分别和男人、女人结合并体现出某种对偶关系的根源。对于民族整体而言,这一层是间接或潜在的,充当其余两个意义层级的基质。

在 Ю. C. 斯捷潘诺夫看来,观念是民族文化事实的缩影,是民族意志、民族思维内核透过文化现象的显现。观念的内容问题与其存在问题紧密相关,观念的3层级结构体现它在民族集体意识中的异质性存在方式,而异质性的根源则要从观念形成的历时维度深入剖析。观念在不同时期获取不同的语义特征,充满时代性的语义特征相互融合,共同构成丰富的民族世界图景。

三、观念的研究方法

观念具有丰富的含义和多层级结构,观念的复杂性使其研究方法也呈现出多样性特征。李迎迎将现行的观念研究方法分为自由联想实验法和多维观念分析法两类,其中,"联想实验的方法在我国大多用于二语习得的研究,联想有助于促进记忆词汇、学习词汇搭配、掌握语法结构等。在俄罗斯,联想实验法在当下心理语言学领域十分流行,是分析和阐释语言意识民族文化特点的重要方法。通过研究语言意识揭示民族的语言世界图景"[①]。俄罗斯运用这一研究法的有 С. Г. 沃尔卡乔夫(С. Г. Воркачев)、В. И. 卡拉西克、И. А. 斯捷尔宁、Л. О. 乔尔涅克(Л. О. Чернейко)。多维观念分析法则是指根据研究者目的、任务和语料等特点,从多个角度、运用多种方法细致阐释观念词,这一方法论还可以详细分出共时和历时两个方向,其中,Ю. С. 斯捷潘诺夫就是历时研究方向

---

① 李迎迎. 跨文化交际的语言文化观念理论研究视角[J]. 天津外国语学院学报,2010(1):27.

的代表。

根据上文所述,Ю. С. 斯捷潘诺夫对观念语义进行了历时的层级划分,并且指出,"这些层级是不同时期文化生活的结果"①。观念蕴含的语义序列承载着民族文化发展的厚重历史,彰显一个民族不同时期的集体精神财富。一言以蔽之,"根据 Ю. С. 斯捷潘诺夫的观念层级结构,语言文化观念层级的历时分析方法旨在研究文化观念在特定时期的变化情况,尤其关注观念在现实的、历史的和社会生活中的嬗变。可以通过对语词的词源、历史进化意义、社会现实意义进行考察深入挖掘民族的文化记忆中,进而逐步展露该民族的民族精神风貌和文化世界图景"②。结合观念的 3 层级结构,Ю. С. 斯捷潘诺夫提出一整套语言文化学、民族学、社会学、历史文化考证法相结合的综合性研究方法。

在词源学层级,也就是对观念词内部形式的分析,Ю. С. 斯捷潘诺夫采用定义字面意义(буквальный смысл)或内部形式(внутоенняя форма)的方法。

字面意义和内部形式是同义术语。内部形式作为语言学术语,最早由德国语言学家 B. 洪堡特在《论人类语言结构的差异及其对人类精神的影响》中提出。B. 洪堡特认为,内部形式与古老的传统和古代现实相关联,它表达一个民族的朴素世界模型与其先祖们的世界观,这些内容以词汇形式体现出来。著名语文学家 A. A. 波铁布尼亚也认可这一观点,A. A. 波铁布尼亚细致分析思维和语言的关系,深入研究词的内部形式、人类交际、诗学思维、神话思维、诗学文本等问题,形成一整套关于词的语言学学说③。在词汇的派生方面,A. A. 波铁布尼亚将语言的内部形式定义为"旧词的词义体现在现存词中的方式",并认为"现存的词是从之前的词中产生的"④,如 книг-а—книж-ный—книж-ность(书—书的—书面性),这 3 个词间的派生关系能够反映出词的内部形式,派生词中"内部形式"就是能产词的概念——与书有关的。尽管 A. A. 波铁布尼亚的定义仅仅针对词汇,但定义所展露的思想却可以用来进一步分析、概括非词汇现象。这时,К. Д. 卡韦林(К. Д. Кавелин)的方法为 Ю. С. 斯捷潘诺夫提供

---

① СТЕПАНОВ Ю. С. Константы: словарь русской культуры [Z]. Москва: Академический Проект, 1997: 49.

② 李迎迎. 跨文化交际的语言文化观念理论研究视角[J]. 天津外国语学院学报, 2010(1): 27.

③ 赵爱国. 20 世纪俄罗斯语言学遗产: 理论, 方法及流派[M]. 北京: 北京大学出版社, 2012: 9。

④ ВИНОГРАДОВ В А, КОВАЛВ А И, ПОРХОМОВСКИЙ В Я. Социолингвистическая типология. западная африка[M]. Москва: Наука, 1984: 20.

了方法论方面的启示。

俄罗斯历史学家、法学家 К. Д. 卡韦林在俄罗斯古代法律的研究中"关注浅层的、直接观察到的俄罗斯生活秩序特征,用我们的话来说,就是关注人们之间关系的'字面意义'"①。К. Д. 卡韦林在对社会习俗、仪式乃至迷信传说的研究过程中发现,这些对象的起源与当下人们赋予它的意义之间存在很大差异。现在业已成为传说和仪式的内容在若干年前正是当时人民生活的鲜活图景,只是在时间的推移和历史进步之下,"这些内容的原始意义随着条件的改变常常完全丧失,人民继续保留这些传说,遵循这些仪式,却已对它们不甚了解。人民逐渐赋予这些古代文献以意义,这些意义与他们的新生活相符。这样,就在事实的原始意义和人民对它的解释之间形成差异"②。

К. Д. 卡韦林的方法和 А. А. 波铁布尼亚提出的内部形式在本质上是一致的,他们都强调意义在发展过程中的积淀和更新,同时认为这种更新就蕴含在对象之中,我们所需要的就是直接观察,寻找它们的字面意义或内部形式,追本溯源。

伟大的古希腊历史学家修昔底德(Фукидид)的文献历史研究法也持有相似的观点。他的方法,简单来讲,就是基于文化遗迹进行逆向总结,根据社会生活中遗留的不同规章条例,对某些决策进行溯源,从而恢复它们的原貌,了解它们在当时是如何起效的。基于此,修昔底德还建议历史学家根据当下的某个物质遗迹总结之前它所携带的精神意义。现在,我们能够发现,字面意义可以在词汇中或与词汇相关的文化现象中出现,也能在无法用词汇表现的现象中出现。第一类现象的例子是节日"3月8日",其字面意义就是在3月8日而非其他日子庆祝以及这样做的历史缘由。第二类现象就是习俗、仪式,是一个完整的事件或文化现象,比如中国的嫁娶仪式、新媳妇给婆婆戴花、俄罗斯的新娘需要在离家之前哭泣,婚礼歌曲要体现悲戚和新娘即将离家远去的恐惧等。

在历史层级,也就是对补充性的消极特征、历史性特征的分析中,民族学家、历史学家和精神文化研究者的分析经验都发挥重要作用,只是他们的研究路径有所差异。

民族学家研究当代文化的深层内容,它以潜在形式存在于人的意识中,上面提及的卡韦林法在这里得到大量应用。杰出的俄罗斯童话家 В. Я. 普罗普

---

① СТЕПАНОВ Ю С. Константы: словарь русской культуры [Z]. Москва: Академический Проект, 1997: 49-50.

② 同① 51.

(В. Я. Пропп)就在他的童话研究中应用卡韦林法。普洛普认为需要比较童话和过去的社会机制,并且在过去的社会机制中寻找童话的根源。也就是说,观念研究需要转向历史。比如,"我们发现,童话中包含与现在不同的婚姻形式。主人公在远方找到妻子,而不是在自己的家乡。可能这里反映出异族通婚现象:很明显,新娘由于某种原因不能在自己的家乡找到结婚对象。所以,在童话中应该研究婚姻的形式,应该发现证实这种婚姻形式实际存在的那个制度和社会发展的那个阶段"[①]。随后,民族学者在亲缘结构和异族通婚现象中发现禁止同族男女婚配这一现象。

历史学家使用历史方法研究观念的这一层级。历史学研究也存在众多分支,每一个历史研究者的研究方法也与研究者个人对历史的看法紧密相关,正如 Ю. С. 斯捷潘诺夫以语言学为模型,建构符号学时说的那样,符号学家如何建构符号学体系取决于他看待符号学的方式,因此 Р. 卡尔纳普将物理学用作范本,而 Л. 叶尔姆斯列夫选择语言学。历史学家对历史研究体系的建构也是如此。比如,В. Я. 普罗普对历史的建构基于他对童话的研究,使用形式法;列维・斯特劳斯(Леви Стросс)在对"原始社会"文化,也就是史前文化的研究中,采用结构法;而 В. О. 克柳切夫斯基(В. О. Ключевский)在《Терминология Русской Истории》(《俄罗斯历史术语学》)中对历史的研究采用史实考证法,他的方法与 Ю. С. 斯捷潘诺夫的研究理念最为契合。В. О. 克柳切夫斯基详细研究历史材料中出现的术语,重视对历史事实的考察。他以社会生活事实的分类为依据,包含政治、经济、法律等与民族社会生活紧密相关的几大方面。在历史学术语的阐释中,В. О. 克柳切夫斯基将历史和社会发展对民族的影响也考虑进来,深入挖掘民族整体在历史进程中创造的精神产物,包括精神道德、伦理体系、民族意志、社会价值体系等。受其影响,Ю. С. 斯捷潘诺夫对文化观念的研究也从多个角度切入,与诠释观念背后的文化现象相比,Ю. С. 斯捷潘诺夫更加侧重深刻解读民族的思维方式和精神历程,重视考证观念形成的相关史实。文化现象只是思想的外在表达,文化观念历史意义的研究目的就在于透过现象,揭示民族在特定历史时期的所思所想。在术语的排序方面,Ю. С. 斯捷潘诺夫于《常量:俄罗斯文化辞典》中对观念词的排序理念与 В. О. 克柳切夫斯基对术语词条的排序一致,他们都没有拘泥于简单粗暴的字母排序法,而是根据这些词条之间包含的内在规律进行编写。

---

① СТЕПАНОВ Ю С. Константы: словарь русской культуры [M]. Москва: Академический Проект, 1997: 53.

还有一位历史学家的历史研究法对Ю.С.斯捷潘诺夫产生深远影响,这位学者就是Л.Н.古米廖夫(Л.Н. Гумилёв),他提出文化的继承性观点。在对俄罗斯历史的研究中,他发现传统的历史学家总是将俄罗斯史定性为自留里克王朝到戈尔巴乔夫时期的线性过程。然而,实际上从基辅罗斯到13世纪间的民族历史和自13世纪莫斯科公国开始之后的民族历史是两个不同的历史分期,这两个历史分期分别由两个民族政权主导,所以二者之间存在断裂。针对这一现象,Л.Н.古米廖夫指出,历史中真正具有继承性特征的不是民族传统,而是文化传统,文化传统才是真正贯通民族和国家的漫长历史与不同文化分支的核心支柱,正是人类精神思想的发展形成文化观念的历史,也使文化延续成为可能。所以,Ю.С.斯捷潘诺夫认为,"文化观念史因为观念的继承性特征才建构起来,这是因为观念自身就由继承的层级构成;继承性蕴含于观念之中"[①]。

在现实层级,也就是对基本的现实性特征的分析中,Ю.С.斯捷潘诺夫主要采取社会学方法。

Ю.С.斯捷潘诺夫的观念符号学主要定位于俄罗斯民族精神生活的整体风貌和俄罗斯社会的集体精神财富。文化科学的对象不是存在于个体意识中的概念,而是象征和映现一个民族的文化底蕴、文化式和文化价值的观念。观念的形成凝结着厚重的民族意识、鲜明的民族统觉,可以作为俄罗斯社会集体成就的代表。因此,Ю.С.斯捷潘诺夫认为观念的现实特征必须面向整个社会加以概括总结,在这里他应用社会学方法。

法国社会学家Э.涂尔干(Э. Дюркгейм)首次提出"集体意识"(коллективное сознание)这一术语。涂尔干认为:"集体意识是由社会各个成员构成的基质,或者是悬于空气之中的、好似一种不可思议的绝对精神一般的存在。"[②]这意味着集体意识是存在于个人之外的,不以人的意志为转移的社会意识形态,它是某种强制力量赋予的思维方法,构成社会生活中独特的事实范畴。这些事实由概念和行为构成,以社会事实自居(比如仪式、风俗)。因此,研究观念就是研究它们在社会中自处的方式。涂尔干对集体意识的阐释带有明确的唯实论特征。集体意识既形成于社会的整体环境,又与社会成员共存。它既源于社会成员的风俗习惯、行为规范、责任观与义务观等等,又反过来对人的价值观、道德观、信仰和情感进行干预,强制社会成员服从它,逐步建立起一个

---

① СТЕПАНОВ Ю С. Константы: словарь русской культуры [Z]. Москва: Академический Проект, 1997: 56.

② ДЮРКГЕЙМ Э. Социология: её предмет, метод и назначение, метод социологии[M]. Москва: Канон, 1995: 99.

集体认同,集体无意识的民族文化共同体。Ю. С. 斯捷潘诺夫对这一观点非常认同。

在研究集体意识时,Ю. С. 斯捷潘诺夫诉诸个体的言语交际过程。"观念现实层见证于语言的组合体和聚合体中,且被当代词汇相应单位的通用特征所表示。"①"集体意识形成于语言交际过程(个体思想的交换),也就是假定语言中心智结构必然形成并且能够现实化,所以文化观念必然通过语言而客观化。"②语言符号观念层的改变比义项的改变更加动态,而且可以暴露在言语交际中,比如,通过词汇使用领域的变化,通过在变化的社会文化条件或哲学概念的新情境中对词汇的使用,通过词汇的句法,实现其动态化特征。③

第二节 观念的进化符号性序列与观念化域

观念的进化符号性序列是Ю. С. 斯捷潘诺夫观念符号学思想的核心概念之一。其形成从英国文化进化论学者Э. Б. 泰勒的进化主义思想和Н. Я. 马尔的功能语义理论得到启发,并且以能指—所指这对符号学术语为建构工具。观念的进化符号性序列受启于物质文化在人类进化史中的演变,落脚于精神文化的凝结——观念研究。此外,Ю. С. 斯捷潘诺夫还考虑到序列可能出现的断裂情况,但是在观念化域中这种情况不会影响序列的完整性。

一、进化序列

进化序列(эволюционный ряд)是Ю. С. 斯捷潘诺夫根据Э. Б. 泰勒的文化进化论提取出来的术语。"这个概念还是在20世纪70年代引入的,这个术语没有对应的概念,是我们的术语……它是研究观念进化(эволюция концептов)的原点。"④这说明Э. Б. 泰勒的理论中并没有明确提出进化序列的观点,是Ю. С. 斯捷潘诺夫结合Э. Б. 泰勒理论的进化性和理论中文化现象进

---

① ПРОСКУРИН С Г, ХАРЛАМОВА Л А. Семиотика концептов [M]. Новосибирск: Ново-сиб. гос. ун-т, 2007: 47.

② ДЮРКГЕЙМ Э. Социология: её предмет, метод и назначение, метод социологии[M]. Москва: Канон, 1995:61.

③ ПРОСКУРИН С Г, ХАРЛАМОВА Л А. Семиотика концептов [M]. Новосибирск: Ново-сиб. гос. ун-т, 2007: 47.

④ СТЕПАНОВ Ю С. Константы: словарь русской культуры [Z]. Москва: Академический Проект, 1997: 61.

化的序列形式提出的。进化序列一方面指出文化现象历时更迭的进化特性，另一方面指出文化现象进化的内部特性，也就是在文化现象分类的内部进化所遵循的路径。

（一）文化现象的进化序列

Э. Б. 泰勒（Э. Б. Тайлор），英国人类学家、文化史和民族进化学派创始人。Э. Б. 泰勒对文化的研究基于达尔文的进化论。在他的时代，人类学中盛行一种民族退化论思想，该思想认为落后的民族已经衰退，因而是不合格的民族。Э. Б. 泰勒对此进行激烈的批判，指出人类社会是不断发展进化的，世界文化是一个有机整体，每一个民族对文化的进步都做出贡献。Э. Б. 泰勒在1871年的著作《Первобытная Культура》（《原始文化》）中将文化定义为："一个相当复杂的整体。其中囊括知识、信仰、艺术、法律、习俗，还有人类在社会生活中所掌握的一切能力和习惯。"[①]文化的进步就蕴藏在这些知识、信仰、能力和习惯的进化序列之中。从人类文明的整体角度来看，这些进化具有广泛的共性特征，这"允许我们能够通过同样的原因解释相同的现象"[②]。

Э. Б. 泰勒认为所有文化现象，包括由人创造的物质对象，如武器、器具、工具等，还有心智对象，如风俗、仪式、信仰等，都具有明确的进化性。它们的进化都以序列形式呈现出来。比如，在远古人类对工具的创造和使用中，Э. Б. 泰勒发现，"考古学家在文物挖掘过程中发现一代又一代有趣的武器，比如青铜刀具，它们是根据笨拙的石斧的形状做出来的，这可能表示从石器时代向青铜时代过渡的初步阶段。这一阶段之后接踵而来的是长足的进步时期，新的材料成为更方便，更有利的模型投入使用"[③]。Э. Б. 泰勒的追随者、考古学家和收藏家 О. 皮特·李维斯（О. Питт-Риверс）甚至根据 Э. Б. 泰勒的进化序列创建完整的兵器收藏，现在展于牛津大学。

Э. Б. 泰勒的这个例子主要体现物质事物发展演变的进程，但是文化中没有任何纯粹的物质现象或精神现象，它们总是交织在一起。"人类在社会实践中既创造了物质财富，也创造了精神财富，不仅改善了自身赖以生存生活的客观物质条件，还使人类形成了自身所独有的意识形态、思维能力和生活方式……而在人类生活与动物生存的区别方面，人类可以超脱动物性，究其根本因为是文化的精神方面和物质方面始终交织在一起，互为表里、难以分割。因此，从广

---

① ТАЙЛОР Э Б. Первобытная культура[M]. Москва：Юрайт，2019：37.
② 同① 28.
③ 同① 29.

义理解,'文化'应当包括精神和物质两个方面,即指人类历史中所创造的物质财富和精神财富的总和。"①那么回到 Э. Б. 泰勒的例子中来。在青铜刀具和石制武器的关联中,我们不应该仅仅看到这些工具在物质形态上的继承关系,还应该发现原始人类在工具制作中思考过程的演变,包括工具形式、材料、图纹的艺术性、个别功能的改良等,只是这些原始先民的"思考"必须依托两个物质器具之间的进化关系才能获悉。总而言之,作为事物的斧头给出了斧头的观念,尔后,新的斧头乃至刀具又在这一观念的影响下得以成型。"文化中包含着各种不同的阶段,它们是文化发展或进化的不同时期,而其中,每一个现阶段都是前面一个阶段发展而来产物,同时它还会对文化未来的发展产生相当大的影响。"②这一点在斧头的进化序列中体现得非常明显。在这个例子中,Э. Б. 泰勒使用"模型"(модель)这一术语解释斧头序列的进化依据,在 Ю. С. 斯捷潘诺夫看来,这个"模型"就是制作事物的"方案"和"原形",它标记在观念之中,为新事物的产生提供范本。③

(二)进化序列的内部进化性

文化序列的内部进化性在斧头的进化过程中就已经显露无遗。斧头的进化在斧头这类工具的内部进行,这种内部的进化性还能从植物和动物的类型学研究中窥知。"著名地区所有植物和动物的类型清单给我们提供了这一地区植物和动物的区系概念,与这一点相似,构成大型民族生活一般特性的现象,它的完整清单总结了我们称之为文化的全部内容。我们知道,相距甚远的地球领域产生了这些植物和动物的类别,在这些类别之间存在着惊人的相似,但绝不是等同。我们在这些国家居民的发展和个别的文明特征中发现的也正是这一点。"④这里,Э. Б. 泰勒运用了达尔文的进化论观点,达尔文认为地域隔离可以产生新物种,但是这些物种可能源于同一祖先。Э. Б. 泰勒将这条规律应用于人类文明和民族文化的进化之中,尽管我们源于共同的人类始祖,但是在漫长的迁徙活动和地壳板块的移动中,人类文明产生分化,逐步在不同的地理区域次第演化,古今衔接,序列一致。

为进一步阐明这一观点,Э. Б. 泰勒还引入一个术语"文化遗留"(surviv-

---

① 戴昭铭. 文化语言学导论[M]. 北京:语文出版社,1996:5.
② 泰勒. 原始文化[M]. 连树声,译. 上海:文艺出版社,1992:1.
③ СТЕПАНОВ Ю С. Язык и метод: к современной философии языка [M]. Москва:Языки Русской Культуры,1998:79.
④ ТАЙЛОР Э Б. Первобытная культура[M]. Москва:Юрайт,2019:33.

al)。Э. Б. 泰勒在《原始文化》中对其做出的表述如下:"我们按照地球上留存的痕迹探求世界文化,在这些协助我们探索的痕迹中,有一个广泛的事实层级。我提出'遗留'这一术语用以表示这些事实。我发现仪式、风俗和行为准则等都会从一个初级的文化阶段转移到另一个较高级的阶段,遗留就是这些内容在初级文化阶段鲜活的见证"①。文化的进化过程是层级递进式的,任何时代每个风俗习惯的形成都非一日之功,必须要经过几个阶段的转换更新与融合才能成其终态。但是它们的变化也并非不着痕迹,文化因素的"遗留"对于任何一个文化现象而言,无论是物质的还是精神的,都是共性存在,而我们正是可以根据文化的"遗留"追踪每个文化现象个性化的历史发展轨迹。

Э. Б. 泰勒对精神文化的演变也同样重视。他认为观念也如物质文化一样,会随着人类社会的变迁而融入不同的文化因素,精神文化观念的内涵也可以如物质事物的演变序列那样进行类似的讨论。但是,Э. Б. 泰勒将这些观念的独特序列置于泛灵论(теория анимизма)中考虑,这项研究就转而进入哲学领域。尽管在研究过程中 Э. Б. 泰勒也对这些观念相关的民族仪式和风俗进行了描述,但对它们的分析均具有强烈的形而上学色彩。

此外,文化序列的内部进化性也为 Э. Б. 泰勒的进化序列研究带来了弊端。Э. Б. 泰勒只重视文化现象在各自序列内部的进化过程,却忽视进化序列之间的共性联系,这一点为 Ю. С. 斯捷潘诺夫所批判。他提出:"在不同进化序列的同一时期存在相互对应的共时节点,首先需要在共时节点之间确立相似关系,这些关系构成'范式',或这一时期的'风格'(стили)。"②这一部分,我们在下面详细讨论。

从 Э. Б. 泰勒时期开始,对进化序列的研究和"根据序列系统化"这一方法就成为物质文化史研究中的必然原则。从自然语言词汇的研究开始,精神文化领域的工作也逐渐从属于这一规则。Ф. 梅林格尔(Ф. Мерингер)于 1909 年在德国创办杂志《Слова и Вещи》(《词汇与事物》),主要刊登根据这一原则进行研究的成果。法国研究者 А. 莱鲁阿古兰(А. Леруа-Гуран)在 20 世纪 40 年代收集古代经济史的各项名录,依托这些资料他随后也转向"物质—精神"序列

---

① 黄淑娉,龚佩华. 文化人类学理论方法研究[M]. 广州:广东高等教育出版社,1998:20.

② СТЕПАНОВ Ю С. Язык и метод: к современной философии языка[M]. Москва: Языки Русской Культуры, 1998: 80.

的研究,他的著作《Религии Предыстории》(《史前宗教》)就是这一研究的代表。① Ю. С. 斯捷潘诺夫则是将研究旨趣置于文化观念之中,将进化序列的进化性和文化现象进化的序列形式与观念研究有机结合,辅以符号学方法,推出观念的进化符号性序列。

二、进化符号性序列

进化符号性序列在进化序列的基础上融入符号学的研究方法,具体而言就是能指—所指这对符号学术语的应用。俄罗斯语言学家 Н. Я. 马尔的功能语义理论及 Ю. С. 斯捷潘诺夫对该理论的发展在普通符号学思想中已有论述,其中蕴含的文化现象的进化关系也可以借由能指—所指这对术语表示。Н. Я. 马尔的功能语义理论和 Э. Б. 泰勒的文化进化论共同为 Ю. С. 斯捷潘诺夫的进化符号性序列提供启示。

(一)功能语义理论与能指—所指关系

Н. Я. 马尔的功能语义理论是 Ю. С. 斯捷潘诺夫普通符号学和观念符号学思想的交汇之处,这一理论的相关内容在本书第一章第二节和第二章第四节均有论述,分别聚焦于功能语义理论对观念符号学思想的启发作用和理论本身的诠释与发展。本节的这部分内容则是旨在阐明 Н. Я. 马尔功能语义理论为观念符号学提供的又一启示——能指与所指这对符号学关系的具体体现。

Н. Я. 马尔的功能语义理论主张,经济社会生产中新事物能在功能上替换旧事物,之后还会继承后者的名称。在 Ю. С. 斯捷潘诺夫的发展之下,事物和名称的二元对立关系又具有了"事物与形式"这一变体,"具有旧事物社会生产功能的新事物会在一段时间内拥有旧事物的形式"②,它们都具有能指—所指的符号学对应关系。这一点我们在实际的社会生活中屡见不鲜,很多物质文化现象都体现出了这样的进化关系,比如,第一批面世的汽车保留马车的外观,甚至像马车那样将司机与乘客的车厢隔离开,分别置于两个独立的空间;第一批电灯的形状与煤油灯或煤气灯类似;第一批电梯带有镂空的花纹图案和装有栏杆的楼梯缓台,并且无棚;第一批机场也与火车站类似,航站楼修建得很长,乘客需要大步流星地行走,否则将会错过航班。实际上这些形式上的相似毫无技术必要,但是却依然保留下来,这要归因于人类社会变迁的循序渐进。毕竟大幅

---

① СТЕПАНОВ Ю С. Язык и метод: к современной философии языка [M]. Москва: Языки Русской Культуры, 1998: 80-81.

② СТЕПАНОВ Ю С. Семиотика[M]. Москва: Наука, 1971: 142.

的革命式跨越会给人们带来巨大的冲击,而人类社会的高速发展进程会缩短这一旧形式的"寿命",进化是人类社会发展的最终规律。

新的事物替换旧的事物并在一定时间内保留后者的形式,之后旧的形式更新再与这一事物对应。这是一种交错式的嬗变。在这个过程中,旧的形式与旧的事物呈现能指—所指的对应关系,新事物替换旧事物是发生在所指上的替换,其结果是新的能指—所指对应关系由旧形式与新事物构成。之后,随着对这一新事物认识的加深,人开始在形式上对其进行改造,这一行为促使旧形式更新,更新的目的是与新事物的功能相契合。那么在这个过程中,人的认识方向就是自事物开始到达形式,因此,新的事物是能指,更新后的形式是所指。综上,我们可以发现,在事物替换和形式更新的两个过程中,事物和形式何者能成为能指没有固定的说法,需要依据具体的情况而定。这实际上就是能指—所指的辩证关系要求的。Ю. С. 斯捷潘诺夫敏锐地发现这一点,并将之应用于观念进化符号性序列的建构中。

(二)观念的进化符号性序列

观念在文化领域中具有复杂的建构机制,一方面,观念是文化在人意识中的凝聚,而文化包括物质文化和精神文化,物质文化现象的进化特性和序列形式也能应用于精神文化,因此,所有观念都具有进化序列的形式;另一方面,观念的进化序列还能体现出能指—所指的历时对应关系,其中能指和所指所代表的具体内容并未固化下来,而是与序列进化的时代特性相关。

根据Ю. С. 斯捷潘诺夫的观点,观念的进化符号性序列首先基于观念的3层级结构形成,其中的3层级语义构成一种层级进化关系。文化观念词蕴含丰富的语义特征,Ю. С. 斯捷潘诺夫指出,不同社会共同体对同一文化观念词的认知互有差异,而正是这些差异造就观念语义的层级结构。其中,最为广泛的,可以为民族集体所感知的观念语义是最现实、最积极的语义特征层,作为历史积淀下来的语义则只被部分社会群体感知,属于观念词源意义或内部形式意义的语义特征则只有专业的研究人员可以参透。这3层语义特征,对于观念的词汇形式而言呈现出一种累积和沿承的关系,所有语义的加和构成观念的全部文化内涵。而对于民族整体的认知而言则呈现出符号学意义上的置换关系,是旧的观念语义在历史文化变迁中逐渐被新的观念语义取代的关系。这就能解释为什么一个民族最广为接受和使用的观念语义是其现实语义了,甚至多数民族成员仅仅知悉某些观念的现实语义。

据此,Ю. С. 斯捷潘诺夫为观念的进化符号性序列做出定义:"如我们上面所说,如果观念由不同时间产生的层级构成,那么观念的进化就很自然地表现为某种连续形式,或序列形式,序列的环节就是观念的阶段,或者说,是该观念在不同时期的状态。观念发展的不同时期依次分布在这些环节之间,立刻就能显露出形式和内容的特殊继承性关系,由于这些关系,观念旧阶段中的某物会成为其新阶段的符号。这些关系应该因此与符号学原则相关,或更确切地说,与符号系统的组织原则相关。因为对符号系统的研究经常称作符号学,我们将观念分布成的序列称作进化符号性序列。"①"进化符号性序列是符号学空间中的基本单位。它预设了进化过程的继承性和符号学信息的累积性特征。"②

观念在文化领域中具有复杂的内在建构机制。因为观念的文化语义十分丰富,根据民族文化发展的历时维度,每个观念自身就能够形成独特的符号学层级和进化序列。因此,每一个观念文化语义的累积过程都可以通过进化符号性序列的方式呈现。在此基础上,Ю. С. 斯捷潘诺夫进一步挖掘了观念序列之间的对应关系。

他认为,观念的进化符号性序列可以在文化的物质层面和精神层面同时且平行地出现,从两个序列的进化过程中能够发现某种对应关系或协同的进化关系。因为,"非常明显,属于物质文化和社会仪式、规则条例的事物也归属于人的价值观、理想典范和立场,以及他们对世界和在这个世界中生活的思考"③。所以,物质文化的变迁也会在精神文化领域中引起相应的转变,并且两种变化之间也能呈现出能指—所指的符号学关系。由于序列的节点,也就是各个时期的观念,都以名词(或名词意义的表达)为表达形式,物质文化和精神文化序列之间协同进化的证据自然地体现为两列观念词的协同进化。

观念是物质文化和精神文化的凝结,其载体就是观念词。Ю. С. 斯捷潘诺夫在英语和德语的"轿式马车"—"汽车"与"轿式马车"—"车厢"这两个序列中发现了功能语义所言的那种名称过渡现象:由马驱动的马车,其名称迁移到自动汽车和车厢之上。同时,Ю. С. 斯捷潘诺夫还发现,"许多汽车和铁路事业的专业术语随着功能的迁移而产生:例如俄语词 шофёр 从法语借用而来,意义依

---

① СТЕПАНОВ Ю С. Константы: словарь русской культуры [M]. Москва: Академический Проект, 1997: 61.

② ПРОСКУРИН С Г. Курс семиотики. язык, культура, право[M]. Новосибирск: Новосиб. гос. ун-т, 2013: 49.

③ ВЕЖБИЦКАЯ А. Понимание культур через посредство ключевых слов [M]. Москва: Языки Славянской Кульиуры, 2001: 15.

次变化为:锅炉工人—机车司炉—汽车驾驶员、司机及其他词"①。在上述序列中,前两个序列所体现的变化位于物质文化领域,代表科技进步所带来的交通工具和工具职能的革新,后一个序列在精神文化中与前者相应而生,表示科技进步,包括其产生的结果——交通工具革新,会促使相关观念在民族群体意识中发生语义分层。这些分层可以显露出某种进化趋向,后者与科技进步的趋向一致。所产生的结果是,生活时代越是趋近于当代社会的民族生活者,他们对汽车、车厢和 шофёр 的认识就越与观念序列的起点不同,同时也愈发接近纯粹的现实层语义。而且这些语义分层的进化与科技进步的阶段耦合,呈现出能指—所指的符号学关系。

还有一些观念更加倾向于纯粹的精神文化领域,比如"爱情""信念"等。对于这类观念的进化符号性序列而言,语义置换的符号学关系在观念自身的进化过程,即观念词和内部语义层级间的置换关系中体现得更为透彻。

但是,Ю. С. 斯捷潘诺夫并没有放弃为这些观念寻找相应的物质文化的观念进化符号性序列。"在最典型和一般的情况下,事物序列与它们相应的概念、观念相结合并进入符号学关系中。因此,特定的'仪式'是'爱情'的表达和符号等"。②如此一来,哪怕是纯粹的精神文化观念序列也有物质文化的观念序列与之相应,因此,在 Ю. С. 斯捷潘诺夫的阐释下,序列间的符号学关系是十分客观的。人类世界中的任何一个文化现象都不会是绝对单一特性的存在,它们为人所识、所感,并非仅仅依托心智世界的幻想,而是必然与外在世界的某种物质性存在共现。放眼人类文化史,人类精神文化的进化大都与物质事物的革新齐头并进,看似相互独立的进化符号性序列——比如"仪式"属于物理行为,而"爱情"属于心智领域——却能够相互交叉并产生本质上新的观念意义,这正是源于符号系统的组织原则。根据 Ю. С. 斯捷潘诺夫的观点,这是物质文化和精神文化互通的又一深刻理据。

总之,观念的进化过程是一个不断过渡、继承和沉淀的过程。其中承载着民族心智的集体财富,财富的累积以进化序列的方式历时呈现,逐步展现出一幅完整的民族世界图景画卷。在民族世界图景的研究中,Ю. С. 斯捷潘诺夫最与众不同之处无疑是引入符号学方法,他采用符号学方法逐步勾连观念的进化历程。这一方法与文化观念的语义积淀形式最为契合。

---

① СТЕПАНОВ Ю. С. Язык и метод: к современной философии языка [M]. Москва: Языки Русской Культуры. 1998: 85.

② СТЕПАНОВ Ю. С. Язык и метод: к современной философии языка [M]. Москва: Языки Русской Культуры, 1998: 21.

观念描写现实,独特的现实对应着人的心智世界,观念和心智世界都是非物质性的,是无法直接观察的,观念阐释的复杂性就在于此。然而,观念研究的基础——风俗、习惯、仪式、词汇的字面意义等都是客观可察的,这些内容使进一步挖掘集体意识成为可能。观念的文化内涵由不同历史时期形成的语义层级积累而成,语义层级之间并不是毫无关联的堆砌,而是由一种内部的继承性关系整合起来。毕竟,观念的语义进化是一个连续过程,继承性就蕴含于观念之中。但是,观念的继承也会存在断裂,只是这种断裂不会超出一定的范围,不会破坏作为同一观念的整体性。这就引出了 Ю. С. 斯捷潘诺夫对"观念化域"的讨论。

三、观念化域

观念化域就是针对观念进化过程中可能存在的断裂情况提出的。Ю. С. 斯捷潘诺夫在观念词的词源学分析中发现了命名的非偶然性现象,这一现象说明,看似不相关的观念语义之间实则存在着某种关联,关联性的强弱与观念语义特征间的离散程度呈负相关,但无论如何,这些语义特征的选取与结合从未超出特定的语义序列范围。Ю. С. 斯捷潘诺夫认为观念语义特征的这种选取过程就是观念语义进化序列在文化领域中的形成过程,名词的语义发展规律已经从语言领域转移到与语言尤为相关的文化领域。观念词的语义特征在民族文化生活中产生并逐步积淀而成,那么,作为观念语义形成和进化基础的那个允许语义离散存在的文化领域就是"观念化域"。这里涉及两个需要展开说明的问题,其一为文化观念中命名的非偶然性,其二为"观念化域"这一概念的阐释。前者是后者的基础。

(一)命名的非偶然性

Ю. С. 斯捷潘诺夫认为命名具有非偶然性,同时具有深刻的理据性,这种理据性首先潜藏在观念词的内部形式中。对现象和事物的命名问题,早在 Ф. де 索绪尔时期就已经有所论述。他在《普通语言学教程》第一编《一般原则》中就判定了语言符号的性质,其中一个小标题就以"符号的任意性"为名。"能指和所指具有任意联系,或者,因为我们认为符号是由能指和所指相联结而构成的整体,所以更直观地说:语言符号是任意的。"[1]但是这种任意性"不应该理解为能指取决于说话主体的任意选择,我们的意思是,能指是不可论证的,即对现

---

[1] 索绪尔. 普通语言学教程[M]. 高明凯,译. 北京:商务印书馆, 2015:95.

实中跟它没有任何自然联系的所指来说是任意的"①。Ф. де 索绪尔的这一观点是针对他所提出的能指与所指这两个术语而言的。Ф. де 索绪尔视域中的符号由能指和所指构成,能指代表音响形象,所指代表概念,所以他认为发音和概念之间的联系是任意的、无理由的。Ф. де 索绪尔基于这一观点形成的语言学理论直接为结构主义大厦夯实了基础,尔后形成的结构主义三大学派直接引发了新的人文科学范式。

在观念进化符号性序列的研究中,Ю. С. 斯捷潘诺夫总结多位学者对观念序列的看法,其中还包括一位对观念的能指与所指持任意关系的学者——Б. А. 谢列布连尼科夫(Б. А. Серебренников),他认为观念的进化序列是偶然联想的结果。Б. А. 谢列布连尼科夫认为经验为对象物创造固定的概括形式,形式先于其命名。他还认为,最广泛的命名方法是使用业已形成的语音综合体,即某种先前就已存在的词或声音模仿的综合体,这些综合体表示被命名事物的一个区分性特征,那么这个特征作为命名的基础,其选择常常独立于某些外在条件,是纯粹偶然的联想结果。根据 Б. А. 谢列布连尼科夫的观点,决定对象物命名结果的那一区分性特征与作为其能指的语音综合体之间是规约关系,是如 Ф. де 索绪尔所说的那种任意的和偶然的关系。这一观点完全背离 Ю. С. 斯捷潘诺夫所说的,文化现象的命名依据文化事实和文化情境这一观点以及 Ю. С. 斯捷潘诺夫在词汇词源学分析中的发现。

根据 Б. А. 谢列布连尼科夫的例子,德语中"有"(иметь)这一概念的对应词和拉丁语中表示"抓住"(хватать)的词同源,但尽管如此,它们却要在各自的语言中走上不同的发展演变之路——演变过程中两个词分别还与不同的语义相结合,最终形成互有差异的语言符号。据此他得出结论:这两个词的语义和语音偶然结合。但是 Ю. С. 斯捷潘诺夫指出,"抓住"和"有"这两个概念间的关系在很多语言中都能追踪得到,比如俄语中的 иметь 和 имать,前者译为"有",后者是俄语中的旧词,其语义与 хватать 一致,表示抓住、拿住、捕捉等意。"就连拉丁语中表示 хватать 的动词都与 иметь 有着相同的关系,换句话说,иметь 是 хватать 的结果"②。Ю. С. 斯捷潘诺夫的发现是驳斥 Б. А. 谢列布连尼科夫的有力证据,两个同源词与不同语义的结合看似偶然,实则有据。

另外,Б. А. 谢列布连尼科夫还认为,在"早上、早"(утро, рано)这一概念

---

① 同① 96-97.

② СТЕПАНОВ Ю С. Константы: словарь русской культуры [M]. Москва: Академический Проект, 1997: 66.

中,"早上"的德语对应词与立陶宛语中表示"闭上眼睛"的语词是同源关系,同时,"早"在德语中的对应词还与印欧词根 pro-(вперёд,向前)相关。这个示例中具有同源关系的两个词在不同的语言中获得不同的语义,甚至词汇语义还能完全对立,这一情况似乎又在说明语言符号能指与所指结合的任意性。但是Ю. С. 斯捷潘诺夫指出,Б. А. 谢列布连尼科夫对这个示例的分析并不彻底,两个词实际蕴含着命名的非偶然性理据,也就是"起始"和"结束"这一对立统一的语义关系。

在"早上"这一概念的情况中,德语和立陶宛语两个对应词的词根是有关联的,它们不仅表示"光线的增加",也就是"黎明、早上",还清晰地表示出"光线的减弱",同时,词根 pro-也不仅表示位于某物之前、人的面前,还表示位于某物之后、人的背后。因此,这里体现出的词源学实质是同根词根据对立语义的反向发展,而这些对立的语义又统一包含于这个词根之中,Ю. С. 斯捷潘诺夫将这种对立语义命名为"起始"(начало)与"结束"(конец),这就是从词源学角度论证上述词汇义现象存在命名的非偶然性和理据性的实例。同样能归为这一对立语义关系的还有"一日之始"(начало дня)和"黄昏"(сумерки),"将来"(будущее)和"过去"(прошлое)等。

出现这一现象不得不使我们想到普通符号学思想中说到的"微观世界与宏观世界的关系"。这条规律的变体情况中就包含对立语义(如:上—下)统一于同一语词的情况,还包括对立评价(如:聪明—愚笨)统一于同一童话人物的情况。在词汇的词源学分析中找到的现象与上述规律内容有着共通之处,正是这"共通之处"使看似偶然的观念现象显露出非偶然的本质。

观念化域中的情况正是如此。同一个观念在发展过程中可能存在相当离散的语义,这使得观念在不同语言中呈现出不同的情况,这种现象并非偶然,而是具有深层理据。而且,这些语义的离散程度没有超出特定的语义序列范围,更没有导致观念发生本质上的断裂,也就是将一个观念切分为两个不同的观念。因此这一观念的进化过程仍然是连贯的。判断上述语义序列范围和观念进化的连续性不能仅仅依靠词汇语义层面的分析,还应该在民族文化发展的特定阶段去寻找。这种特定的文化情境就是观念化域。

(二)观念化域的阐释

观念化域这一概念在《观念"原因"及语言的两个观念分析法——逻辑法和次逻辑法》被首次提出。这篇文章收录于《语言的逻辑分析·文化观念》文集,文章着重分析"原因"(причина)在因果关系中的具体内含和应用,进而提出观念的继承性思想和观念化域的雏形。通过研究拉丁语中表示因果关系的前置词，Ю. С. 斯捷潘诺夫发现："拉丁语中'因果性场域'（поле причинности）通过几个不同的前置词表示，它分布于几乎毫不相关的语义域，这些语义域非常自然地与事物领域或因果性功能确定的领域相类比；每一个这种领域都能用某一个前置词一般性地表示，这个前置词非常自然地展现因果功能的表达手段"①。因果性场域可以分布于毫无关联的语义域，并均有相应的词汇对应。这说明单纯从词汇语义角度已经无法解释"原因"观念的继承性发展。Ю. С. 斯捷潘诺夫认为，民族对抽象关系的认知与物质文化之间的关联必然得益于民族对世界现实的体认和感悟，"观念在其中得到文化认知内涵"②。只是，感知的结果映刻于语言之上，"语言之外没有因果观念"③。因此，"原因"观念是否是一个整体，其发展过程是否是连贯的，需要在民族文化语境中考察。

文化观念的符号学发展具有延续性、继承性和进化性。发展过程中文化观念的语义特征会有所变化，但是这一变化并不是纯粹偶然和毫无头绪的，而是整体在一定范围内进行。比如前面 Л. Н. 古米廖夫提出的文化继承性观点，俄罗斯史并非连续不断的线性历史，而是呈现为两个民族政权主导的历史分期，但是 Л. Н. 古米廖夫依然认为它们是连贯的整体，促成这一观点的关键正是民族文化传统的连贯性。Ю. С. 斯捷潘诺夫认为这一观点十分中肯，他指出文化领域中名称的发展也是非线性的，命名过程允许一定范围的"误差"，但始终保持大方向不变。换句话说，增删、改变观念词内部的语义特征依据某种秩序进行，这种秩序就是语义演变的理据性，这种理据需要在文化语境和文化的历史延承中寻找，后者就构成"观念化域"。

观念化域概念要求我们关注作为观念进化基础的那些民族文化生活事实。Ю. С. 斯捷潘诺夫认为，观念词在文化语境中的符号化过程与人类生产生活的文化空间之间存在必然联系，确定这一关联需要结合观念产生的文化事实，而不能只分析观念词的词汇语义。在说明这个问题时，Ю. С. 斯捷潘诺夫仍旧从词源角度出发，以"公牛"和"猪"在印欧语中的词源情况作例。例子中他更多地关注符号整体与客观事物特征、事物在民族生产生活中的功能间的关系，从而阐释观念化域概念。

---

① СТЕПАНОВ Ю С. Концепт "причина" и два подхода к концептуальному анализу языка – логический и сублогический[C]//Арутюнова Н. Д. Логический анализ языка Культурные концепты. Москва: Наука, 1991: 13.

② ФЕЩЕНКО В В, КОВАЛВ О В. Сотворение знака: очерки о лигвоэстетике и семиотике искусства[M]. Москва: Языки славянской культуры, 2014: 184.

③ 同② 8.

"公牛"这一语言符号的能指—所指关系问题最早由 Ф. де 索绪尔提出，这是他在论述符号任意性时提出的例子，Ф. де 索绪尔认为"公牛"（бык）一词在法语（bœuf）和德语（oche）中的能指不同。法语中的"公牛"直接源于拉丁语 bovem（公牛——bos 的第二格形式），这个词首先用作大型长角牲畜的种表达①，该词不区分动物性别，既可以表示公牛也可以表示母牛，因此拉丁语中 bos 是双性别的词。德语中的 oche 带有"使湿润"这个意义的词根。因此，看起来，"公牛"这一观念在两个语言中的情况相差很大，好似法语和德语中的"公牛"是两个不同的观念。

但是 Ю. С. 斯捷潘诺夫发现，圈养动物的表达系统在印欧文化中可以分为 3 类。除了上述对动物性别不做区分的种名词（如法语中的"公牛"）之外，还存在区分动物性别的两类成对表达——"种公畜"（самец-производитель）和"雌性牲畜"（самка）。这两类名词通常不仅表示清晰对立的性别——公和母，其自身还往往含有不同的词根。比如，"印欧语对'公牛'的命名所使用的词汇均带有'使湿润'（смачивать，увлажнять）这个意义的词根，如，哥特语中的 auhsa（公牛）一开始表示'种公牛'，梵文中的 uksá（公牛）、吐火罗语的 bokso（公牛；大型长角动物的雄性）、德语中的 oche（公牛）等。所有这些词都是带有限定成分 -s- 和 -n- 的派生词。如果关注限定成分 -n-/-r- 的交替，那么还可以将拉丁语 uxor（女人、妻子）作为'被弄湿的个体'这种表达归入这里"②。

可见，立于共同的印欧文化语境中考察，尽管法语和德语中"公牛"的词汇形式因互有差异的词根而侧重表达不同的语义，但这一观念的进化过程依然是连贯的。两个语言中的"公牛"也不是两个不同的观念，只是"公牛"的观念语义具有一定程度的离散性，但整体没有超出印欧文化的范围，即，"公牛"的观念化域。可见，上述结果的判断依据正是共同的印欧文化背景。

无独有偶，印欧语中同为圈养动物的"猪"（свинья）的表达也有这样的三分结构，即表示种的词和表示雄性的词汇、雌性的词汇共存。拉丁语中表示"猪"的种名词，其词根或是同时表示阳性和阴性的 sus，或是只表示阳性的 porcus，公猪和母猪两个词的词根也并不相近，公猪为 uerrês，母猪为 porca 或 porcus femina。其中，"公猪"这一表达所包含的词根含有"使受精的液体"一义，这可以与上述"公牛—母牛"这对词汇中"公牛"词根的情况形成类比。这一情况在法

---

① 这里说的"种"表示属种分类中的种。

② СТЕПАНОВ Ю С. Константы: словарь русской культуры ［M］. Москва: Академический Проект，1997：66.

语、希腊语之中均有发现,它在希腊语中的派生词还带有"甘露,使受孕的雨"这一意义。在印欧文化语境中,"猪"这一观念的进化过程同样是连贯的,其离散语义没有超出自身的观念化域。

印欧语系中"公牛"和"猪"的词汇形式均发展自圈养动物的表达系统。后者的形成与印欧民族对当时生产生活片段的体认有着密切关联,这是谈到两个观念进化的连续性时,蕴藏在印欧文化中的深刻理据。事实上,由于地形、地貌和气候等原因,印欧民族的生存方式主要以捕猎、游牧和迁徙为主,受此影响,"牛""羊""马""猪"等圈养动物名词在印欧语中出现得相当早。这些名词之所以包含具有特殊语义的词根,也是根植于印欧民族对这类生物的近距离观察。他们了解这类动物的习性,又对牛群、羊群等的繁衍壮大充满期冀,甚至通过人为干预其繁殖过程的方式来达到数量上的增长。这些思想和行为都集中反映在语词之上,是印欧民族对社会生活的丰富体认于观念中留下的不可磨灭的文化烙印。由于印欧文化中对圈养动物的认知存在极大共性,Ю. С. 斯捷潘诺夫甚至将上述观念定性为印欧文化的常量(константы иноевропейской культуры)。

文化现象中的命名不能简单地归结为符号能指与所指的偶然结合,判断观念进化过程的连贯性,我们必须要深入民族的文化生活情境,即在观念化域中才能得出结论。几千年来的民族社会生活中,民族群体与客观世界的互动不可避免地具备某种共性的内在机理,这些深刻内涵逐步在各族人民农耕、畜牧、繁衍生息的进程中外显出来,体现在观念词中,成为观念难以消除的痕迹。

第三节 物质与精神在观念中的统一

Ю. С. 斯捷潘诺夫认为文化中不仅词,还有物质对象也能够携带精神含义,在精神文化和物质文化之间没有不可逾越的严格界限,所以物质也可以如同词一般与词建立同义关系。另外,Ю. С. 斯捷潘诺夫还倾向于认为文化领域的序列之间存在着某种共时联系,这一联系构成特定时期的"风格"或"范式",也就是那一时代的文化。

一、文化中事物与词的同义化

同义词指的是根据意义或含义相近的词。但是 Ю. С. 斯捷潘诺夫认为事物也拥有含义并且可以依据这一含义与某个词形成同义关系。在同一文化领域中,词、事物、神话元素等都可以结合在一个文化观念中,所以这个观念的语义序列就必然需要在一个宽泛的观念化域内形成。词和仪式对象、词和神话元素等都可以通过独特的形式在语义上重合,其中一个作为另一个的代替物或象征,观念化域中的这一观念化过程就是 Ю. С. 斯捷潘诺夫所说的"事物与词的同义化"。这一观点实际上是前面提到的"观念化域"概念的延续和发展。Ю. С. 斯捷潘诺夫认为事物与词的同义化具有互相关联的两个不同类型:不同词根的词的同义化和事物与词的同义化。

同义化的第一个类型指的是两个不同词根的词,或者两个不同的词根,从词源角度来看,它们无论如何不能相互关联,但是在某一个观念化域内却成为同义词。同义化的第二个类型则如字面表达的那样,是赋予事物以含义且事物根据这一含义与词同义。

Ю. С. 斯捷潘诺夫发现,在一些印欧语中,"树"(дерево)与"中间"(середина)这一观念存在语义联系,它们的词汇形式发源自同一印欧语词根"medh-",但在印欧语系的具体民族语言中却有着不同的体现。一方面,该词根存在很多变体形式;另一方面,民族语言中具有这一词根的相应词,在词汇语义的发展上也产生了分化,但是它们都没有超出上述两个观念预设的进化范围。印欧语词根"medh-"在不同的民族语言中,一方面(如在波罗的语中)构成带有"树"或"森林"意义的词;另一方面构成带有"中间,两个地区之间的界限"这个意义的词,如俄语中的"межа"(地界)以及俄语的前置词"между"。无独有偶,Ю. С. 斯捷潘诺夫还在另一个印欧语词根"u(e)idh-"(一分为二)和两个词根——"ui-"(二者之间,从……中单个的)和"tero-"(形容词比较级和表示成对事物的前置词)在同一词干中的组合也发现了这样的语义进化特征。从第一个词根的情况来看,爱尔兰语的"fid"表示"树",古英语的"widu""wudu"以及当代英语的"wood"表示"树林",从另一个词根的情况看,拉丁语的"vidùs"(中间的)和两个意义直接结合的词:拉丁语"viduōlis"(中间干枯的树,但还活着还绿的树),古伊斯兰语"viđr"(树——地界,或划分村落的树林)均证明了这一点。

有的学者认为根据上述例子可以将这种现象直接判定为某种语言学意义上的共性语义规律,但是 Ю. С. 斯捷潘诺夫指出,这一观点太过武断。因为谈到语义规律,意味着"树"与"中间"两个观念词的词汇语义总是毫无例外地绑定在一起,然而 Ю. С. 斯捷潘诺夫在其他民族语言相关词的词源学研究中没有发现这一特性。所以这两个观念之间能够形成语义联想的原因需要再次在语言学之外,也就是在文化领域中寻找。那么这一语义规律也不再是纯粹语言学意义上的了。两种不同的解决方案实际上显露出前面提及的重要区分——语言的语义学和适用于各种符号系统的符义学之间的差异。

20世纪20年代,立陶宛语言学家K. 布嘉(К. Буга)就曾关注过这一语言现象。通过观察一些民族划分土地的情况,K. 布嘉发现,这些民族中流传甚广的土地划分法就是以树或森林作为划分的界限,因而,树这种事物在这些民族群体中往往充当"界限""地界""中间"等含义的载体。同时在这些民族的农耕经济中树木也占据重要的地位,甚至还可以参与到土地划分的相关决策中,也可能作为解决份地纷争的依据之一。"树"和"中间"的语义联想发端于这些民族的生产生活,又反过来深深印刻在民族的心智世界中。同时,树还是客观世界中的物质性实体,由于民族认知赋予了它特殊的空间意义——"中间",树这一事物就如同词一般具有了含义,并且根据这一含义与"中间"一词建立起同义关系,这就是事物与词的同义化。

此外,在树(事物)和"中间"(词)的同义化实例中,二者的同义化也能追溯到神话领域,后者也属于文化分支之一。我们指的是树木崇拜,这与古人的神话活动相关。树木崇拜是世界范围内的一种文化现象,树在原始先民中有着独特的象征意义,它寄托着人类祖先对生命永恒和生命繁衍的无限渴望与向往。"'世界树'(мировое дерево)及其衍生出的'生命树''人类树''谱系树''萨满树'"[①]等一系列概念给印欧民族精神以及这些民族的原始信仰带来了深刻影响。在这些民族的神话系统中,"世界树是世界中心的象征:巨大的树木,生长于世界的中心,连接三界"[②]。可见,在神话体系中,树作为事物被赋予"中间""中心"等含义,从而与具备这些语义特征的词汇同义。

在东方神话,特别是中国的古代神话中,我们对树的崇拜也体现树的连通和纽带作用。中国的《山海经》和《淮南子》就有许多关于树木崇拜的故事,如"下有汤谷。汤谷上有扶桑,十日所浴,在黑齿北。居水中,有大木,九日居下枝,一日居上枝";"夸父逐日,渴而死,弃其杖,化为邓林";在《大荒南经》中也有"桐木,蚩尤所弃其桎梏,是为枫木"的描述等。可见,"树"在中华民族文化中也有着深刻的神话动机,而且"树"作为神话元素的物质载体也具有"中间""纽带""通道"这些含义,是物质的树与"中间"这一词汇同义的又一理据。Ю. С. 斯捷潘诺夫所言的"事物与词的同义化"再次得到印证。

---

① 梁坤. 俄蒙树木崇拜的多神教和萨满教渊源[J]. 外国文学研究,2020(1):42.

② СТЕПАНОВ Ю С. Константы: словарь русской культуры [M]. Москва: Академический Проект,1997:71.

二、观念的共时节点

观念的共时节点是 Ю.С. 斯捷潘诺夫对物质文化与精神文化做出的又一次整合。尽管 Ю.С. 斯捷潘诺夫的观念符号学主要立足于历时维度,但是在观念序列的共时维度上他同样有着过人的见解。根据 Ю.С. 斯捷潘诺夫的观点,不论物质文化内部的进化序列、精神文化内部的进化序列,还是两种文化的进化序列之间,都存在平行排布的情况,序列间存有相互对应的共时节点,它们出现在同一历史时期,相互之间可以确立某种相似关系,这些关系就构成这一时代的"范式"或这一时期的"风格"。

这部分研究与观念的进化符号性序列存在一个共性之处,就是都采用了符号学中能指与所指这对术语。Ю.С. 斯捷潘诺夫从符号学角度出发将物质文化序列和精神文化序列平行排布,序列之间以能指—所指这一符号结构形式相互联结,进而将整个世界文化视为一个统一的符号学整体,基于对这一整体的观察,Ю.С. 斯捷潘诺夫发现了观念进化符号性序列间的共时联系。"那些序列中结合的文化现象(事物或观念,或某些内容)属于不同的'进化序列',但这些现象都在同一时期发生,因此,这里只有一个结合原则——时间,正是共时性。"[1]

首先,在物质文化领域,物质文化是人类创造的物质产品所体现出的文化,包括其中所运用的科学技术和艺术审美,不同的物质文化状况反映不同的经济发展阶段以及人类物质文明的发展水平,具体可以反映于人类社会的饮食、服饰、建筑、交通等多个方面。Ю.С. 斯捷潘诺夫从俄罗斯的两大建筑风格和装潢风格看出文化的范式特征。Ю.С. 斯捷潘诺夫对比了 19 世纪的两大建筑风格——俄罗斯帝国建筑风格(19 世纪初—19 世纪 40 年代)和俄罗斯现代建筑风格(19 世纪 70 年代—19 世纪末),发现前者的建筑风格趋于庞大宏伟,建筑整体根据中轴线严格对称布局,建筑外部都具有丰富的装饰——圆柱、壁柱、灰泥造型和其他古典元素等,建筑的各个构件也呈严格的等级分布。后者的建筑风格则体现出无装饰,钢筋混凝土和玻璃组合的结构特点,突出以实用为主的特征,苏联在这一时期修建了很多此类风格的工厂、公共住房、文化活动场所等。

此外,两种风格的差异不仅体现在建筑的外部形态上,还在内部装潢、家具

---

[1] СТЕПАНОВ Ю С. Константы: словарь русской культуры [M]. Москва: Академический Проект, 1997: 28.

陈列、家具形式、装饰用品等方面一览无余。Ю. С. 斯捷潘诺夫在《观念：俄罗斯文化辞典》中还对比两个时期的灯具、椅子、花瓶和珠宝等，发现二者在设计和制作上均具有十分明显的差异。这些家具、饰品、装潢各自流行的时间和展现出的或繁复、大气，或简约、明了的风格都与这两个建筑的风格相应，这种对应关系体现出了鲜明的时代特色，是在能指—所指对应关系的基础上加注共时性的体现。这就是物质文化领域中观念进化符号性序列间的共时节点。

其次，在精神文化领域内也有对这种"风格"或"范式"的描述。俄罗斯历史学家、哲学家 Г. П. 费奥多托夫（Г. П. Фёдотов）就曾描述过俄罗斯历史科学的两种风格，分别以 Н. М. 卡拉姆辛（Н. М. Карамзин）和 В. О. 弗克留乔夫斯基（В. О. Ключевский）为代表。"俄罗斯的第一个民族形象，作为一个非常大的风格"——Г. П. 费奥多托夫写道，"由卡拉姆辛创建……他的背后，在过去，有着整个 18 世纪，这一时期的历史学家研究'俄罗斯政府的历史'——Н. М. 卡拉姆辛是集大成者。这位帝国的诗人获得了最高荣誉。他赋予俄罗斯一个经典形象，构建了俄罗斯的'帝国'风范，与之形成对照的是：扎哈罗夫（Захаров）和罗西（Росси）——他们让俄罗斯的英雄说罗马人的语言"[①]。扎哈罗夫和罗西是 19 世纪著名的建筑师，俄罗斯帝国建筑风格的代表。卡拉姆辛对俄罗斯帝国形象的塑造正是作为精神文化层面与同时期俄罗斯建筑界的整体风格相类比，二者在 Ю. С. 斯捷潘诺夫看来，不仅形成所指与能指的那种符号学对应关系，还体现明确的共时特性。此外，这还是精神文化领域的观念进化符号性序列与物质文化领域中相关序列的有机结合，这种结合就体现在两个平行序列间的共时节点上，后者能体现出相当明显的共性之处。

显然，同一时代的文化具有某种共性内容，著名物理学家、量子力学奠基人马克思·波恩（Макс Борн）早在 1953 年写道："我不想说（在数学之外）存在某些不变的、先验的原则。但我认为存在某些普遍的思维定式，它们变化地非常缓慢且构成思想独特的哲学时期，这些思想出现在人类活动的所有领域中，包括科学中……思维风格——风格不仅存在于艺术中，还存在于科学中"[②]。所以，同时期的物质文化、精神文化、思想、艺术和科学领域中都存在相互渗透、相互影响的"风格"或"范式"。

---

① СТЕПАНОВ Ю С. Константы: словарь русской культуры [M]. Москва: Академический Проект, 1997: 29.

② СТЕПАНОВ Ю С. В трёхмерном пространстве языка: семиотические проблемы лингвистики, философии, искусства[M]. Москва: Книжный дом "ЛИБРОКОМ", 2009: 4.

科技革新直接影响人类社会的发展走向,物质文化在科技的作用下不断实现飞跃,这种质变记录在语言中,形成观念历史进化的动力和航标之一。машина(机器、机械)在古希腊世界中被理解为"由木材制成的,各部分间相互关联的系统,在移动重物方面具有最大的动力",这个时候的机械主要与手工工具区分,当时的工具主要指6种简单工具的集合:杠杆、滑轮、绞车、楔子、倾斜面、螺丝钉。在18世纪前,机械概念又增加一个新的特征——节约力量和时间。这时的机械学主要采用3种机械:绳索、杠杆、斜面或斜坡,根据驱动机械装置的力,机械被细化为风力驱动、水力驱动、兽力驱动的机械等。18世纪工业革命之后,蒸汽机、内燃机和电动机相继出现,机械的定义又发生了改变:"机械——完成某种有益工作的装置,同时将一种形式的能量转化为另一种"[①]。自20世纪电子计算机问世以来,自动控制技术、信息技术、传感技术、定位技术等高科技成果使机械的发展迈入了崭新的现代化阶段。在《俄语详解词典》中,машина这一词条的第一个义项又增添一个新的语义特征——不只"转化能量",还转化"材料和信息"[②]。可见,科技的进步、人对机械的认识和记录于машина一词的词汇语义是同步进化的,它们在不同的发展阶段总能体现出某种共性之处,这就是观念进化符号性序列之间的共性节点,节点中显露出时代的范式。

文化之中没有纯粹的精神文化序列,也没有任何纯粹的物质文化序列,物质文化序列和精神文化序列在特定时代中往往具有共时维度上的相似性。在最一般的形式上,两种序列以能指—所指结构相结合,即作为符号学关系的"共时观念":帝国建筑风格与帝国形象相关,科技进步影响人对"机械"的认识,同样的还有"手艺和不同观念的完整序列相关,求爱仪式与爱情观结合等"[③]。物质与精神的这些符号学结合与前面所说的"事物"与"词汇"的同义化相呼应,结合的过程在"观念化域"中实现,物质文化与精神文化的同义化在人类文化历史的大背景下是相当显而易见的。

Ю. С. 斯捷潘诺夫认为,人类所赖以生存的文化应该是一种空间。文化空间远不是空荡荡的一望无垠,也不是难以分辨、一片模糊的混沌,物质与精神可以在这个空间中和谐共存。我们置身于文化空间,以鲜活的姿态经历文化、感

---

① СТЕПАНОВ Ю С. Константы: словарь русской культуры [M]. Москва: Академический Проект, 1997: 33.

② ОЖЕГОВ С И, ШВЕДОВА Н Ю. Толковый словарь русского языка [EB/OL]. http://lib.ru/DIC/OZHEGOW/ozhegow_m_o.txt. [2022-12-15].

③ 同① 39.

悟文化、体认文化,文化观念就是这种体认的结果,是文化在人意识中的凝聚。文化以观念的形式进入人的心智世界,而人又通过观念进入文化空间。一方面,观念充当人与文化沟通的桥梁;另一方面,观念也是人与文化动态互塑的手段。这是因为,文化空间不是一成不变的既定存在。人与文化的互动使我们全部处于永恒的动态变化,文化观念作为物质文化与精神文化的高度抽象自然也会经历一种复杂的进化过程,其复杂之处就在于观念同时具备物质与精神的二重性。

第四节 观念中的认知主体

Ю. С. 斯捷潘诺夫的观念符号学立足于人类中心主义范式,同时带有"第三代符号学"的重要特征:认知/心理符号学性质[1],这种研究的认知特性具体体现为人的心智作用。人作为认知主体在当代符号学研究中影响非凡,"认知主体能够在经验基础之上驾驭概念、利用概念"[2],并通过自身知识能动性和民族文化定势对观念符号产生积极作用。语言由人创造,是民族精神创造活动的特定结果,承载民族文化的精髓。作为感知、接受、认识和把握外在世界的主体,人还是文化观念的建构者,只是这种建构不是漫无目的,杂乱无章的。人在文化中生活,既以民族共同体的形象出现,又代表每个民族成员个体;既是民族精神财富的载体,又是这一财富的创造者。人的文化形象复杂多样。另外,在人的心智世界中,观念的界限能够从科学领域一直延伸到个人的认知世界,它囊括所有我们能称之为"观念"的东西。

一、观念中的人形象

人是文化的动物,也是拥有语言的动物,文化观念在人类社会中形成,作为语言与文化的交叉,人的形象对建构以观念为基本单位的文化符号学起到至关重要的作用。在 Ю. С. 斯捷潘诺夫对观念的阐释中,人的形象在观念语义的形成过程中具有明显的双重性。一方面,人作为集体意识的载体,以民族文化共同体的集体形象行事,遵从共同的价值观、世界观、道德理念和风俗习惯,形成民族文化定势;另一方面,人作为文化观念建构的积极参与者,人的能动性不容

---

[1] 赵爱国,姜宏. 从"文本空间"到"神话诗歌世界模式"——托波洛夫艺术文本符号学思想评介[J]. 俄罗斯文艺, 2012(2):118.

[2] 彭玉海. 俄语动词认知隐喻机制研究[M]. 北京:中国社会科学出版社, 2018:92.

忽视,人在客观世界的经验活动以及对活动情况的认知加工可以催生某些文化现象。此时,民族中的个人不再单纯地以载体和附庸的形象出现,而是更多地以参与者的姿态进入文化观念领域。之所以会有这样的结果,可以从观念本身的差异找到缘由,人的二重形象正是植根于此。

Ю. С. 斯捷潘诺夫在《常量:俄语文化辞典》中将所有收录的文化观念划分为两个类型,分别为"框架概念"(рамочные понятия)和"稳定核心概念"(понятия с плотным ядром)。前者以"文明"(цивилизация)和"知识阶层"(интеллигенция)两个观念为代表,其中每一个观念都包含某种主要的现实特征,或是少量该类特征之和,它们构成观念的主要内容,"由于这一内容,观念在文化和社会中都有意义,它是观念发展的最高点"①。"在'文明'这一词条中,这个特征是'对社会状态全方位有益的特定内容',在'知识阶层'中,这个特征是'某一社会群体,其自称为整个社会的意识载体'。"②这类观念充当"集体无意识"观念或"集体观念",它们被视为社会和人类整体自发的、有机发展的结果。在这种情况下,这类观念构成可以适用于较大范围社会群体——或是几个国家之间或是几个民族之间或是个别社会群体之间的"框架"(范围)。范围内部的人都以这一观念为行动准则,却丝毫不觉不妥,甚至没有意识到这一观念的存在,框架观念起效的范围也就是这一观念辐射群体的社会性等级。既然这种框架观念具有"自发"的特性,那么这就意味着这一观念的发展不以人的意志为转移,是一种自在规律。它自然而然地存在与发展,在特定的人类群体中发挥"纲领性"作用。因此,在这种框架观念中人体现为被动的参与者形象。

对后者,即"稳定核心概念"而言,最为典型的观念就是"爱情"和"信仰"。这两个观念能够适用的共同范围小于上述"框架概念",它能够具体到更小的社会群体,地区、家族乃至个人的主观世界中。与此相应,这类观念的异质性大大增强,观念包含的语义成分更加复杂,人的认知作用和评判功能凸显。Ю. С. 斯捷潘诺夫指出:"正是因此,我们可以说,'这(某种具体的对象)是爱情',而'这(另一对象)不是爱情'。同样因此,我们可以说某些现象是'信仰',而其他某些现象是'迷信',进而从属于'信仰'的行为中排除出去,等等。"③此外,稳定核心概念和框架概念之间还有一个本质差异,即,稳定核心概念必须在完整的、全部特征之和这一意义上才具有相当的文化影响力,在所有自己的特征成员

---

① СТЕПАНОВ Ю С. Константы: словарь русской культуры [M]. Москва: Академический Проект, 1997: 77

② 同① 76-77.

③ 同① 77.

中,可以选择其一作为观念的代表特征,或主要的现实特征,但是这种选择是人有意识进行的。而"文明"这类框架观念的主要现实特征则是唯一的或少量的,是非常明确的且非人为确定的。可见,在"稳定核心概念"中,人的能动性和文化互动性相对增强,人的形象体现为积极的参与者。

两类观念的差异和文化活动中人形象的差异并不是先验的。Ю.С.斯捷潘诺夫在论述观念的二重划分这部分短短 4 页之间,数次强调他的结论是"经验观察的结果"。不仅如此,他在《常量:俄语文化词典》的词条阐释中也竭力践行这一点,尽可能基于经验事实论证他对"框架概念"和"稳定核心概念"的划分。据此,Ю.С.斯捷潘诺夫还发现这两类观念的特性与康德的哲学区分重合。

康德是德国唯心主义创始人,他在自己的理论中企图调和唯理论与经验论之间的矛盾,提出概念或是经验的或是纯粹的,而纯粹的概念超出经验认知的界限只在理性中萌芽。"康德用德语术语 der reine Begriff 或拉丁语术语 notio 表示'纯粹概念'(чистое понятие),notio 在词源学上发端于 nota,意思为"标记、记号",因而在纯粹概念中表示较低的等级,而高的等级就是"思想"(идея),康德将之另称为'先验概念'(трансцендентальное)。从这一观点来看,属于'纯粹或先验'(чистое, или априорное)概念的有'唯一性'(единственность)、'多样性'(множественность)等,还有'数字'(число)。属于'经验或后天'(эмпирическое или апостериорное)概念的有'动物'(животное)、'猫'(кошка)、'狗'(собака)、'满意'(удовольствие)、'爱情'等。有趣的是,一些研究者将'文明'这一概念也归为'先验概念',而我们将'爱情'归为'经验概念'。因此,这些研究结果与康德的哲学划分重合。"①

因此,Ю.С.斯捷潘诺夫立足经验观察间接证明纯粹概念客观存在,对于这类观念语义的形成,人的主观能动作用就不那么明显了。相反,对于后天形成的观念而言,人对经验的归纳总结在其意义形成过程中起到核心作用。

二、观念中的时间要素

观念的产生具有一定的时代背景,观念的代代流传也要经历不同的社会环境,迄今,观念的语义距其产生之初可能已经存在很大差异。人是观念的载体和建构者,人的认知就是这种差异的根源。根据 Ю.С.斯捷潘诺夫的观点,这

---

① СТЕПАНОВ Ю С. Константы: словарь русской культуры [M]. Москва: Академический Проект, 1997: 78-79.

个差异还能借由观念的时间要素体现出来,它影响观念能指与所指间的对应关系。

Ю. С. 斯捷潘诺夫认为在观念的进化过程中,所有观念内部都累积着不同时期、不同年代出现的语义特征,正是因为观念的这种特性,对观念的历时分析才得以可能。Ю. С. 斯捷潘诺夫将观念的语义特征划分为 3 个历时层级,囊括一个观念发展的"前世今生"。这种历时的观念进化维度对展现民族世界图景的全貌大有裨益。只不过经历如此漫长的岁月洗礼之后,观念的一些内容可能已然"失真",这一点在与历史事件、历史人物相关的那些观念中尤为常见。特定民族对这些观念的认知往往掺杂着某种特殊的情感联想和社会评价,这促使民族中的人对相关事实进行历时重组。他们依据民族内部形成的独特的"年代表"(хронология)合成一系列相互协调的思想,这就构成观念的语义特征,历史事件及其相关人物在这一过程中获得新的安排与诠释,观念语义也因此重构。对此,Ю. С. 斯捷潘诺夫总结道:"人生活在实际的历史时间中,思想生活在心智时间中,或者可能完全在时间之外"①。

俄罗斯历史学家克留乔夫斯基曾提到巴甫努基(Пафнутий Боровский)讲述过的一个故事。1427 年俄罗斯发生过一场巨大的瘟疫,根据时间和症状判断可能是黑死病,当时有一位修女染病后成功痊愈,她的这场患病经历意义非凡,因为根据这位修女愈后的描述,她看到了向善之人和作恶之人在另外一个时空的生活场景。前者指的是俄罗斯民族爱戴的莫斯科大公伊凡一世(Иван Данилович Калита, 1288—1340)。伊凡一世富于谋略,善于生财,同时他还是一个十分慷慨的君主,伊凡一世在任期间对贫困者大方救助,因此从人民口中获得了"卡利塔"(Калита,钱袋)的绰号。修女在另外一个时空中看到的伊凡一世的形象就是腰间别着一袋钱并向乞丐慷慨解囊。而后者指的则是立陶宛国王维托夫特(Витовт, 1350—1430)。维托夫特在 1392—1430 年间成为立陶宛大公国的统治者,他在位期间南征北战,曾于 1406—1408 年间 3 次侵略莫斯科公国并占领了大片领土,给莫斯科公国的人民带来了沉重苦难。修女在另一时空中看到的正是维托夫特饱受折磨的场景。

如果结合故事发生的时间背景与两位主人公——伊凡一世和维托夫特的生卒年,可以发现这个故事失真的地方——1427 年修女无法在另外的时空中看到维托夫特,因为后者卒于 1430 年。

---

① СТЕПАНОВ Ю С. Константы: словарь русской культуры [M]. Москва: Академический Проект, 1997:81.

由此可见，人民的记忆有独特的年代表。这说明尽管观念的产生离不开特定时期出现的特定事件、特定人物，但是人总会在心智世界中加工和重组这些内容，并且通过联想整合出新的观念语义特征。时间要素就是整合过程中的一个变量，所以有时人对特定事件、特定人物的加工结果会与这二者出现的实际年代有所龃龉。

实际上，人对观念的时间重组并不仅仅限于这类观念。Ю. С. 斯捷潘诺夫坦言，实际上所有观念都有这种特点，只是在上述这类观念中比较容易发现。这是由于史书典籍和人物传记对历史事件以及历史人物大事记的相关时间节点都有清晰的标注，所以它们与民族心智加工结果之间的差异可以直观体现出来。而针对其他观念，人对观念的时间加工则需要更为细致地考察，需要深入到观念词源层和历史层的资料搜集、文化考证、语义分析，甚至多学科的对比分析中才能发现这种差异。

三、观念的认知界限

观念符号学中人的认知作用已然相当明确，它还在观念认知的界限划分中有重要体现。在上述内容中，人的认知是观念的一大构成要素和划分依据，在这部分内容中，人的认知则是观念界限的决定性成素。

观念的认知界限我们可以结合本节第一部分 Ю. С. 斯捷潘诺夫对观念的划分来理解。Ю. С. 斯捷潘诺夫认为观念的认知界限存在上限（сверху）和下限（снизу）。观念认知的上限位于抽象定义域（сфера абстрактных определений），主要指的是词汇单位的内涵，它们不是思维实质而且它们没有被语言载体的心理特征记录下来，是如同"数字"一般可以独立于人存在的抽象对象，与"框架概念"对应。观念认知的下限位于个人的经验域（сфера индивидуального опыта），经验域的差异会导致人们对相同观念产生不同的联想。比如，俄罗斯的文化生活事实观念"2月23日"，在日常的、最为共性的、民族整体的联想中这就是"男人节"，而在老一辈军人中则有内容更加丰富的联想：2月23日曾经作为"苏联军队的节日"来庆祝，当时有组织的苏联政府正规军——红军正是在1918年2月23日的对德战役中取得巨大成功，但是在这种联想已经成为这一观念的历史，只在个别群体中是积极的，并不能为全体当代人所感知。与之对应的是"稳定核心概念"。

如果从联想的群体范围这一角度出发分析观念的语义特征，我们会在家族中、家庭中乃至个人的心智空间里发现更具特色的内容，但是这种情况下，观念的能指—所指关系将更具个性化特征，而普遍性降低，关系本身也是难以确切描述的。因为,随着认知群体范围的压缩,观念描写的基础越发基于个体感受和内心体验,后者的不可预测性、非直观性、非客观性等均是描写观念的干扰因素。"解释精神观念的复杂性在于其非物质性"①,这一点在观念认知下限中体现得淋漓尽致。

因此,观念的符号学分析比民族学、历史学或社会学分析更加广义,观念的认知界限可以从民族整体的文化认知一直辐射到个人的个性化知识领域。前者自然成为观念内涵的上限,它对应一个民族或几个民族共同体对文化世界的集体体认,是民族集体意识的体现,是民族记忆深处离散的文化单元。民族在适应和改造客观世界的进程中创造出相当庞杂的现象体系,观念的认知上限就是对这些现象规律的抽象提取和范畴化认知。它们自然而然地与民族最基本、最核心的价值观、世界观交织在一起,以其高度的一致性和强大的凝聚力将民族融合为有机整体,并且成为民族内部的一种心灵感应,或不约而同的共性行为准则和行为价值主张,是无意识的,只可意会,难以言传。认知观念的下限则更加趋近于个人的丰富联想、心智加工、思维判断与思维组织的方式及结果。人对外在世界和内在状态的感知,对人际关系和社会情况的情感评价、心境体验等都能成为观念符号建构的材料并凝练为语言思维单位,也就是文化观念词。

正因为人作为心智"处理器"的存在,观念才具有如此广阔的认知界限。多民族文化、个别民族文化或具体的社会共性文化,乃至更小的群体文化和个人的主体世界都能借助观念来描述。文化观念所涵盖的领域既体现集体思维范式,又反映在个人的思潮之中。观念的层级划分本质上也依据人的认知判定观念的层级和界限,只是体现出更为丰富的人的社会形象。

Ю. С. 斯捷潘诺夫将观念划分为3层级结构,文化观念在自身语义的不同层级中以不同方式存在,这些层级与特定的社会文化层相应,这使得社会中共同生活的民族群体对相同观念抱有不同的"需求"。比如,对于文化中的所有语言使用者而言,观念作为互相理解和交际的手段突出其积极层面的意义;对文化中具有某种特定社会共性的人而言,观念只能使自己的"历史"内容具有现实意义,此时观念的语义特征体现为自身的消极层语义;而观念的内部形式,也就是观念的字面意义不能为全体民族成员所知觉,它可能是某个时代声势浩大的进步运动,可能是某个时期影响巨大的历史事件……总而言之,它是民族文化

---

① ПРОСКУРИН С Г. Курс семиотики. Язык, Культура, Право [M]. Новосибирск: Новосиб. гос. ун-т, 2013: 48.

史的一部分,却随着时间的推移早已湮没于民族漫长悠久的历史发展中。时至今日,观念的词源层语义只能由文化研究者发现,进而在专门的研究领域展露全貌,在这一意义上,将之称为观念的科学层面也不为过。因而,О. Н. 苏达科娃认为:"文化观念首先是社会人类学的。"①

本 章 小 结

Ю. С. 斯捷潘诺夫的观念符号学立足于日常生活文化,剖析民族成员对文化的朴素认知。Ю. С. 斯捷潘诺夫立足于认知和民族文化、民族精神的交叉视域定义观念。他认为,观念是文化在人意识中的凝结,它作为基本文化单位进入人的精神世界,同时还是固化于人的文化意识的一部分。观念具有集体无意识性和集体继承性特征,并给出民族世界图景的模式化方案。

观念的进化性和继承性特征源自文化。物质文化的进化研究为精神文化研究提供了借鉴,Ю. С. 斯捷潘诺夫引入能指—所指这对符号学术语,从历时角度形成文化的进化路径,就是观念的进化符号性序列。针对观念进化过程中可能存在的断裂情况,Ю. С. 斯捷潘诺夫还提出了观念化域概念。所谓观念化域,就是作为观念语义形成和进化基础的那个允许语义离散存在的文化领域。

物质与精神之间没有严格的界限,在观念化域内能实现二者的同义化。这种同义不仅发生于两个不同词根的词之间,还发生于事物本体与词之间。也就是说,事物可以被赋予含义,并且事物根据这一含义与词同义。其根源我们需要深入到特定时期的民族文化生活中去寻找。从共时角度构建观念的共时符号学序列也是物质与精神结合的一种可能。序列间存有相互对应的共时节点,它们出现在同一历史时期,相互之间可以确立某种相似关系,这些关系就构成这一时代的"范式"或这一时期的"风格"

文化观念实质上是文化的语言,它承载着民族成员对客观世界的文化认知,人的心智加工在民族世界图景的建构上意义重大。观念中人的形象既体现为集体意识的载体,受到来自民族世界图景的影响而不自知(集体无意识性),又体现为文化观念建构的积极参与者,与客观世界积极互动,在文化观念的形成和价值实现方面发挥能动作用。据此,Ю. С. 斯捷潘诺夫将观念分为"框架概念"和"稳定核心概念"两大类型,前者与民族共同体的集体无意识相关,后者

---

① СУДАКОВА О Н. Семиотическая концептуализация культуры в работах Ю. С. Степанова[J]. Вестник Спбгуки, 2017(2): 64.

则在更小的范围内起效,概念的现实语义特征可以人为择取。

此外,人的认知作用还有两个重要体现。一方面,民族成员的文化记忆有自己的年代表,民族成员据此结合自己对历史事件、人物形象、社会情境的联想在心智世界合成主观化的文化观念内涵;另一方面,人的认知还是确定观念界限的重要依据。Ю.С. 斯捷潘诺夫认为观念的认知界限存在上限和下限,上限位于抽象的定义域,主要指的是词汇单位的内涵,可以独立于人存在。下限位于个人的经验域,经验域的差异会导致人们对相同观念产生不同的理解。

第四章　对 Ю.С. 斯捷潘诺夫符号学思想的思考

Ю.С. 斯捷潘诺夫的符号学思想是一座价值丰厚的学术宝库,对它的深入挖掘不能止于引进,本章汇集作者对 Ю.С. 斯捷潘诺夫符号学思想的批判性思考。我们发现,Ю.С. 斯捷潘诺夫的符号学思想具有明确的人类中心主义和语言中心论特征,而且这二者又展现出超乎时代的领先性和科学性。同样具有超时代性的还有 Ю.С. 斯捷潘诺夫在理论发展与方法应用上的择取,具体体现为:Н.Я. 马尔理论在普通符号学思想中的有机整合,历时研究方法在观念符号学思想中的创造性应用。最后,指出 Ю.С. 斯捷潘诺夫符号学思想的可发展之处。毕竟,批判分析是推动理论完善、理论进步和理论创新的必经之路。

第一节　人类中心主义的领先性

Ю.С. 斯捷潘诺夫的符号学理论带有明显的人类中心主义特征。事实上,作为研究范式,人类中心主义于 20 世纪后半期在世界范围内兴起,它不仅改变符号学之前囿于语言形式描写的误区,转而进入语义分析的新时代,同时促使符号学将研究重心更多地置于说话的人、语言中的人。Ю.С. 斯捷潘诺夫的人类中心主义思想与这一研究范式既有重合之处,也有不同之处。一方面,该思想的萌发远远早于 20 世纪末,这说明该思想的独创性;另一方面,该思想还具有论证性和理据性。我们将上述内容合称为 Ю.С. 斯捷潘诺夫人类中心主义思想的领先性。

一、人类中心主义范式

"人类中心主义"最初以研究范式的方式进入学术视野,而且该范式的产生与语言学研究的发展密切相关。西方哲学思潮在 20 世纪初实现"语言转向",哲学界对于将哲学的基本问题还原为语言学问题达成一致,语言学研究成为显学。综观语言学界的既有研究,"十分明显,促使研究范式转变的均为国际语言学家"①。不仅如此,Ю. Н. 卡拉乌洛夫、Ф. М. 别列金(Ф. М. Березин)、В. А. 马斯洛娃(В. А. Маслова)3 位语言学大师还对世界语言学范式的历史嬗变提出自己的看法。Ю. Н. 卡拉乌洛夫将语言学历经的研究范式划分为 4 个阶段,这在前面已经有所提及,别列金将语言学研究范式划分为新语法学派范式、结构范式和认知范式②,马斯洛娃的三分法则为"历史—比较范式(сравнительно-историческая парадигма)、结构—系统范式(системно - структурная парадигма)和人类中心范式(антропоцентрическая парадигма)"③。

从上述划分可以看出,认知范式和人类中心范式是近期出现的当代学术研究的新范式。"自上世纪末开始,人文知识科学范式转变的摆轮已然开始朝反方向摆动,并且人类中心范式、功能范式、认知和动态范式替代科学主义、系统—结构和静态范式,已经成为主导。新的范式重新将人奉为'万物的尺度'和世界的中心。"④符号学与语言学研究的转向是一致的,符号学中的人类中心主义范式,也称人类中心主义,是在 20 世纪末兴起的⑤。

人类中心主义范式孕育于 20 世纪 60—70 年代,兴盛于 20 世纪 90 年代。它"从学理看,主要与 Ф. де 索绪尔提出的语言学的任务相对立,Ф. де 索绪尔提出的结构主义范式主张'为语言而研究语言',即研究语言客体。而人类中心主义范式最为显著的特征是确立语言主体('说话的人')为语言学的研究对象,具体可体现为'语言个性''交际中的人''语言意识''语言中人的因素'等"⑥。两大范式之间最大的差异在于人在语言中的形象。Ф. де 索绪尔学说中人只是作为语言符号的载体出现,而人类中心主义视域中人则是研究的重心所在,对语言本体的研究反而成为阐释"人"的手段。

---

① 李幼蒸. 符号学的认识论转向——从自然和文化世界中的记号到学术话语的语义学制度[J]. 国外社会科学, 2007(2):34.
② 赵爱国. 人类中心论视野中语言与世界的关系[J]. 外语学刊, 2011(5):110.
③ МАСЛОВА В А. Лингвокультурология[M]. Москва: Академия, 2001: 2.
④ ВОРКАЧЕВ С Г. Лингвокультурология, языковая личность, концепт: становление антропоцентрической парадигмы в языкознании[J]. Филологические Науки. 2001(1): 64.
⑤ 人类中心主义是以人类为世界中心的哲学思潮,最早可以追溯到古希腊时期。柏拉图、亚里士多德、笛卡尔、康德等哲学家都对此有过论述,中国古代哲学也出现过类似的思潮,本书所说的人类中心主义则特指语言学和符号学研究中的人类中心论。
⑥ 赵爱国. 当代俄罗斯语言学研究中的人类中心论范式[J]. 中国俄语教学, 2013(4):1.

符号学中对人的关注最早可以追溯到 B. 洪堡特。B. 洪堡特所持的"语言心灵论""语言世界图景"观确立了语言符号研究的"人本位"思想,随后,经过魏斯格贝尔、萨丕尔、沃尔夫等人的发展逐渐形成了新洪堡特主义和民族符号学中的"萨丕尔—沃尔夫假说"[1]。他们对语言与人的关系都持有相似的看法,都认为语言与物质世界之间无法直接相连,语言隶属于介于客观现象世界和主观内部世界之间的人的认知世界。А. 维日比茨卡娅也否认将自然语言要素的意义粗暴等同于语言与世界的关系这一论点,她提出"自然语言的特性是,它无法将超语言现实从语言载体的心理世界和社会世界区分出来"[2]。也就是说,"意义是人本中心的,即反映人类特性的一般特征……基于自然语言无法描写'如它所是的那个世界':语言一开始就给予语言载体一幅特定的世界图景,同时每一门语言都给出自己的图景"[3]。所以,人类中心主义范式所关注的核心问题是对语言意义的阐释,然后通过语言载体对语言的运用完成符义分析,揭示人的世界。

法国符号学家 É. 本维尼斯特为确立人类中心主义范式的统治地位提出另一个理据。他反对单纯将语言视为人类的交际工具,而是将之视为人类的自然特性。"将语言谈论为工具,意味着将人与其天性(природа)对立。自然之中没有十字镐,没有指针,没有车轮,它们都由人制造出来。而语言就归属于人的天性,并非由人创造。"[4]

É. 本维尼斯特是人类中心主义的拥护者,尤为关注语言中人的形象。É. 本维尼斯特在《语言中的人》这一章详细阐释了欧洲符号学固有而又深刻的"人本位"传统,这一传统拉近了法国和俄罗斯符号学学派的距离,在学理上体现出这样的特点:"语言根据人的尺度创立,这个尺度就印刻于语言自身的组织之中,语言就应该根据这一尺度进行研究"[5]。因此,符号学与人的关系难以割舍正是因为语言本就是人的特性之一。符号学研究语言,而研究语言就是研究人的本质。

---

① 伍铁平. 语言与思维关系新探[M]. 上海:上海教育出版社,1980:32.

② ПАДУЧЕВА Е В. Феномен Анны Вежбицкой [M]//ВЕЖБИЦКАЯ А. Язык. культура. познание. Москва: Русские словари, 1996:5.

③ 同② 5.

④ БЕНВЕНИСТ Э. Общая лингвистика[M]. Москва:Прогресс,1974:293.

⑤ 同④ 15.

二、语言逻辑分析学派的人类中心主义思想

伴随着人类中心主义范式的确立,"'彼得堡功能语法学派''莫斯科功能社会语言学派''塔尔图-莫斯科符号学派''莫斯科语义学派''莫斯科心理语言学派''逻辑分析学派'等"[①]众多学派迅速崛起。其中,Н. Д. 阿鲁秋诺娃领导的"语言逻辑分析学派"(Логический анализ языка,ЛАЯз)是俄罗斯20世纪80年代中期形成的具有相当影响力的学派之一,Ю. С. 斯捷潘诺夫就是该学派的成员,他的人类中心主义思想也受到这一学派的影响。

语言逻辑分析学派主张,使用逻辑范畴和观念分析法,揭示语言与思维的关系。学派自产生以来经历了两个发展阶段:第一个阶段是语用阶段,学派聚焦于在语用学框架内对自然语言进行逻辑分析,阐明交际双方的思维世界、价值系统和心理机制,深入到日常生活领域高效地解决语言、思维与现实生活之间的关系;第二个阶段就是观念分析阶段,该阶段研究直接在语言文化领域开辟出一个新的研究方向——文化观念分析学派。这一学派的学者认为:"文化作为人类的'第二现实'(вторая реальность),是人类认识的对象,因此对其需要进行特别的综合研究。"[②]他们还认为:"文化观念中存在一组决定人的'实践哲学'(практическая философия)的全人类的世界观,如真实(истина)、真理(правда)、虚伪(ложь)、自由(свобода)、命运(судьба)等。"[③]通过对这些观念进行细致的分析,可以通达俄罗斯民族世界图景乃至全人类的共性世界图景。

需要指明的是,逻辑分析学派所秉持的人类中心观是对 В. 洪堡特时期人类中心主义思想的深化。此时的人文思想"不仅仅反映人的精神领域和心智世界,而是将反映的对象扩展为人的全部精神内涵,包括人的一切内心映像——情感、伦理以及对客观世界的具身感知等"[④]。此外,逻辑分析学派的观念研究还更加注重普通民族成员在日常生活中对语词的运用。语言是人的本质,其中蕴含着人的所有知识聚合体,包括人在社会生活中的情感体验、道德评价、精神面貌、世界观、价值观以及对日常生活所涉及的一切内容的态度与应对。这些内容无不进入观念的语义特征"束",构成 Ю. С. 斯捷潘诺夫的研究旨趣。Ю.

---

① 赵爱国. 当代俄罗斯语言学研究中的人类中心论范式[J]. 中国俄语教学,2013(4):3.

② 赵爱国. 20世纪俄罗斯语言学遗产:理论,方法及流派[M]. 北京:北京大学出版社,2012:48.

③ 同② 48.

④ 同② 47.

Ю. С. 斯捷潘诺夫延续这一研究思路,从民族表层的社会历史生活着手,切入深层的思想、观念、道德、精神等文化内涵领域,并借助符号学方法将这些宝贵的精神财富串联起来,形成完整的观念进化序列。最终,这一系列研究成果汇聚为独树一帜的观念符号学思想。这部分思想,我们已在第三章详细介绍,人类中心主义在 Ю. С. 斯捷潘诺夫的观念符号学中贯穿始终。

三、Ю. С. 斯捷潘诺夫人类中心主义思想的领先性

Ю. С. 斯捷潘诺夫的普通符号学和观念符号学都蕴含着深刻的人类中心主义思想,后者在这两部分符号学中都有着独特的体现。另外,人类中心主义思想在 Ю. С. 斯捷潘诺夫的理论中早有萌芽,渊源之久,甚至能追溯到其语言学理论。从出现的时间来看,Ю. С. 斯捷潘诺夫的人类中心主义思想已经远远早于人类中心主义作为学术范式盛行起来的时期,这是他的领先性之一。另外,Ю. С. 斯捷潘诺夫的人类中心主义思想是非先验的、非武断的,自然语言符号系统的中心性是经过与其他符号系统的对比论证得来的,这是他的领先性之二。

（一）人类中心主义思想

普通符号学中 Ю. С. 斯捷潘诺夫的人类中心主义思想主要以人类自然语言符号系统相较于其他符号系统的中心性体现出来,自然语言的标尺性就是这种中心性的一大代表。Ю. С. 斯捷潘诺夫的普通符号学考虑到相当多的符号系统,不仅包括人在社会生活中的行为习惯、文化风俗、言语表达以及科技和研究等方方面面,还包括自然界的有机物和无机物系统,但是人类的语言在众多符号系统中占据核心地位。"核心"地位不仅意味着语言符号系统是普通符号学的研究重心,在 Ю. С. 斯捷潘诺夫的设想中,这更意味着语言可以作为衡量其他符号系统符号性的尺度,这一重要"职责"不是其他符号系统能够胜任的。

不仅如此,人类中心主义思想还框定了语言标尺的操作范围。Ю. С. 斯捷潘诺夫认为,语言的标尺性主要作用于人类群体密切参与的系统,也就是被人类意识到的符号系统。所有符号系统都是客观存在的,但是人能够在多大程度上意识到这是符号系统却是难以预料的,对于脱离人类意识的那些符号系统,特别是表2-2中的前4类,Ю. С. 斯捷潘诺夫将它们排除在"语言—弱语言—次弱语言—非语言"的判定范围之外。毕竟,"一个符号只有能被解释成符号才能成为符号",而且"不存在任何例外"[①]。

---

① 赵星植. 论皮尔斯符号学中的传播学思想[J]. 国际新闻界,2017(6):90.

普通符号学的人类中心主义思想还能体现在 Ю. С. 斯捷潘诺夫进行的符义研究方面。在这部分研究中，他将人的认知作用引入进来，这在当时是非常少有的。人的认知能力促成符号能指—所指内容的辩证关系，形成微观世界—宏观世界的符义对应关系，同时还是 Н. Я. 马尔功能语义理论自语义研究向符义研究过渡的根源所在。正是在人的认知空间中，Ю. С. 斯捷潘诺夫才能将词汇语义的继承和过渡升华为文化观念的累积与进化。

在观念符号学中，人类中心主义思想贯穿始终。Ю. С. 斯捷潘诺夫研究了大量文化观念，观念的全部意义就是人在社会生产生活中的历时写照，是人在认知和改造客观世界时围绕后者形成的全部知识体系、互动经验、文化记忆和心智资源，它们映刻于民族语言之中，形成一个民族独特的世界图景。所有民族成员都在这一图景潜移默化的影响之下，接受某种特定的集体意识和世界观，逐步演化出共性的社会制度、行为规范、道德准则和价值体系。人的心智空间就是这些内容建构的场所，人的认知扮演不可或缺的角色。

Ю. С. 斯捷潘诺夫所研究的观念几乎囊括所有与人相关的，在社会生产生活中可能出现的有意识内容和无意识内容。这些内容以文化信息的形式存在于观念的不同层级中，同时与特定的语言共同体相应。尽管所有语言共同体都属于一个民族，但依据观念语义层级的现实性程度，我们依然能将民族成员划分为不同的社会群体，不同层级的观念语义在特定社会群体中是现实的。从这个角度来看，观念层级的划分是民族社会群体划分的依据。反过来，不同民族群体对同一社会文化的异质性体认也是观念含义分层的根源。特定的语言共同体在文化中经历的社会历史现实总会与其他共同体有所差异，这才导致了观念的异质内涵，这是不同的文化语境造成的。因此，人类中心主义还能体现在观念的层级划分中。

包括物质与精神在文化语境中的统一、民族记忆的年代表、文化观念界限的划定等，人的认知都在其中发挥了重要作用。文化本就源于人类的创造，不论物质文化还是精神文化都是人与世界互动的产物，二者密不可分。那么物质与精神之间也不存在截然割裂，Ю. С. 斯捷潘诺夫提出的文化空间中事物与词的同义化就是这一点的有力论证。事物在人类的生产生活中被赋予含义，然后凭借这一含义进入人类的交际活动和社会活动，参与人的生活，逐步汇聚为观念的词源层语义。赋予事物以含义的正是认知的人。而民族记忆的年代表则更是在人的心智空间中加工合成，观念的界限，特别是观念的下限，根据 Ю. С. 斯捷潘诺夫的定义，取决于个人的经验域……诸如此类，整个观念符号学都浸润在人类中心主义之中。

(二)人类中心主义思想的领先性

研究发现,Ю. С. 斯捷潘诺夫的人类中心主义思想有两个领先之处:一个在于其出现之早,一个在于其论证性。人类中心主义作为影响广泛的国际学术研究范式盛行于20世纪90年代,但 Ю. С. 斯捷潘诺夫对人类中心主义思想的推崇却远早于此。我们知道,Ю. С. 斯捷潘诺夫的学术旨趣十分广泛,一生涉猎包括语言学、符号学、文化学、语言哲学、文艺学、诗学等众多学术领域,而奠定其世界级学者地位的,同时还堪称其学术生涯起点的学术领域就是语言学。Ю. С. 斯捷潘诺夫的人类中心主义思想早在他的语言学研究(Степанов, 1966)中就已崭露头角,之后才过渡到符号学研究。

当代学术研究中的人类中心主义,其"最突出的特征是将语言主体(субъект)确立为新的研究对象,即研究转而针对说话的人(человек говорящий)。具体而言,后者又可进一步划分为两类:第一类是语言中的人,第二类是人所说的语言"[1]。早在《语言学基础》这部书中,Ю. С. 斯捷潘诺夫就将"人所说的语言"确立为意义研究的重心。试看他对词汇语义学(семасиология)的定义:"词汇语义学作为语言学的分支,而非关于符号的一般科学分支,研究的不是整个意义连续统(гамма значений),而仅仅是其中的一部分,这部分意义可以定义为人意识到的或未意识到的心理现象——对象物(事物、关系)借助物质的语音、词汇在人意识中的反映"[2]。该定义明确提出,语言符号所引起的人意识中的映像才是词汇语义学的研究对象,人的形象突显出来。语词由人创造,同时由人使用,语言本身就是人的标志和成素,语义研究无法与人截然分开。但是与此相比,其他学者对词汇语义学的定义却并未提及人的形象,试比较:"М. А. 科隆高斯(М. А. Кронгауз)对词汇语义学的定义'它是研究词、词组意义的语义学学科,研究词从形式到内容的变化';Н. Ю. 什韦多娃(Н. Ю. Шведова)的定义——'研究语言单位意义的语言学分支';М. В. 尼基金(М. В. Никитин)的定义——'语言语义学,即语义学,是研究自然语言意义的一门学科'"[3]。

Ю. С. 斯捷潘诺夫对"语言中的人"同样重视。在语法相关问题的处理中,人类中心主义具有更加独特的体现。Ю. С. 斯捷潘诺夫认为语言中语法范畴

---

[1] 赵爱国. 人类中心论视野中语言与世界的关系[J]. 外语学刊,2011(5):107.

[2] СТЕПАНОВ Ю С. Основы языкознания[M]. Москва:Просвещение,1966:146.

[3] 孙淑芳. 俄罗斯语言语义学发展刍议[J]. 外语学刊,2012(6):59-60.

具体体现为 3 种抽象类型（тип абстракции）："①对象物、特征和行为的抽象——称名（номинация）；②对象间关系的抽象——述谓（предикация）；③人相对于言语地点和时间的关系的抽象——定位（локация）"①。其中，"定位"就是以说话人为中心的抽象类型，与之相关的语法范畴包括时间范畴、人称范畴、数的范畴和格的范畴。作为这一抽象类型的凝练，Ю.С.斯捷潘诺夫提出言语行为的 3 个坐标（координаты）——"我—此地—此时"（я-здесь-сейчас）："坐标'我'——人本身，言语发出者；'此地'——言语地点"②；"此时"——言语时刻。这是借助语法范畴对语言中人形象的抽象描摹。对"定位"及"我—此地—此时"的 3 坐标观点在《语言学基础》1975 年的再版《普通语言学基础》中提出，后于《Семиологический Принцип Описания Языка》（《语言的符号学描写原则》，1976 年和《Имена Предикаты Предложения: Семиологическая грамматика》（《符号学语法：名词·谓词·句子》，1981）中得到更加深入的发展。正如 Ю.С.斯捷潘诺夫所言："根据当代语言学的观点，言语行为及其中心——说话人是整个语言系统的核心。"③

《普通语言学基础》是《语言学基础》的再版，虽然于 1975 年问世，在出版时间上晚于《符号学》，但它们的人类中心主义思想均为一脉相承——都源于《语言学基础》这部著作。《语言学基础》成型于 1966 年，那么可以说，Ю.С.斯捷潘诺夫的人类中心主义思想就成型于 20 世纪 60 年代。尔后，语言学的这部分思想转而进入普通符号学领域，这里就涉及 Ю.С.斯捷潘诺夫人类中心主义思想的另一个领先之处——非先验性。

非先验性指的是，Ю.С.斯捷潘诺夫并不是先验地对人类中心主义表示赞同，而是对这一观点的合理性进行了论证。虽然 Ю.С.斯捷潘诺夫的符号学研究主要围绕人的语言展开，但是他并没有忽视动物交际系统和人工语言系统。这一点曾在《语言学基础》中就有所表露。"人类语言属于关系系统，关系系统的其他类型，一方面是动物个体在动物群体中自然的生物关系系统，另一方面是由人创造的人工系统，比如人工机器语言。"④在充分肯定 3 者的同等地位（都是关系系统类型）之后，Ю.С.斯捷潘诺夫就以动物世界中最为复杂和完善的关系系统——蜜蜂的"语言"为类比对象，详细阐明人类语言与动物语言的差

---

① СТЕПАНОВ Ю.С. Основы Общего языкознания[M]. Москва：Ленанд，2016：122.

② 同① 139.

③ 同① 139.

④ 同① 245.

别。他指出蜜蜂具有3种信息传递系统,分别为"生理系统""超声系统"和所谓的"蜜蜂的舞蹈",其中唯有最后一个系统最具潜力成为蜜蜂的"语言",然而其传递还是生物性和物理性的,是感知到信息的蜜蜂通过重复移动和对信息传递者的动态触觉传递的。与之相对,人的信息传递则具有如下特点:①所有语言交际渠道均为口耳交际(вокально-слуховой),即语言信息都是由声音传递而由听觉接收的;②语言活动不具有直接的生物意义,换句话说,它是非生物相关的;③任意语义化,这是说,动物交际用到的符号只是复制所指现象,在最发达的蜜蜂的舞蹈中,蜜蜂也只是再现现象的主要特征,这种行为是受限的。Ю. С. 斯捷潘诺夫将之称为"模仿"。而人的语言符号不是模仿,是象征(символизировать)。象征比模仿具有更高的研究价值,所以人类的自然语言符号系统比动物的交际符号系统具有更高的研究价值。

  正是这样的比较论证,使得Ю. С. 斯捷潘诺夫的人类中心主义思想更加具有合理性和非武断性。与丝毫不考虑动物表意系统的语言学家和符号学家,特别是结构主义符号学家相比[①],Ю. С. 斯捷潘诺夫的思想无疑更富于全面性、严谨性和前瞻性。他对各类型关系系统的重视以及对人类语言符号系统中心性的论证在普通符号学思想中都有明确体现。

  Ю. С. 斯捷潘诺夫在《符号学》中对普通符号学视域中的符号系统进行了划分,生物符号学赫然在列。Ю. С. 斯捷潘诺夫认为生物符号学的创始人为德国生物学家尤科斯库尔,后者提出动物的内部世界和外部世界理论,认为"有机体和外在环境之间的生物联系,包括有机体之间的联系,都基于有机体的结构内容与其外在世界之间的相互作用,这就是有机自然之中的意义"[②]。由此可见,意义现象并非人类语言所特有,Ю. С. 斯捷潘诺夫还将这一思想列为当代符号学的主要思想之一:"意义现象不是人类语言或人类心理的某种特殊性质,它以其他形式出现在有机自然中的各个地方。"[③]只是人类语言更加完备,意义现象更加丰富,因而是符号学研究的重点。而且,在研究语言的符号性范围和异质语言、同质语言时,Ю. С. 斯捷潘诺夫还在人类的自然语言中划分出与动物传递信息所用到的物理性行为等价的语言符号,这可以视为对这部分思想的进一步发展,已在第二章第三节详细论述。

---

  ① 结构主义符号学家大都认可人类语言符号系统的中心地位,认为符号研究的目标就是人类的语言符号并以该符号系统为模型,套用于其他人类相关的符号系统。这种共识体现出了结构主义符号学中人类中心论和语言中心论的先验性。
  ② СТЕПАНОВ Ю С. Семиотика[M]. Москва: Наука, 1971: 28-29.
  ③ 同② 29.

可见，Ю.С.斯捷潘诺夫的人类中心主义思想提倡以一种温和的、理性的方法处理自然语言符号系统与其他符号系统间的关系。他不否认语言学和符号学的跨物种特性，也认可符号行为是所有物种都具备的能力，只是他强调，自然语言符号系统是相当完美的符号系统，所以必须要以人的语言为尺度丈量其他符号系统的符号性特征。包括人工语言系统，他也持相似态度。"人的自然语言是人类所知晓的世界中最完整和完美的关系系统。其他人工语言都只能体现自然语言中的部分特性，而且与自然语言相比，人工语言总是在某些方面优于或逊于前者。我们通过语言知识这一三棱镜来认识自然关系系统，即符号系统。相对于语言，自然符号系统是第一性的，人工语言是第二性的。所以，人类自然语言占据符号系统的中心，那么从符号学观点研究自然语言的语言符号学就占据符号学的中心。"①

第二节 语言中心论的科学性

语言中心论在Ю.С.斯捷潘诺夫的符号学思想中也有独特的体现。语言中心论在20世纪初哲学的语言学转向之后就已经基本确立。后期维特根斯坦指出："哲学不能以任何理由和任何方式破坏语言的实际用法，因此，哲学最后只能描述它。它既不能为其提供基础，也不改动任何东西。"②所以，语言既是哲学的中心，也是哲学描述的对象。无独有偶，人类语言的研究在符号学中同样举足轻重。以自然语言为核心的研究传统在Ф.де索绪尔开创符号学这门学科后就已经延续下来，实际上无论结构主义符号学、后结构主义符号学，还是Ф.де索绪尔传统与Ч.С.皮尔斯传统，都带有很强的语言中心特性，尽管二者的追随者对语言中心论的表达程度有所差异。

一、语言中心论

语言中心论主要涉及语言，特别是人类自然语言，在符号系统研究中的地位问题。目前，人类符号系统的多样性已经毋庸置疑，但是如何研究这样宏大的符号"宇宙"足以使每个符号学家殚精竭虑。语言中心论就主张以人类自然语言为符号学的研究中心，因为"语言是'所有符号系统的解释项'，是最自然的

---

① СТЕПАНОВ Ю С. Семиотика[M]. Москва: Наука, 1971:47.
② 维特根斯坦. 哲学研究[M]. 韩林合，译. 北京: 商务印书馆, 2015:90.

符号系统,能够'将所有内容,包括它自身,范畴化并给出解释'"①。在结构主义范式中,语言中心论体现为用语言符号系统的研究模式研究其他符号系统。

结构主义传统下以语言符号系统为模板进行非语言符号系统研究的包括列维·斯特劳斯、Р. О. 雅各布逊、Ж. 迪梅齐（Ж. Дюмезиль），以及早期的 Ж. 拉康（Ж. Лакан）和早期的 Р. 巴特等。他们充分吸收结构主义符号学的理论精华,将 Ф. 德索绪尔的概念体系与个人的研究旨趣有机融合,如列维·斯特劳斯运用 Ф. 德索绪尔符号学模式分析复杂的社会关系问题,为民族符号学研究做出贡献;拉康则是借助 Ф. 德索绪尔理论分析"患者的言语活动",为精神分析学提供一套新的方法论;Р. 巴特结合广告服装、膳食和汽车等具体符号系统,展现结构主义符号学的应用,甚至还将符号学纳入语言学麾下,认为前者是后者的一部分。Р. 巴特的观点将符号学的语言中心论拔高到极致。

后结构主义符号学包括拉康、Р. 巴特、Ж. 德里达（Ж. Деррида）、Л. П. 阿尔都塞（Л. П. Альтюссер）的后期研究和 Ю. С. 克里斯蒂娃（Ю. С. Кристева）的"符义分析"。这一阶段的研究"并不看重语言符号,而是更看重语义研究,努力探讨意指方式,认为符号学应该成为一种有关意指系统和意指方式（结构）的理论,他们研究的领域是作为意指实践结果的各种文本"②。研究重心的改变减缓了人类语言系统对其他符号系统的支配之势,但是这一趋向并未撼动人类语言的中心地位,毕竟言语活动和作为意指实践结果的文本也是自然语言范畴的对象。

对于研究范式大不相同的 Ч. С. 皮尔斯、莫里斯理论体系而言,他们则以更广阔的符号研究视角,或者说以符号作为"媒介"的角度,对符号学展开论述。他们研究的符号系统更为复杂,并非仅限于"人类自然语言的口耳之学"③,而是将研究视域扩展到众多世界现象之中,研究显露出一种泛符号性特征。在第二章第一节我们曾提及 Ч. С. 皮尔斯符号世界的泛符号性,这种泛符号性还能从借由解释项推演而成的"无限衍义"（infinite semiosis）说可窥一隅。

无限衍义学说是根据符号表意的特性发展而来的解释项理论,Ч. С. 皮尔斯的最终目标是找到"最终解释项",这是符号衍义的终途。根据 Ч. С. 皮尔斯的观点,每一种解释都会成为符号,解释的解释成为符号的符号,解释的叠加使

---

① ИВАНОВ Д И, ЛАКЕРБАЙ Д. Л. Антропоцентрическая парадигма и лингвоориентированная гуманитарная теория[J]. Языкознание, 2016(65): 82.

② 怀宇. 论法国符号学[M]. 天津: 南开大学出版社, 2016: 41-42.

③ 索绪尔. 普通语言学手稿[M]. 于秀英, 译. 南京: 南京大学出版社, 2011: 317.

符号复杂化,"如此一来,我们终将,或应当,触及符号本身"①。然而,这种符号,在赵毅衡看来就是文化语义场:"一个符号的无限衍义,最后可能延及整个文化。"②延续这一思路,所有文化内容都将是符号化的结果。

但是尽管如此,我们也还是能够看到 Ч. С. 皮尔斯对人类语言的重视。"Ч. С. 皮尔斯基于符号学进行语言研究,而 Ф. де 索绪尔基于语言进行符号学研究。"③ Ч. С. 皮尔斯认为,"符号要实现意义,需要由3个部分有机作用而成,这3个部分分别为符号代表项、符号目标项和符号解释项"④。这三者在语言符号中分别表示声音、说话人心中的意义和听话人心中的意义,意义活动在心智世界开展,这三者之间动态反映的结果就产生了意义,这是一个信息的交际过程,还是一个认知语用过程⑤。正是交际过程中说话人和听话人心中意义的差别,才为"无限衍义"提供了可能。但是无论如何,这个过程都要通过语言来完成,乃至最终的文化语义场,语言产物也是最主要的构成部分。

Ч. С. 皮尔斯理论体系的继任者莫里斯,他将符号看作一种人类行为。莫里斯对符号的定义,我们已经在第二章第二节给出——"如果任何一种东西 A 是一个预备刺激,但是当并不存在刺激物可以激发某行为族的反应序列时,A 也能在某个有机体身上引起一种倾向,即在一定条件下该行为族的反应序列被用作反应,那么 A 就是一个符号。"可以看出,莫里斯的符号定义是行为主义的,他甚至曾十分明确地表明,"符号的本质在于:符号过程是行为"⑥。只是这种行为中,"语言……占有特殊的、主要的地位"⑦。为阐明这一点,莫里斯还专门著书(《符号,语言和行为》,1946 年)将语言作为符号来考察,认为语言具有 5 个符号性质⑧:

(1)语言由一系列符号构成。

(2)语言中的每个符号都有一个对许多解释着共同的指表。

(3)语言符号是共符号(cossign),即这种符号可以通过解释者族的成员产

---

① PIERCE C S. A chronological edition(Vol. 2)[M]. Bloomington and Indianapolis: Indiana University Press, 1984:230.
② 赵毅衡. 符号学[M]. 南京:南京大学出版社, 2014:109.
③ 完权. 从皮尔斯符号学到语用整体论[J]. 当代修辞学, 2020(3):13.
④ 同③ 13.
⑤ 同③ 13.
⑥ 王铭玉. 语言符号学[M]. 北京:北京大学出版社, 2015:121.
⑦ 同⑥ 122.
⑧ 同⑥ 122.

生,并反过来对所有人均有共同的指表。

(4)语言符号是多情境符号,也就是说,这种符号在使用的各个情境中均能够保持指表一定程度上的恒定性。

(5)众多语言符号之间必定能够相互联结,进而构成一个体系,这种联结会受到语法和语形的限制。

结合这5个符号性质,莫里斯认为:"语言是多情境符号的集合,对一个解释者族的全部成员而言,语言拥有共同的人际指表,后者可以通过解释者族的成员产生,可通过某些特定方式形成复合符号。或者我们可以说,语言是在结合方式上受限的多情境符号集合"[①]。这个定义涉及语言的符义(共同的人际指表)、符构(以特定方式形成复合符号)、符用(多情境)3个方面,具有很高的科学性、严谨性、细致性和全面性。另外,莫里斯的定义与Ф. де 索绪尔视域中的语言也有着相似之处,那就是语言的社会特性——语言在社会群体中形成和理解,具有一定的共性和恒常性。

综上所述,语言符号系统在符号学研究中的核心地位是显而易见的,只是这种语言中心论在不同学派中有显性和隐性之分。在结构主义符号学派中,语言中心论达到高潮,自然语言系统被明确赋予凌驾于全部符号系统之上的地位,毕竟结构主义符号学创立之初就是自语言学向符号学的引申;在后结构主义学派中,语言中心的地位问题趋于边缘,符义问题向中心位移,但研究对象仍旧没有超出人类自然语言范畴;Ч. С. 皮尔斯-莫里斯的符号学体系中,符号研究的广博性迫使人类语言的中心作用退居潜势,从符号角度审视自然语言是这一学派的特点,但与其他符号系统相比,人类的自然语言也依然是最为重要的符号系统。

二、Ю. С. 斯捷潘诺夫语言中心论思想的科学性

Ю. С. 斯捷潘诺夫的符号学思想中也有非常明显的语言中心论特点,只是他的语言中心论是一种温和的、理性的、创造性的语言中心观。首先,这体现在他所坚持的语言中心论思想与结构主义传统有着一脉相承的关系。Ю. С. 斯捷潘诺夫对结构主义符号学语言观的继承在于他同样认为人类的自然语言是衡量其他符号系统符号性的尺度。其次,他对符号系统的研究又不仅限于自然语言,还包括动物交际系统、人工语言系统以及其他超越语言范畴的人类非语言符号系统,特别是民俗学和人类学的相关研究成果也在Ю. С. 斯捷潘诺夫符

---

① 王铭玉. 语言符号学[M]. 北京: 北京大学出版社, 2015:122.

号学的研究视域内。其符号学思想的广度已经远远超过结构主义符号学派,转而向 Ч. С. 皮尔斯符号学体系靠拢。最后,Ю. С. 斯捷潘诺夫的语言中心论还体现为对"语言"的创造性诠释上,他赋予这个术语以谓词意义,这与语言的标尺性紧密相关。

实际上,我们在 Ф. де 索绪尔对符号学的论述中也发现了前面所述的前两点特征。Ф. де 索绪尔对符号学的研究是自语言学开始的,语言符号系统中心观在 Ф. де 索绪尔对符号学的设想中就可窥一隅。"顺便一提。当符号学建立的时候,应该提出一个问题,基于完全自然的符号,如'哑剧'那种表达手段是否属于符号学的研究范围。甚至如果符号学将那种表达手段纳入自己的研究领域,符号学研究的主要对象仍旧是基于符号任意性的系统总和。实际上任何一个社会公认的表达手段都主要基于集体习惯或规约性。比如,礼仪符号就经常以一些自然生动的表现为特征(比如中国人在迎接帝王的时候要施以三跪九叩之礼),进而被规则固化下来……因此,相比其他符号而言,具有完全任意性的符号能够更好地实现符号过程原则:这就是为什么语言是最复杂和最通行的表达系统,同时还是所有系统中最具特色的一个;在这个意义上,语言学可以充当整个符号学的原型,尽管语言只是众多符号系统之一。"[①]

从中可以看出,Ф. де 索绪尔本人并不是如西方符号学界所批判的那样,直接粗暴、武断地将语言符号系统凌驾于其他符号系统之上,而是对此进行了细致的思考和论证。他首先强调符号学相比语言学更为广泛的研究范围,认为与人类相关的符号系统数量众多,语言符号系统只是其中之一。其次,Ф. де 索绪尔也没有主张以语言研究模式对其他符号系统进行机械推演,他只是认为具有任意性特点的规约符号——人类的语言符号系统以及以此为研究对象的语言学最具有成为符号学原型的潜力。Ф. де 索绪尔这部分思想的极端发展应当归咎于尔后衍生出的结构主义符号学。基于此,我们还可以说,Ю. С. 斯捷潘诺夫的语言中心论部分延续自 Ф. де 索绪尔的观点。

首先,Ю. С. 斯捷潘诺夫的普通符号学思想没有忽视其他非语言符号系统的重要性。Ю. С. 斯捷潘诺夫在《符号学》中总结了符号学的四大研究方向,分别为:①研究自然符号系统或某种程度上对有机体自我存在很重要的符号系统,即生物相关系统(биологически релевантные системы),这是生物符号学,生物符号学依靠生物学研究动物的信号(交际)系统,包括低等动物、昆虫等的交际系统;②研究范围相当广泛的民族符号学,内部有 3 个流派结合不同学科

---

① СТЕПАНОВ Ю С. Семиотика[M]. Москва: Наука, 1971: 24.

发展而来——基于人类学和民族学研究原始社会的分支,代表人物为美国的 Э. 霍尔(Э. Холл)和法国的列维·斯特劳斯;基于社会心理学和工程心理学研究高度发达的社会,代表人物为法国的 Ж. 马多列(Ж. Маторе)和美国的 A. 恰帕尼斯(A. Чапанис);基于哲学史和文学史进行民族学研究的分支,代表人物为 P. 巴特、M. 福柯(M. Фуко)等法国学者;③语言符号学,研究自然语言及其修辞,研究伴随言语(副语言学,如伴随言语的姿势和表情)、补偿言语(语调、字体等)的符号系统,作为言语功能和符号性变体(如艺术言语)的符号系统以及人工语言符号系统;④研究符号系统最为一般的特性和关系,形成符号系统最为抽象的数理逻辑理论,这是抽象符号学。此外,还有无机自然界的符号系统、文化符号系统等,它们与语言符号系统一起成为普通符号学的研究对象。"所有方向以相互之间最为紧密的联系存在,而且他们的一般问题都在同一门科学——符号学,或广义的符号学、普通符号学(общая семиотика)中展开。"[1]

从这些符号系统的复杂性以及相关专门符号学思想的原创性(如生物符号学和民族符号学)来看,Ю. С. 斯捷潘诺夫的研究比结构主义符号学学派走得更远,甚至可以与 Ч. С. 皮尔斯符号学体系比肩。

其次,在语言符号系统的地位上,Ю. С. 斯捷潘诺夫也如 Ф. де 索绪尔一样,赋予其极高的地位。他的普通符号学思想就是首先按照语言学的方式论述语言系统,然后类比语言系统和其他符号系统,阐明抽象的语言关系在这些符号系统中的体现方式。后者不依赖于符号系统的物质形式,是纯粹的抽象原则,也就是 Ю. С. 斯捷潘诺夫所期望得到的一般符号学规律。在术语的运用上,Ю. С. 斯捷潘诺夫的相关术语也与语言学互通,例如,他在对符号系统符号性程度的描写中运用能指—所指这对术语,在符号的定义上使用弗雷格三角,在描写符号系统的层级结构时运用 Л. 叶尔姆斯列夫的表达方面—内容方面这对对立术语。它们在语言学中也同样举足轻重。

此外,语言中心论在 Ю. С. 斯捷潘诺夫的符号学中还有一个独创性体现,那就是语言的标尺性。根据 Ю. С. 斯捷潘诺夫的观点,人类语言作为一种规约符号,同时还是生物学上最不相关的符号系统,也就是说,使用自然语言进行的表意活动与物质系统,比如人的身体,分离程度最高。与之相对,动植物的表意系统则与其身体(物质性存在)不可分离,那么其符号性就低。以自然语言符号中能指、所指与人的分离程度为标准,Ю. С. 斯捷潘诺夫将所有符号系统与之对比,形成符号性由低至高渐次排列的符号系统连续统。这是自然语言充当符

---

[1] СТЕПАНОВ Ю С. Семиотика[M]. Москва: Наука, 1971: 24-25.

号性标尺的第一种情况。

语言充当标尺的第二种情况就是语言的述谓意义,这是 Ю. С. 斯捷潘诺夫对"语言"术语的新解,它使语言中心论迈入新境。传统意义上的语言中心论,或是将人类的自然语言置于符号学的研究中心,将该语言符号系统的研究范式作为模板套用在其他符号系统之上,或是直接将之作为符号学研究的全部内容。但是 Ю. С. 斯捷潘诺夫为人类的自然语言赋予述谓特性,同时将人类交际活动所用到的众多物理性行为、动作、表情等都冠以"语言"之名。具体操作就是,仍旧以自然语言符号中能指、所指与人的分离程度为标准,根据上述符号系统的生物性相关程度将它们区分为"弱语言""次弱语言"等,而对于那些未能进入人的意识或被意识到却并未投入使用的符号系统而言,它们还可能成为"非语言"。

Ю. С. 斯捷潘诺夫对"语言"的新解使之具备了度量功能,甚至可以被程度副词修饰。现在,人类的自然语言可以用来判定人类交际符号系统的"语言"程度,也就是 Ю. С. 斯捷潘诺夫曾提到的"在何种程度上是语言"。另外,这还在客观上扩大了"语言"的范围,语言中心论愈加根深蒂固,并且独树一帜。

而观念符号学的语言中心论则是不言自明的。观念本身就以词汇,特别是名词形式呈现,而且对观念的认知阐释和对观念词的符义分析在该理论中占据了相当大的比例。物质文化序列与精神文化序列内部以及二者之间都存在符号学关系,即能指与所指的对应关系,这是语言的二元对立关系在文化系统中的一大体现。对观念词的符义分析是观念符号学的核心方法,Ю. С. 斯捷潘诺夫作为语言学家,本就以语义研究见长,赵爱国更是将他的符号学研究模式归为意义中心主义范式,Ю. С. 斯捷潘诺夫的研究成为"普通语言学性质的语言符号意义研究"[1]之一。这一点在观念符号学中就体现为透过观念词语义对文化内涵的深度挖掘与符义阐释。

第三节 理论与方法的超时代性

任何学术理论与研究方法都能从它们产生的时代找到其赖以存在的依据,理论发展与方法的应用总是反映着人类深层思维的历史演变,这与特殊的时代背景和特定的学术研究范式相关。尽管时代与研究范式的变革推动理论创新和方法更迭,甚至有很多学者在自己的理论中完全规避了"过时"的理论与方

---

[1] 赵爱国. 俄罗斯符号学研究范式的百年嬗变[J]. 俄罗斯文艺, 2016(4):109.

法，但总有一些学者能够精准把握前一时代和范式中的理论优势与方法的先进之处。他们有效汲取这些内容并应用到自身的研究中，使自己的理论具有了超时代性，Ю. С. 斯捷潘诺夫就是这样的学者。Ю. С. 斯捷潘诺夫的符号学思想借鉴多家理论之长，综合运用多种研究方法，其中，Н. Я. 马尔理论的应用和历时研究方法的运用使其思想具备了超时代性特征。

一、Н. Я. 马尔理论对照下的超时代性

Н. Я. 马尔理论在 Ю. С. 斯捷潘诺夫的普通符号学思想中得到了部分应用和发展，具体而言，就是 Н. Я. 马尔的功能语义理论。说起 Н. Я. 马尔，所有身处和熟悉苏联语言学界的学者都不会陌生。他生于 1865 年，1912 年就成功当选苏联科学院院士，正是他创造了盛极一时的语言新学说，也是他开启了臭名昭著的"马尔主义"时代。使用如此贬义的形容词修饰 Н. Я. 马尔的时代有如下原因。

首先，Н. Я. 马尔的语言新学说客观性和科学性过低，主观性过高。提到语言新学说，我们必须还要讨论 Н. Я. 马尔提出的雅弗语和语言阶级性思想——雅弗语理论为语言新学说奏响了前奏，语言阶级性思想是语言新学说的核心。雅弗语是 Н. Я. 马尔格鲁吉亚民族思想转变为泛高加索思想并企图为后者正名的产物。19 世纪末，历史比较语言学在印欧语系的研究方面已经大放异彩，成果卓著，"但格鲁吉亚语与印欧语系之间的关系尚不明确，致使该语整体处于孤立的状态，这种现状大大伤害了 Н. Я. 马尔的民族情感"[①]。同时，当时的学界并未十分重视高加索地区的语言与文化挖掘，这些都促使 Н. Я. 马尔决心"为格鲁吉亚语搜寻一个'有声望'的亲族"[②]。雅弗语应运而生，并从此成为 Н. Я. 马尔语言学的中心。随后，雅弗语的范围不断膨胀，从众多世界语言中阐发雅弗语成分愈加困难，最终 Н. Я. 马尔彻底脱离历史比较语言学范式，否认重构原语言的必要和可能，他甚至提出："语言发展朝向相反方向：从众多到统一。语言是独立产生的：不仅俄语和乌克兰语自古以来并非亲缘，就连俄语的每一种方言、口音在过去也是独立产生的。"[③]这一观点标志着 Н. Я. 马尔理论直接进入了背弃科学的语言新学说时代。

---

① 郅友昌，赵国栋. 苏联语言学史上的马尔及其语言新学说[J]. 解放军外国语学院学报，2003(3):30.

② 同① 30.

③ АЛПАТОВ В М. История одного мифа: марр и Марризм[M]. Москва: Наука, 1991: 99.

语言阶级性思想是该学说的突出特点。意识形态、政权、阶级统治、民族阶级、语言阶级性、思维阶级性等词在 Н. Я. 马尔的语言新学说中高频出现,西方语言学理论和苏联时期以前的俄罗斯语言学研究均遭到大力批判,前面所说的信息论、控制论均未能幸免。Н. Я. 马尔语言学的使命从提升高加索语言和文化的世界地位转向创建一种与无产阶级共产主义社会耦合的新语言上。一方面,这种转变有其时代背景。十月革命后,沙皇俄国转变为无产阶级社会主义政权主导的苏联,马克思主义作为苏联的指导思想成为最高哲学纲领。Н. Я. 马尔敏锐地搭上了马克思主义的"顺风车",强调他的语言学理论与马克思理论同声共气,企图用时代的声音掩盖自己理论的非科学性。另一方面,Н. Я. 马尔也的确具有非凡的语言学才能。排除语言新学说的偏激和主观化色彩,他本人确实可以称为优秀的语言学专家。因此,他的才能为自己的理论增添了权威性,同时他凭借此才能在学术界获得的地位也成为这一学说的"金字招牌"。

其次,语言新学说具有强大的排异性,这为苏联语言学界带来空前灾难。"Н. Я. 马尔新学说成功占领高地使整个语言学学术研究的境况跌至冰点。'斯拉夫学者事件'拉开了迫害莫斯科学者的序幕,这种迫害很快达到了空前的程度。大批语言学家被捕,著名的通讯院士 Н. Н. 杜尔诺沃(Н. Н. Дурново)和 Т. А. 伊米扬斯基(Т. А. Имянский)在此次迫害中丧生。"①然而,"30 年代科学的艰难处境不仅在肉体上蹂躏人们。在这个意义上,苏联最优秀的语言学家之———Н. 雅科夫列夫(Н. Яковлев),他的命运可以证明。在 20 世纪 30—40 年代,雅科夫列夫受到了严厉批评和威胁恐吓,其著作体现出成为马尔主义者的趋向"②。但是即便如此,这位学者在 20 世纪 40 年代末 50 年代初仍旧难逃厄运,雅科夫列夫再次遭到批斗,原因是未对马尔主义贯彻到底。背弃学术初衷和严酷的精神折磨终于击溃这位语言学家的心理防线,使之罹患严重的心理疾病。

这寥寥数笔非常清晰地表明了马尔主义盛行时苏联语言学家面临的境况。这一时期,也就是马尔主义占据霸主地位的 20 世纪 30—40 年代,苏联语言学的学术水准整体下滑,语言学和俄语研究人才损失严重。这种情况直到斯大林发文驳斥 Н. Я. 马尔的语言新学说,号召学者正视其错误,正确贯彻马克思主义才有所好转。这时语言研究的历史比较法也重获新生,包括其他科学理论也

---

① 郅友昌,赵国栋. 苏联语言学史上的马尔及其语言新学说[J]. 解放军外国语学院学报,2003(3):31.

② АЛПАТОВ В М. Марр, марризм и сталинизм[J]. Философские Исследования, 1993(4):279.

在这一时期枯木逢春,再次进入学者的创作视域。

正是由于这样一段不堪回首的学术历史,俄罗斯语言学界对 Н. Я. 马尔的理论往往讳莫如深,大幅的引用更是少之又少。一方面,他的理论正如我们前面所说,科学性、客观性太低,而主观性过强,这样的理论与科学研究相去甚远,所以引用和借鉴的价值自然大打折扣;另一方面,Н. Я. 马尔的语言新学说和马尔主义给俄罗斯语言学界曾带来重创,"它在很大程度上破坏了俄罗斯语言学的研究传统,使苏联语言学远远落后于欧美语言学的研究进程"[①]。不仅如此,在它的暴虐"统治"下惨案迭出,诸多优秀学者遭到迫害,恐惧、憎恶的情绪弥漫一时,以至于马尔主义的统治破除之后,学术界对其思想抛弃得极为彻底。当下,俄罗斯学术界对 Н. Я. 马尔语言学理论进行扬弃的学者实属罕有,但是 Ю. С. 斯捷潘诺夫没有对其理论不屑一顾,而是抽取其中的有益部分融入自己的符号学思想。

Ю. С. 斯捷潘诺夫从中抽取的部分就是本文提及的 Н. Я. 马尔的功能语义理论,这部分内容在第二章和第三章已有详细论述,在此主要说明 Ю. С. 斯捷潘诺夫引用 Н. Я. 马尔理论的初衷。我们认为,Ю. С. 斯捷潘诺夫对功能语义理论的引入和发展完全是从理论本身的科学价值角度出发的,而不是如同雅科夫列夫一般,在受到胁迫后无奈之下成为 Н. Я. 马尔理论的拥趸。原因有二。

第一,Н. Я. 马尔的功能语义理论首先出现在其《符号学》中,这部著作于 1971 年出版,其时,Н. Я. 马尔的理论早已退下神坛,它对苏联学术界的强大影响力已成为过去。因此我们判断,Ю. С. 斯捷潘诺夫对 Н. Я. 马尔功能主义理论的运用并非迫于时代背景,他完全没有被胁迫的理由。

第二,功能语义理论在观念符号学思想中也有体现,其中蕴含的物质文化的进化方式为精神文化及其载体——观念的研究提供了借鉴。观念符号学思想最先在《常体:俄罗斯文化词典》中提出,这本书的第一版于 1997 年问世,距离《符号学》出版已有 26 年。这说明,Ю. С. 斯捷潘诺夫对 Н. Я. 马尔功能语义理论的肯定从未改变,他敏锐地发觉到功能语义理论能给符号学带来突破并积极落实,事实证明确实如此。从这个角度上看,Н. Я. 马尔学术理论的生命还在观念符号学中得以延续。

现在,功能语义理论与符号学研究已经密不可分。"主要的是功能语义理

[①] 郅友昌,赵国栋. 苏联语言学史上的马尔及其语言新学说[J]. 解放军外国语学院学报,2003(3):32.

论和符号学的统一,因为功能语义理论既渐次在语言——复杂的符号系统中实现,还在其他系统——直到物质符号系统中实现。"① 功能语义理论与符号学的结合反映语言与外部世界的相互作用,保留了语言的自主性,将语言的发展表现为一个动态的创造过程和持续的继承过程。观念词中文化内涵的进化也是如此。

最后,Ю.С. 斯捷潘诺夫对 Н.Я. 马尔理论的应用并不能代表他要为马尔主义正名,我们在这里提到 Ю.С. 斯捷潘诺夫对其理论的应用也不是以此为目的。Н.Я. 马尔的语言新学说根本上讲就是不正确的。我们真正想要说明是,Ю.С. 斯捷潘诺夫符号学思想对理论的吸纳与整合是客观公正的,他的"客观"使他没有全盘否定大家嗤之以鼻的 Н.Я. 马尔理论,而是从中积极求索,挖掘其中"正能量"的部分并发扬光大。我们从他对待 Н.Я. 马尔理论的态度中没有看到时代遗留的偏见,也没有发现那种避之唯恐不及的厌恶,我们看到的是 Ю.С. 斯捷潘诺夫发现的眼光、严谨的态度,是学者的冷静自持与超越时代局限的科学思维。这就是 Ю.С. 斯捷潘诺夫理论的超时代性。

二、历时研究方法对照下的超时代性

Ю.С. 斯捷潘诺夫符号学思想的另一个超时代性就是他对历时研究法的运用,这主要体在观念符号学思想中。观念符号学最突出的特点就是观念进化符号性序列的历时性,而且历时的分析方法在观念分析学派中也同样独树一帜。"多维观念分析法也可细分为两大类别,分别是历时性观念研究和共时性观念研究。其中,前者主要依据学者 Степанов 的观念结构理论。"② 但是,"目前,还是采用共时性分析方法的学者居多,如多维度的文化关键词语义分析法(Вежбицкая, 1996; Шмелёв, 2001)、百科分析法(Воркачев, 2003; Колесов, 2002),等等"③。可以看出,观念分析中共时研究法比历时研究法更受学者青睐。造成这种差异不是没有缘由的,我们还需要诉诸时代和研究范式的变革。

历时与共时的区分由 Ф. де 索绪尔提出。他区分了两种语言学——静态语言学和演化语言学,也就是共时语言学和历时语言学。前者关注语言的状

---

① ДЕНИСЕНКО В Н, ПЕРФИЛЬЕВА Н В. Функциональная семантика и лингвосемиотика[J]. Вестник РУДН. Серия(Теория языка. Семиотика. Семантика), 2019(3):554.

② 李迎迎. 跨文化交际的语言文化观念理论研究视角[J]. 天津外国语学院学报, 2010(1):27.

③ 同② 27.

态,这是某种语言在某一历史发展阶段的情况,是语言历史的截面研究,后者则注重语言的演化,语言历史的截面之间依次替代,构成纵向的过程性研究。随后,Ф. де 索绪尔的这一区分推动共时语言学成为语言学研究的主体,之后形成的结构主义语言学派,乃至结构主义范式,都以共时语言学为对象。历时语言学势微,语言学研究的历时方法也逐渐退出舞台。

历时研究法曾是历史比较语言学中首屈一指的研究方法,主要表现为历史比较法。历史比较语言学旨在研究印欧语的语音系统,并在 19 世纪名声大噪,甚至"语言学学者常常说,19 世纪就是用历史比较方法研究语言,尤其是印欧语系诸语言的世纪"[1]。历史比较方法,一方面,有助于研究印欧各语种结构上的亲缘关系,为印欧语系形成了完整准确的谱系分类,并对其原始语的构拟大有裨益;另一方面,这个方法可以帮助学者找出语言发展、变化的轨迹和这一变化的诱因。历史比较方法最为突出的特征就是"历史"和"比较",而前者不仅是方法的特征,更是研究的宗旨。Ф. де 索绪尔认为,"自近代语言学产生伊始,它就全神贯注在历时态研究上。印欧语的比较语法利用现有的资料去构拟原始语言模型;比较实际上只是对过去进行重建的一种方式"[2]。而最终的目的就是追问语言的历史,追问"时间上彼此代替的各项相连续的要素间的关系"[3]。同时,这也是历时研究方法的特征和宗旨。这一点哪怕在 20 世纪初也具有相当的影响。"迟至 1922 年,跟许多人共同发展了共时即描写语言学的叶斯伯森,在当时仍然弥漫着的 19 世纪历史语言学的氛围中说,语言的研究主要是历史的研究。"[4]

但是尽管如此,历史比较语言学也没能摆脱衰落的命运。随着共时语言学的提出,越来越多的学术界成员脱离了历时语言学阵营,转而投入共时语言学的怀抱。直至 20 世纪 30 年代,基于 Ф. де 索绪尔理论发衍生出了 3 大结构主义学派——布拉格功能语言学派、丹麦哥本哈根语符学派和美国描写语言学派,共时语言学迅速占据主导地位。与此同时,语言研究的共时方法也取代历时研究法一跃成为迄今为止最炙手可热的研究方法。根据 Ф. де 索绪尔对共时语言学的描述我们可以发现共时研究方法的特征:"共时语言学致力于研究系统要素间的逻辑和心理关系,这些要素可以为同一个集体意识所知觉并能同

---

[1] 罗宾斯. 简明语言学史[M]. 冯建明,胡明亮,译. 北京:中国社会科学出版社,1997:182.

[2] 索绪尔. 普通语言学教程[M]. 高明凯,译. 北京:商务印书馆,2015:118.

[3] 同[2] 191.

[4] 同[1] 182.

时存在……一般而言,共时语言学旨在确立所有共时系统的基本原则以及各个语言状态的构成要素"①。所以,共时研究方法主要针对那些同时存在且能构成系统的要素而言,它们构成语言在某一历史发展阶段的横断面。

Ф. де 索绪尔特别强调共时研究。他提出语言单位的价值取决于它所处系统中的位置而非其历史,语言学家的任务是清楚描写语言的系统,那么就必须排除其历史。采用共时研究法的学者也对追溯语言现象的历史失去兴趣,而是更加关注语言的共时态。相比于语言要素的系统性特征,对共时态的执着延续得更为久远。因为,结构主义语言学所采取的是一种封闭的系统观,它拒绝使用语言外和非语言学材料研究语言,而这一点已经为其解决20世纪后期出现的语言学问题造成了不小的障碍,所以,后期的语言学家更加推崇跨学科的开放式研究,但对共时语言现象的关注热度不减。综上,尽管有这样的波折,共时研究法也早已深入人心,在语言学的各方面研究中共时方法都是首选。

如果说这是国际语言学界范式更迭的大背景,那么俄罗斯语言学界内部也在悄然发生着自历时性研究向共时性研究的转变。"自19世纪末起,俄罗斯语言学研究就开始由'历史比较方法'向'历时—共时方法'再向'共时方法'转变,其代表人物分别为哈尔科夫语言学派的波捷布尼亚、喀山语言学派的博杜恩德库尔德内和莫斯科语言学派的福尔图纳托夫。"②这一转变也促使共时研究法成为俄罗斯学界的主流。

就是在这样的国内外背景下,Ю. С. 斯捷潘诺夫还依然坚持使用历时方法进行研究,这不得不令人深思。我们认为,其原因有二。一方面,历时研究法自身的过人之处是其中一个原因。Ф. де 索绪尔在划分和命名两种语言学时就曾提到,历时语言学又名演化语言学,它与历史语言学不能等同,理由是后者中,不能简单地说描写语言的连贯状态就是沿着时间轴线研究语言,要达到这一要求,还需要研究使语言从一个状态向另一个状态过渡的情况。我们选择演化和演化语言学这两个术语③。可见,历时研究法不仅以回溯历史,追寻连贯要素间的关系为特征,还以研究过渡与演化为核心。而且,强调过渡和演化还意味着历时研究法是一种动态的研究方法,这与静态的共时语言学不同。根据我们的阐释,历时研究方法与Ю. С. 斯捷潘诺夫的观念符号学思想十分契合,尤其适用于构建该思想的观念进化符号性序列。

---

① 索绪尔. 普通语言学教程[M]. 高明凯,译. 北京:商务印书馆,2015:136-139.
② 赵爱国. 俄罗斯符号学研究范式的百年嬗变[J]. 俄罗斯文艺,2016(4):105.
③ 同① 112.

另一方面，É. 本维尼斯特的语言学方法对 Ю. С. 斯捷潘诺夫的影响也十分卓著。Ю. С. 斯捷潘诺夫在留法求学期间曾师从 É. 本维尼斯特，回国后还大力引进 É. 本维尼斯特的语言学思想，主要汇聚为他负责编辑和校注的《普通语言学》(1974 年)。É. 本维尼斯特对语言材料的研究不能简单归结为某一主流学派，而是自成一体。"比如，当他在英语和法语中搜寻带有词汇'文明'的早期语境时，他寻找的不仅是词汇的原始用法，而是竭力挖掘旧义和新义的'中立立场'(позиция нейтрализации)，也就是文本中当代人理解为双义的地方，而从历史角度来看，这些地方被证明为从一个语义系统向另一个语义系统的过渡。"①这段话不仅说明，É. 本维尼斯特主要关注词汇的语义和用法，而非其形式，他的语料均取自客观语境，同时还意味着，他不仅研究当代文本中的语义情形，还从历史角度剖析这一现象的深层机理，进而提出语义系统的过渡。从这一角度看，É. 本维尼斯特的语言学研究是多种方法融合而成的结果，是共时与历时、静态与动态的充分调用。这就是他自成一体的地方。Ю. С. 斯捷潘诺夫甚至称他为"语言学方法的创新者"(новатор лингвистического метода)②。

正是 É. 本维尼斯特在研究方法上的创新深深影响了 Ю. С. 斯捷潘诺夫的研究风格。Ю. С. 斯捷潘诺夫在观念符号学中运用历时方法的目的就是厘清文化语义在时代变迁中继承与积淀的方式。同一个观念词在不同历史时期具有独特的现实语义，后者随着时代推移逐渐进入观念的历史，甚至成为观念的词源层语义，而观念的当代语义就是现实性最高的语义。这种知其然，更知其所以然的研究思路难道不是与 É. 本维尼斯特的研究方法十分相近吗？尤其在共时方法大行其道的现当代，坚持使用历时方法，发挥演化语言学之长，从观念的历史探测观念语义丰富的根源，堪称独树一帜，自成一体。这就是 Ю. С. 斯捷潘诺夫研究方法的超时代性。

第四节　符号学思想的可发展性

Ю. С. 斯捷潘诺夫的符号学思想自成一派，他提出的许多独创性观点都对当代符号学的理论建设大有裨益。而且 Ю. С. 斯捷潘诺夫的符号学思想能够超越时代局限，在理论和方法上都有主流学派之外的选择，从它们身上汲取养

---

① СТЕПАНОВ Ю С. Эмиль Бенвенист и лингвистика на пути преобразования [M]//Бенвенист Э. Общая лингвистика[M]. Москва：Прогресс，1974：8.

② 同① 8.

第四章　对 Ю.С.斯捷潘诺夫符号学思想的思考　　　　　　　　171

分为己所用更能体现出 Ю.С.斯捷潘诺夫与众不同的学术视角和卓越的学术洞察力。但是,没有任何一个理论是无懈可击的,Ю.С.斯捷潘诺夫的符号学思想也不例外。根据本书的批判性研究,我们也发现了其思想中的可发展之处,分别是符号的矛盾用法和能指—所指辩证关系中的矛盾。本节就这两部分内容分别进行论述。

一、符号的矛盾用法及其修正

符号的矛盾用法主要体现在第二章第二节"符号的结构"那部分内容。文中说到,弗雷格三角是符号结构的表征,这一点在《符号学》第86页明确标明:"符号的结构——弗雷格三角"[①]。但是研究发现,在 Ю.С.斯捷潘诺夫的普通符号学思想中弗雷格三角更适合用于表征符号化过程,而非符号的结构。其根源在于符号的矛盾用法。

Ю.С.斯捷潘诺夫将符号系统定义为"两个其他物质系统间交换信息的媒介",认为"符号可以定义为从该系统抽离出来的某物",这样一来所有符号都如符号系统一般充当信息交换的媒介。图 2-1 就是最朴素、最简单的符号结构图式,符号位于两个物质系统之间,三者呈一条直线排布。在高级的符号系统,如自然语言符号系统中,代表符号的点抬升,朴素结构图式会复杂化为图 2-2,呈现三角形式——语言符号的结构就由弗雷格三角表征。如此一来,三角位于上方的顶点Ⅱ表示符号,顶点Ⅰ和顶点Ⅲ分别表示另外两个物质系统。但是此时,"符号"包括在图式之中,是三角的一个顶点,那么,它还能称为自身结构的一员吗?"符号"内含于符号的结构之中,这就是我们所说的"符号的矛盾用法"。

事实上,这种矛盾在许多符号学家对"符号"这一术语的运用上都有体现。赵星植在论述 Ч.С.皮尔斯符号理论的时候就曾提到,"一般学者在论述 Ч.С.皮尔斯的三元关系中常说:'符号是由再现体、对象和解释项构成的'。这句话恐怕需要再讨论,因为 Ч.С.皮尔斯认为'再现体'就等于符号,二者是同义词……再现体等于符号,那么'符号是由符号、对象、解释项构成'这句话显然不通"[②]。同样的矛盾还在部分学者阐释和运用 Ф.де 索绪尔的符号概念时发生,符号与能指常常会发生混用,这是将身为被构成物的符号用作了作为构成成分

---

① СТЕПАНОВ Ю С. Семиотика[M]. Москва: Наука, 1971: 86.
② 赵星植. 皮尔斯符号学与艺术分析[EB/OL]. https://zhanlan.zhihu.com/P/279361595.[2020-09-19].

的能指。

另外，赵星植还指出："在 Ч. С. 皮尔斯看来，符号本身不是一个构成物，不像 Ф. де 索绪尔说的符号是由能指和所指两面体构成。符号只是表意三元关系中的一个要素而已……Ч. С. 皮尔斯的'符号'的定义重点不在符号，而于'符号关系'。符号自身是一个不需要被拆分的整体，它只是在符号、对象、解释项三元关系中被认定为符号。所以，任何东西只要位于表意三元关系中，都有可能被视为符号。"①通过这段话我们可以发现，Ю. С. 斯捷潘诺夫对符号系统的认识和 Ч. С. 皮尔斯有着异曲同工之处。Ю. С. 斯捷潘诺夫引入弗雷格三角的目的也是用来表征符号系统与两个物质系统间的三元关系，包括他对符号的定义也是出于"符号关系"的考虑。而且 Ю. С. 斯捷潘诺夫还提到："把符号系统定义为物质媒介需要每一次都立即指出包括物质媒介在内的更广的物质系统。"这说明，符号只能在另外两个物质系统同时在场，也就是位于"一个表意三元关系"的时候才能行使其信息媒介的功能。

更重要的是，Ю. С. 斯捷潘诺夫在其符号三元关系中所表达的对符号的看法实际上如 Ч. С. 皮尔斯别无二致——符号自身是一个不需要被拆分的整体。证据就是，Ю. С. 斯捷潘诺夫总是将符号以整体的形式投入到表意活动中，所以符号是媒介，是联系另外两个物质系统的纽带，它们三者处于平等的、缺一不可的地位。如此一来，"符号的结构"说就不成立了。我们认为，准确而言，弗雷格三角应该是符号化过程的表征。而所谓的"朴素的符号结构图式"也应该更名为"朴素的符号化过程表征"。

符号化（семиозис）在《科学哲学和认识论百科词典》中被释义为："符号产生和作用的过程。"②该词条的编纂者认为，符号化过程有两个定义，它们分别与符号的两个定义相关。第一个定义与结构主义学派对符号的定义相关，所以符号化过程被定义为："引发符号的操作，该操作确定表达形式和内容形式（用 Л. 叶尔姆斯列夫的术语），或能指和所指（Ф. де 索绪尔的术语）间的相互预设关系"③。第二个定义与 Ч. С. 皮尔斯的理论体系相关。第一，参与符号化过程的除了上述的三元要素（代表项、目标项和解释项）之外还需要一个：解释者

---

① 赵星植. 皮尔斯符号学与艺术分析［EB/OL］. https://zhanlan.zhihu.com/P/279361595.［2020-09-19］.

② КАСАВИН И Т. Энциклопедия эпистемологии и философии науки［M］. Москва：《Канон》РООИ《Реабилитация》，2009：852.

③ ГРЕЙМАС А Ж, КУРТЕ А. Семиотика. Объяснительный словарь теории языка［M］. Москва：Радуга，1983：526.

(интерпретатор),也就是产生和解释符号的主体。第二,符号化过程只能在解释者的交际活动中实现,后者就是不间断的连续符号化过程。

可以发现,这两个符号化定义无不是结合个别理论视域中符号的定义细化而成的,所以各自带有鲜明的特色,但是这两个定义中符号化的核心是一致的,就是"符号产生和作用的过程"。结合这一点,Ю. C. 斯捷潘诺夫普通符号学思想中的符号化就是符号系统将两个物质系统联系起来,三者之间建立表意关系的过程。弗雷格三角正是这一过程的表征。

二、能指—所指辩证关系中的矛盾及其修正

能指—所指的辩证关系是普通符号学中的一条符义学规律。它主张分别用能指和所指代表由符号连接的两个物质系统,同时表示这种代表关系是任意的、非固化的,需要在具体情境中结合人的认知方式方能确定。在人的主体世界中,两个物质系统具有均等的可能性成为能指,即符号化过程的起点。但是在 Ю. C. 斯捷潘诺夫论述这条规律的过程中,我们发现了两个矛盾之处:一个是规律本身的表述方面;另一个是这条规律与他对弗雷格三角的阐发出现了龃龉。

我们首先来看第一个矛盾之处。Ю. C. 斯捷潘诺夫提到,这条规律由 Л. 叶尔姆斯列夫首次提出,他分别为表达方面和内容方面赋予功能性定义,它们各自具有十分明确的概念,但是与物质系统之间的对应关系却是任意的。正如本书所引用的那样:"它们的功能性定义不要求只能是这个而不能是那个方面称作'表达'或是'内容'。"[1]在 Ю. C. 斯捷潘诺夫的运用下,能指—所指与表达方面—内容方面是同义术语,因此能指和所指与物质系统的对应关系也是任意的。

但是在后面的论述中,Ю. C. 斯捷潘诺夫又提到"方面的旋转",也就是内容方面与表达方面的互换。这种说法强调的是能指和所指各自与固定的符号系统对应,但是由于人的认知方式有异,所以体现出自能指到所指,或自所指到能指的这种互逆的指向性。这就与这条规律的主旨产生龃龉。因为,在整条规律的论证中,特别是在以光的反射理论为例阐释这条规律的过程中,Ю. C. 斯捷潘诺夫所使用的表达方式均体现出,在保证自能指到所指的单向指向性基础上,论述术语与物质系统的任意对应关系。

实际上,对这条规律的诠释关涉两组变量。一组是能指与所指的指向关

---

[1] СТЕПАНОВ Ю С. Семиотика[M]. Москва: Наука, 1971: 130.

系；另一组是物质系统与术语的对应关系。想要清楚诠释能指—所指的辩证关系，控制变量是首要任务，而 Ю. С. 斯捷潘诺夫在理论表述上的矛盾，究其根源，就在于这项工作做得不足。实际上，他的表述中出现了两种对这两组关系的不同处理方式。一种是确定能指指向所指的方向不变，论述术语与物质系统的关系；另一种是在术语与物质系统间建立固定的对应关系，论述能指和所指的互逆指向。结合 Ю. С. 斯捷潘诺夫对符号化过程的描述以及他对 Л. 叶尔姆斯列夫理论的借鉴，不难看出，第一种方式最为适合。因此，这一矛盾的解决方式是，应当贯彻保持能指指向所指的方向不变，论述术语与物质系统的任意对应关系这一论述方式，将"方面的旋转"这一说法改为"两个方面所代表的物质系统的互换"。

谈到符号化过程，这条规律的第二个矛盾之处就与之相关。在 Ю. С. 斯捷潘诺夫的运用下，能指—所指这对术语包含着明确的指向性特征。这意味着，在这条规律的范围内符号化过程存在明确的指向性，即能指经由符号指向所指。这一点与 Ю. С. 斯捷潘诺夫强调的符号化过程的任意性相悖。有关后者的论述可以在第二章第二节"符号的定义与结构"找到。

在对符号的定义中，Ю. С. 斯捷潘诺夫就指明符号所处的三元关系。任何一个符号都同时与两个物质系统共现。因此，每个符号化过程都必然涉及 3 个物质系统。复杂的符号化过程以弗雷格三角的形式呈现，后者被 Ю. С. 斯捷潘诺夫视为符号化过程的原型。在此基础上，他又提出了弗雷格三角的两个变体形式：弗雷格三角的旋转和弗雷格三角边的趋近。所谓旋转，就是保持弗雷格三角形 3 个顶点的内容不变，然后旋转三角，改变 3 个顶点内容的位置，不论如何旋转，始终将三角上方的顶点内容视为符号，另外两个顶点代表借符号传递信息的物质系统。根据 Ю. С. 斯捷潘诺夫的观点，在实际的社会生活片段中，处于三元关系的这 3 个物质系统有均等的可能成为符号。此处强调的是符号的功能性定义，也就是说，符号作为媒介的功能是固定的，但它实际与何种物质系统对应却具有任意性。这取决于人在个别现实情境中的认知方式。由于符号与物质系统的对应不是固定的，所以三角形的另外两个顶点与物质系统的对应也并未固定，进而，3 个系统与三角形 3 个顶点的对应呈现出一种全面的任意性关系。此外，为了使弗雷格三角具有更强的普遍性和适应性，Ю. С. 斯捷潘诺夫还强调，可以消除方向的限制，在任意方向上研究弗雷格三角，意思是，每一个顶点所代表的内容都可以成为符号化过程的起点。为此，Ю. С. 斯捷潘诺夫还引入新的术语"具有"（иметь）。

通过上述内容可以发现，Ю. С. 斯捷潘诺夫在弗雷格三角的旋转中只明确表明三角上方的顶点为符号，另外两个顶点仅仅泛泛地称为"系统1"和"系统2"。但在同样带有功能性定义的能指—所指的辩证关系规律中，他用能指和所指分别代表与符号相连的两个物质系统，也就是进一步明确了弗雷格三角中，除符号那一顶点之外，另外两个顶点的名称，此时的弗雷格三角如图4-1所示。

图 4-1　弗雷格三角及其顶点名称图式

这条规律包含着固定的指向关系，也就是自能指指向所指。那么这样一来，在任意方向上研究弗雷格三角这一说法就不成立了。而且，弗雷格三角的旋转重点强调三元的转换关系，能指—所指的辩证关系规律只侧重强调二元的辩证关系，这实际上还体现出 Ю. С. 斯捷潘诺夫在整合符号三元观和符号二元观的过程中遇到的问题。

事实上，能指—所指的辩证关系规律显露出一种温和的符号二元观。尽管提到符号与能指、所指在符号化过程中同时存在，但在实际的论述中，Ю. С. 斯捷潘诺夫对能指和所指关系的阐释还是占据相当大的比重。而且，能指—所指这对术语源自结构主义符号学，该学派的一大研究特色就是将二元对立这一逻辑分析原则贯穿始终。Ю. С. 斯捷潘诺夫对这对术语的应用也效仿了该学派，在使用时他没有消除能指—所指本身的二元对立特性，这致使能指—所指的辩证关系规律中，符号的作用被大大弱化。我们认为，Ю. С. 斯捷潘诺夫对符号三元结构以及弗雷格三角的探讨已经十分全面，弗雷格三角的3个顶点与具体的物质系统均呈现任意性的对应关系，3个系统有同等的可能成为符号化过程的起点，而最终的情形则需要依据具体情境中人的认知确定。所以，能指—所指的辩证关系应当是包含于其中的一种特殊情况，将二者置于同样的地位考虑反而会产生矛盾。

本 章 小 结

人类中心主义是西方哲学思潮"语言学转向"之后形成的研究范式，兴起于20世纪末，以人和人的语言为研究中心。语言逻辑分析学派的研究活动正是在这一氛围下展开，该学派的一个重要发展阶段就是观念分析，Ю. С. 斯捷潘诺夫作为积极的参与者,其人类中心主义思想的形成也得益于此。逻辑分析学派的人类中心观发展于 B. 洪堡特时期的人文思想并对其进行了深化,主张对人的全部精神内涵和人类经验、感知等心智活动进行全面分析。受到这一学派的影响,Ю. С. 斯捷潘诺夫的观念符号学思想体现出独特的"以人为本"思想。另外,根据本章的研究,Ю. С. 斯捷潘诺夫的人类中心主义思想具有两个领先性,分别是其思想的超前性——其萌芽可以追溯到他 20 世纪 60 年代的著作《语言学基础》,后者相比于人类中心主义兴盛的时期整整提前了 30 年,以及其思想的非先验性和论证性。

语言中心论思想是 Ю. С. 斯捷潘诺夫符号学的另一大特色。首先,他的语言中心论思想与结构主义传统一脉相承。Ю. С. 斯捷潘诺夫一直对人类语言的研究报以热忱,这一点早他的人类中心主义思想中就已表露无遗,而且他同样认为人类的自然语言符号系统在所有符号系统中处于最核心的地位。其次,他对符号系统的研究又不仅限于自然语言,还包括诸多非语言符号系统,涉及动物交际、人工语言、民俗学和人类学的相关研究成果。因此,其符号学思想的广度已经远远超过了结构主义符号学学派,转而向 Ч. С. 皮尔斯符号学体系靠拢。最后,Ю. С. 斯捷潘诺夫的语言中心论还体现为对"语言"的创造性诠释上,也就是语言的标尺性。而谈到观念符号学的语言中心性,则是不言自明的了。

本章还对 Ю. С. 斯捷潘诺夫符号学思想理论与方法的超时代性以及其可发展性进行了论述。超时代性体现在 Ю. С. 斯捷潘诺夫对 Н. Я. 马尔理论和历时研究方法的运用上,从中我们可以看到 Ю. С. 斯捷潘诺夫发现的眼光、严谨的态度与超越时代局限的科学思维。可发展性体现在两个方面,分别是符号的矛盾用法和能指—所指辩证关系中的矛盾问题。前者不只在 Ю. С. 斯捷潘诺夫的符号学思想中出现,实际上,这是一个亟待解决的符号学问题。"符号"术语的混用与学者自身的不当应用相关,也与错误理解符号学的优秀理论相关。在 Ю. С. 斯捷潘诺夫的思想中,我们认为是出现了一定的误用并提出相应的解决方案。在 Ю. С. 斯捷潘诺夫论述能指—所指的辩证关系这条规律时,我们发现两个矛盾之处:一个是规律本身的表述方面;另一个是这条规律与他对弗雷格三角的阐发出现了龃龉。在指出矛盾之后,我们提出了相应的解决方案。

结　　语

　　21世纪是符号学大发展、"大跃进"的繁荣期,对古今中外符号学思想进行全面深入的挖掘和探讨是一切理论创新工作的起点。Ю. С. 斯捷潘诺夫的符号学思想就是一座尚待开发的学术宝库,其中倡导的人文主义和认知主义思想与当代符号学的发展大势不谋而合。特别是Ю. С. 斯捷潘诺夫理论中认知思想的展现和运用要远远早于认知范式全面兴盛的时期,其理论前瞻性可窥一隅。另外,Ю. С. 斯捷潘诺夫的符号学思想横跨两大符号学发展进路,无论在普通符号学方面还是在符号学与其他学科的交叉研究方面,Ю. С. 斯捷潘诺夫都创造性地提供了独具特色的理论视角和研究方案并取得了杰出成就。本书抛砖引玉,希望通过本书让更多有志于符号学研究的同仁更深入地挖掘和更广泛地推广Ю. С. 斯捷潘诺夫的符号学体系。Ю. С. 斯捷潘诺夫的符号学思想具有相当高的学术价值,理应受到更多关注并在国际符号学界占有一席之地。

　　Ю. С. 斯捷潘诺夫的符号学思想是跨学科的,涉及领域十分广泛,囊括生物学、民族学、逻辑学、文化学、语言文化学、文学、文艺学、语言学、数理逻辑、语言哲学等多个知识领域,形成了普通符号学、语言符号学、观念符号学和艺术符号学4个颇具原创性的理论。本书的研究对象为Ю. С. 斯捷潘诺夫的普通符号学思想与观念符号学思想。这两个思想相互交织。一方面,普通符号学提出的一系列原创理论中,功能语义理论为观念符号学思想提供了启示;另一方面,在《语言与方法:论当代语言哲学》中,作为整部书第一部分的"符号学"增设了"文化—符号学序列. 观念符号学"一节,这足以说明普通符号学思想包含的规律对观念符号学大都适用。两种符号学思想的关系因此明晰起来。同时,Ю. С. 斯捷潘诺夫的语言符号学包括语言的符号学描写原则和符号学语法两部分,它与逻辑学的关系更为紧密,文艺符号学则主要聚焦于语言学、诗学、哲学、符号学和先锋艺术的整合研究。鉴于篇幅、研究方向等的限制,这两个符号学思想在本书中仅仅给予概述。

　　普通符号学思想以符号系统间的共性规律为研究主旨,这些规律主要表现为语言关系在各个符号系统中的体现方式。对这部分思想的阐述,我们根据普通符号学理论研究的一般问题、Ю. С. 斯捷潘诺夫的理论特色、其理论的人文主义思想这几个模块展开。Ю. С. 斯捷潘诺夫的研究素材均取自客观的自然现象和社会事实,运用的术语取自结构主义符号学派,而在研究视域的广博度上又能与 Ч. С. 皮尔斯符号理论比肩。他在符号的定义、弗雷格三角的应用、语言的全新解读、语言的标尺性等方面均做出了创造性的尝试,在最后的符义研究中,人的认知作用达到顶点,几乎是所有意义问题的决定性因素。从这一点来看,我们甚至可以说,观念符号学就是普通符号学符义研究的延伸和应用。

观念符号学思想就以观念词的符义分析为主,其中运用的符号学方法就是能指—所指这对术语及其蕴含的二元对应关系。后者既体现于观念自身的词汇形式与层级语义之间的过渡式继承上,又体现在物质文化观念与精神文化观念两种序列间的协同进化中。第二章第四节所说的"能指—所指的辩证关系"就是应用符号学方法的"说明书"。此外,Ю. С. 斯捷潘诺夫对 Н. Я. 马尔功能语义理论的发展为精神文化的传承和观念进化符号性序列概念的形成提供了启发,微观世界与宏观世界这一语义对应关系还为观念化域概念做出铺陈,上—下和聪明—愚笨在同一词汇和物质符号上的辩证统一关系使看似偶然的观念现象显露出非偶然的本质。Ю. С. 斯捷潘诺夫的观念符号学思想是十分具有开创性的。符号学方法的引入、物质与精神的统一、历时维度与共时维度的双重视角,观念中人的形象、时间要素乃至认知的界限都是非常新颖的提法,特别是 Ю. С. 斯捷潘诺夫相当推崇人的认知作用,后者甚至可以追溯到普通符号学思想的符义研究中。这一点体现出 Ю. С. 斯捷潘诺夫卓越的学术前瞻性。

在详细阐发 Ю. С. 斯捷潘诺夫的符号学思想之后,我们还对其思想进行了总结和批判性分析。他的思想体现出了独特的人类中心主义和语言中心论思想,在理论和方法的应用上也体现出了一位学者非同寻常的洞察力。

当然,我们的研究尚有许多不足。这些不足或者缺点也正是本书可发展的地方。未来,我们至少在以下两个方面继续努力:

(1)根据本书的研究,Ю. С. 斯捷潘诺夫的符号学思想共分为 4 个部分,但是由于时间、篇幅等的限制,本书只研究了其中的两项,还有语言符号学与文艺符号学没有深入涉猎,这是一大遗憾。在后续研究中,我们将着力挖掘这两个思想,力求梳通 Ю. С. 斯捷潘诺夫符号学思想的整体发展脉络,展现其符号学大厦的全貌;

(2)在俄罗斯符号学界已经有学者将 Ю. С. 斯捷潘诺夫的观念符号学思想应用于英语观念词的分析,进而对比两个民族的文化世界图景。那么,这样的研究方式是否能够适用于汉语观念词的研究,尚待验证。未来我们将沿着这个方向:一方面,对 Ю. С. 斯捷潘诺夫的符号学思想进行批判性分析;另一方面,通过对汉语观念词的研究描摹汉民族的语言世界图景。这项工作可以视为观念符号学思想的本土化尝试,也是未来该理论的重要发展方向之一。

参 考 文 献

[1] MORRISC H. Signs, language and behavior[M]. New York: Braziller, 1946.

[2] MORRIS CW. Writings on the general theory of signs[M]. Hague: Mouton, 1971.

[3] PIERCE CS. Writing of charles s. pierce: a chronological edition [M]. Bloomington and Indianapolis: Indiana University Press, 1984.

[4] WINTHROP R H, ROBERT H. Dictionary of concepts in cultural anthropology[M]. New York: Greenwood Press, 1991.

[5] АЛПАТОВ ВМ. История одного мифа: марр и марризм[M]. М.: Наука, 1991.

[6] АЛПАТОВ В М. Марр, марризм и сталинизм[J]. Философские Исследования, 1993 (4):279.

[7] АЛПАТОВ ВМ. История лингвистических учений[M]. М.: Языки Русской Культуры, 1999.

[8] АПРЕСЯН ЮД. Дейксис в лексике и грамматике и наивная модель мира[J]. Семиотика и Информатика, 1986(28):5.

[9] АПРЕСЯН ЮД. Образ человека по данным языка: попытка системного описания[J]. Вопросы Языкознания, 1995(1):38.

[10] АРЗАМАСЦЕВА ИВ. Семиотика[M]. Ульяновск: Улгту, 2009.

[11] АРУТЮНОВА НД. Предложение и его смысл: логико-семантические проблемы[M]. М.: Наука, 1976.

[12] АРУТЮНОВА Н Д, КУБРЯКОВА ЕС. Юрий сергеевич степанов. очерк научной деятельности[C]//КУБРЯКОВА Е С. ЯНКО Т Е. Язык и культура Факты и ценности. М.: Языки Славянской Культуры, 2001.

[13] БАБУШКИН АП. Типы концептов в лексико-фразеологической семантике языка[M]. Воронеж: Изд-во Воронеж. ун-та, 1996.

[14] БАРАННИКОВА ГИ. Антропоцентрическая парадигма гуманитарного

знания и её лингводидактическая интерпретация[J]. Гуманитарный Вестник, 2013(4):1.

[15] БАРТ Р. Нульвая степень письма[M]. М.: Академический Проект, 2008.

[16] БЕНВЕНИСТ Э. Общая лингвистика[M]. М.: Прогресс, 1974.

[17] БИРЮКОВ БВ. Теория смысла готлоба фреге[M]//Применение логики в науке и технике. М.: АН СССР, 1960.

[18] БОЛДЫРЕВ НН. Когнитивная семантика[M]. Тамбов: Изд-во Тамб. гос. ун-та, 2001.

[19] БРАЗГОВСКАЯ ЕЕ. Семиотика. языки и коды культуры[M]. М.: Юрайт, 2019.

[20] БУЛЫГИНА ТВ. Язык в сопоставлении со знаковыми системами иных типов [M]//ЯЗЫКОЗНАНИЕО. Формы существования, функции, история языка. Знаковая природа языка. М.: Наука, 1970.

[21] БЫСТРОВА Е А, ОКУНЕВА А П, ШАНСКИЙ НМ. Фразеологический словарь русского языка[M]. М.: ООО 《Фирм 《Издательство АСТ》, 2000.

[22] ВАВИЛОВ СИ. Глаз и солнце [M]. Санкт-Петербург: Торгово-издательский дом 《Амфора》, 2015.

[23] ВЕЖБИЦКАЯ А. Язык. культура. познание[M]. М.: Русские Словари, 1996.

[24] ВЕЖБИЦКАЯ А. Понимание культур через посредство ключевых слов [M]. М.: Языки Славянской Кульиуры, 2001.

[25] ВИНОГРАДОВ В А, КОВАЛЬ А И, ПОРХОМОВСКИЙ ВЯ. Социолингвистическая типология. западная африка[M]. М.: Наука, 1984.

[26] ВОРКАЧЕВ СГ. Лингвокультурология, языковая личность, концепт: становление антропоцентрической парадигмы в языкознании[J]. Филологические Науки, 2001(1):64.

[27] ВОРКАЧЕВ СГ. Счастье как лингвокультурный концепт[M]. М.: Гнозис, 2004.

[28] ГРЕЙМАС А Ж, КУРТЕ А. Семиотика. объяснительный словарь теории языка[M]. М.: Радуга, 1983.

[29] ГРИНЕВ-ГРИНЕВИЧ С В, СОРОКИНА ЭА. Основы семиотики[M].

М. : Флинта, Наука, 2012.

[30] ГУМБОЛЬДТ В. Избранные труды по языкознанию[C]. М. : Прогресс, 2000.

[31] ДЕЙНЕКА Э А, БУЛЫГИНА Н С. О семантике, синтактике и прагматике 《возможных миров》 в трехмерном пространстве идиолекта: гипнические галлюцинации и фэнтези. Критика и семиотика, 2015(2):136.

[32] ДЕМЬЯНКОВ ВЗ. Синтактика, семантика и прагматика в научном творчестве Ю. С. Степанова[C]//ДЕМЬЯНКОВ В З. Языковые параметры современной цивиоизации. М. : Институт языкознания РАН, ИП Шилин И. В. (《Эйдос》), 2013.

[33] ДЕНИСЕНКО В Н, ПЕРФИЛЬЕВА НВ. Функциональная семантика и лингвосемиотика [J]. Вестник РУДН. Серия: Теория языка. Семиотика. Семантика, 2019(3):6-13.

[34] ДЮРКГЕЙМ Э. Социология: её предмет, метод и назначение, метод социологии[M]. М. : Канон, 1995.

[35] ЗАЛИЗНЯК А А, ЛЕВОНТИНА И Б, ШМЕЛЁВ АД. Ключевые идеи русской языковой картины мира [M]. М. : Языки Славянской Культуры, 2005.

[36] ИВАНОВ Д И, ЛАКЕРБАЙ Д Л. Антропоцентрическая парадигма и лингвоориентированная гуманитарная теория[J]. Языкознание, 2016 (65):82.

[37] КАЛАУЛОВ ЮН. Русский язык и языковая личность[M]. М. : Наука, 1987.

[38] КАСАВИН ИТ. Энциклопедия эпистемологии и философии науки[M]. М. : 《Канон》 РООИ 《Реабилитация》, 2009.

[39] КИЛЫБАЕВА П К, ОТЕЛБАЕВА ДМ. Концепт как антропоцентрическая единица[J]. Наука и Образование Сегодня, 2017(14):63.

[40] МАРР НЯ. Средства переживания, орудия самозащиты и производства в доистории[M]// МАРР Н Я. Язык и общество Избранные работы, т. III. М. : Государственное Социально-Экономическое Издательсво, 1934.

[41] ПАДУЧЕВА ЕВ. Феномен анны вежбицкой[M]//ВЕЖБИЦКАЯ А. Язык. культура. познание. М. : Русские Словари, 1996.

[42] ПОСТОВАЛОВА ВИ. Символ и реальность (семиотические воззрения

и опыты Ю. С. Степанова)[J]. Критика и Семиотика, 2012(17).

[43] ПОЧЕПЦОВ Г. Теория коммуникации[M]. М.: Рефл-бук, 2001.

[44] ПОЧЕПЦОВ ГГ. Семиотика[M]. М.: Рефл-бук и Ваклер, 2002.

[45] ПРОСКУРИН С Г, ХАРЛАМОВА ЛА. Семиотика концептов[M]. Новосибирск: Новосиб. гос. ун-т, 2007.

[46] ПРОСКУРИН СГ. Курс семиотики. язык, культура, право[M]. Новосибирск: Новосиб. гос. ун-т, 2013.

[47] РАССЕЛ Б. История западной философии[M]. М.: МИФ, 1993.

[48] СТЕПАНОВ ЮС. Основы языкознания[M]. М.: Просвещение, 1966.

[49] СТЕПАНОВ Ю С. Семиотика[M]. М.: Наука, 1971.

[50] СТЕПАНОВ ЮС. Эмиль Бенвенист и лингвистика на пути преобразования [M]//БЕНВЕНИСТ Э. Общая лингвистика. М.: Прогресс, 1974.

[51] СТЕПАГОВ ЮС. Основы общего языкознания[M]. М.: Просвещение, 1975.

[52] СТЕПАНОВ ЮС. Семиологический принцип описания языка[M]//СЕРЕБРЕННИКОВ Б А, КОЛШАНСКИЙ Г В, ЯРЦЕВА В Н. Принципы описания языков мира. М.: Наука, 1976.

[53] СТЕПАНОВ ЮС. имена предикаты предложения: семиологическая грамматика[M]. М.: Наука, 1981.

[54] СТЕПАНОВ ЮС. Концепт 《причина》 и два подхода к концептуальному анализу языка – логический и сублогический[M]//АРУТЮНОВА Н Д. Логический анализ языка культурные концепты. М.: Наука, 1991.

[55] СТЕПАНОВ ЮС. Константы: словарь русской культуры[M]. М.: Академический Проект, 1997.

[56] СТЕПАНОВ Ю. С. Язык и метод: к современной философии языка [M]. М.: Языки русской культуры, 1998.

[57] СТЕПАНОВ ЮС. В мире семиотики[M]//Семиотика: Антология. М.: Академический Проект, Екатеринбург: Деловая книга, 2001.

[58] СТЕПАНОВ ЮС. Семиотика: антология[M]. М.: Академический Проект: Деловая Книга, 2001.

[59] СТЕПАНОВ ЮС. Константы: словарь русской культуры[M]. М.: Академический Проект, 2004.

[60] СТЕПАНОВ Ю. С. Семиотика, философия, авангард[С]//СТЕПАНОВ

Ю С. Семиотика и Авангард: антология. М.: Академический Проект, 2006.

[61] СТЕПАНОВ ЮС. В трёхмерном пространстве языка: семиотические проблемы, лингвистики, философии, искусства[M]. М.: Либроком, 2009.

[62] СТЕПАГОВ ЮС. Основы общего языкознания[M]. М.: ЛЕНАНД, 2016.

[63] СОЛОМОНИК А. Семиотика и лингвистика[M]. М.: Молодая гвардия, 1995.

[64] СОЛОМОНИК АБ. Функции знаков, знаковых систем и семиотической реальности[J]. Медина. Информауия. Коммуникация, 2013(6):25.

[65] СУДАКОВА ОН. Семиотическая концептуализация культуры в работах Ю. С. Степанова[J]. Вестник Спбгуки, 2017(2):64.

[66] ТАЙЛОР Э Б. Первобытная культура[M]. М.: Юрайт, 2019.

[67] ТАМАРСКАЯ ДА. Понятие《Концепт》в системе наук о культуре[J]. Науковедение, 2014(4).

[68] ФЕЩЕНКО ВВ. О внешних и внутренних горизонтах семиотики[J]. Критика и семиотика, 2005(8).

[69] ФЕЩЕНКО В В, Коваль О В. Сотворение знака: Очерки о лигвоэстетике и семиотике искусства[M]. М.: Языки Славянской Культуры, 2014.

[70] ШМЕЛЁВ АП. Русская языковая модель мира: материалы к словарю [M]. М.: Языки Славянской Культуры, 2002.

[71] ЯКОВСЛЕВА ЕС. Фрагменты русской языковой картины мира[M]. М.: Гнозис, 1994.

[72] ЯРЦЕВА ВН. Лингвистический энциклопедический словарь[M]. М.: Научное издательство Большая Российская Энциклопедия, 2002.

[73] 阿鲁秋诺娃. 语言与人的世界(上)[M]. 赵爱国, 李洪儒, 译. 北京: 北京大学出版社, 2012.

[74] 常宝儒. 波铁布尼亚其人其说[J]. 外语教学与研究, 1994(3):67.

[75] 陈勇. 略论符号学分析的方法论实质[J]. 解放军外国语学院学报, 2006(1):34.

[76] 陈勇. 俄罗斯符号学成型期文化学方向的研究[J]. 中国俄语教学, 2016(3):58-63.

[77] 崔平. 文化观念的本体结构与文化比较的方法[J]. 哲学研究, 2016

(12):120-126.
- [78] 段彦会,饶广祥. 2019年中国符号学发展研究[J]. 符号与传媒,2020(1):247-257.
- [79] 戴昭铭. 文化语言学导论[M]. 北京:语文出版社,1996.
- [80] 高国翠,高凤兰. 波铁布尼亚的语言哲学观[J]. 外语学刊,2010(5):11-15.
- [81] 华劭. 语言经纬[M]. 北京:商务印书馆,2003.
- [82] 黄淑娉,龚佩华. 文化人类学理论方法研究[M]. 广州:广东高等教育出版社,1998.
- [83] 怀宇. 论法国符号学[M]. 天津:南开大学出版社,2016.
- [84] 金华. 俄语句义层次的语言符号学阐释[D]. 洛阳:解放军外国语学院,2007.
- [85] 蒋永福. 东西方哲学大辞典[M]. 南昌:江西人民出版社,2000.
- [86] 罗宾斯. 简明语言学史[M]. 冯建明,胡明亮,译. 北京:中国社会科学出版社,1997.
- [87] 吕红周,单红. 斯捷潘诺夫的符号学思想阐释[J]. 天津外国语大学学报,2014(6):8-13.
- [88] 梁坤. 俄蒙树木崇拜的多神教和萨满教渊源[J]. 外国文学研究,2020(1):42-53.
- [89] 李向东. 当代俄罗斯语言与文化研究发展方向[J]. 外语研究,2004(3):4-9.
- [90] 李向东. 俄罗斯语言与文化研究的几个关键概念及其相关性分析[J]. 中国俄语教学,2005(3):20-23.
- [91] 李向东. 当代俄罗斯语言与文化研究现状与发展趋势[J]. 解放军外国语学院学报,2018(4):69-76.
- [92] 李迎迎. 跨文化交际的语言文化观念理论研究视角[J]. 天津外国语学院学报,2010(1):24-29.
- [93] 李幼蒸. 理论符号学导论[M]. 北京:社会科学文献出版社,1999.
- [94] 李幼蒸. 符号学的认识论转向——从自然和文化世界中的记号到学术话语的语义学制度[J]. 国外社会科学,2007(2):33-40.
- [95] 巴特. 符号学原理[M]. 李幼,译. 北京:中国人民大学出版社,2018.
- [96] 霍帕尔. 民族符号学:文化研究的方法[M]. 彭佳,贾欣,译. 北京:社会科学文献出版社,2020.

[97] 马姣姣,陈英娴,章富森,等. 2020 年中国符号学发展研究[J]. 符号与传媒, 2021(1):225-242.

[98] 彭文钊. 俄罗斯语言文化学:源流与发展[J]. 广东外语外贸大学学报, 2008(4):15-20.

[99] 彭玉海,彭文钊. 试析文化概念的生成与语义特性[J]. 外国语文, 2015(1):64-70.

[100] 彭玉海,彭文钊. 俄罗斯文化概念与民族世界图景[J]. 外国语文, 2016(3):19-24.

[101] 彭玉海. 俄语动词认知隐喻机制研究[M]. 北京:中国社会科学出版社, 2018.

[102] 彭玉海. 俄罗斯民族文化概念分析与解读[M]. 北京:中国社会科学出版社, 2020.

[103] 彭玉海. 俄罗斯民族文化概念"истина"的概念隐喻分析[J]. 外国语文, 2021(2):53-61.

[104] 彭玉海 俄罗斯民族文化概念"истина(真理)"的人文—认知阐释[J]. 山东外语教学, 2021(2):34-44.

[105] 斯捷潘诺夫. 现代语言哲学的语言与方法[M]. 隋然,译. 北京:北京大学出版社, 2011.

[106] 孙淑芳. 俄罗斯语言语义学发展刍议[J]. 外语学刊, 2012(6):58-62.

[107] 索绪尔. 普通语言学教程[M]. 高名凯,译. 北京:商务印书馆, 2015.

[108] 泰勒. 原始文化[M]. 连树声,译. 上海:文艺出版社, 1992.

[109] 完权. 从皮尔斯符号学到语用整体论[J]. 当代修辞学, 2020(3):11-24.

[110] 王福祥,吴汉樱. 语言学历史·理论·方法[M]. 北京:外语教学与研究出版社, 2008.

[111] 王钢. 阿普列相语言学思想研究[D]. 哈尔滨:黑龙江大学, 2015.

[112] 王蕾. 加快建构中国特色符号学体系[N]. 中国社会科学报, 2020-11-17(3).

[113] 王蕾. 理性拓展符号学跨学科研究之路[N]. 中国社会科学报, 2021-07-06(3).

[114] 王铭玉. 从符号学看语言符号学[J]. 解放军外国语学院学报, 2004, (1):1-9.

[115] 王铭玉,陈勇.俄罗斯符号学研究的历史流变[J].当代语言学,2004(2):159-168,190.

[116] 王铭玉.语言文化研究的符号学观照[J].中国社会科学,2011(3):157-169,223.

[117] 王铭玉等.现代语言符号学[M].北京:商务印书馆,2013.

[118] 王铭玉.语言符号学[M].北京:北京大学出版社,2015.

[119] 王铭玉,王双燕.《符号学思想论》之说论[J].当代修辞学,2019(1):36-42.

[120] 维特根斯坦.哲学研究[M].韩林合,译.北京:商务印书馆,2015.

[121] 伍铁平.语言与思维关系新探[M].上海:上海教育出版社,1980.

[122] 王宗琥.俄罗斯先锋主义的本土特色[J].俄罗斯文艺,2019(4):22-27.

[123] 叶峻.系统科学纵横[M].成都:四川省社会科学院出版社,1987.

[124] 叶峻.关于系统论、控制论和信息论的哲学思考[J].系统辩证学学报,1995(4):6-11.

[125] 杨秀杰.语言文化学的观念范畴研究[M].哈尔滨:黑龙江人民出版社,2007.

[126] 姚小平.西方语言学史[M].北京:外语教学与研究出版社,2011.

[127] 于秀英.译后记[M]//索绪尔.普通语言学手稿.南京:南京大学出版社,2011.

[128] 索内松.认知符号学:自然、文化与意义的现象学路径[M].胡易容,梅林,等,译.北京:社会科学文献出版社,2019.

[129] 赵爱国.语言文化学论纲[M].哈尔滨:黑龙江人民出版社,2006.

[130] 赵爱国.人类中心论视野中语言与世界的关系[J].外语学刊,2011(5):106-110.

[131] 赵爱国.20世纪俄罗斯语言学遗产:理论,方法及流派[M].北京:北京大学出版社,2012.

[132] 赵爱国,姜宏.从"文本空间"到"神话诗歌世界模式"——托波洛夫艺术文本符号学思想评价[J].俄罗斯文艺,2012(2):112-118.

[133] 赵爱国.当代俄罗斯语言学研究中的人类中心论范式[J].中国俄语教学,2013(4):1-5.

[134] 赵爱国.俄罗斯符号学研究范式的百年嬗变[J].俄罗斯文艺,2016(4):102-112.

[135] 张彩霞. 皮尔斯符号理论研究[D]. 济南: 山东大学, 2015.

[136] 张海燕. 洛特曼的文化符号诗学理论研究[D]. 济南: 山东师范大学, 2007.

[137] 郅友昌. 俄罗斯语言学通史[M]. 上海: 上海外语教育出版社, 2009.

[138] 郅友昌, 赵国栋. 苏联语言学史上的 Н. Я. 马尔及其语言新学说[J]. 解放军外国语学院学报, 2003(3): 29-32.

[139] 赵星植. 论 Ч. С. 皮尔斯符号学中的传播学思想[J]. 国际新闻界, 2017 (6): 87-104.

[140] 赵毅衡. 符号学: 原理与推演[M]. 南京: 南京大学出版社, 2016.

[141] 中国社会科学院语言研究所词典编辑室. 现代汉语词典[Z]. 7版. 北京: 商务印书馆, 2020.

[142] 陈广忠. 淮南子(译注)[M]. 北京: 中华书局, 2012.

[143] 中国大百科全书数据库[DB/OL]. https://h.bkzx.cn.

[144] ОЖЕГОВ С И, ШВЕДОВА Н Ю. Толковый словарь русского языка [R/OL]. http://lib.ru/DIC/OZHEGOW/ozhegow_m_o.txt.